Jetzt lerne ich sprechen

Duden

Jetzt lerne ich sprechen

Die Sprachentwicklung von Kindern verstehen und fördern.

Sprachspiele und andere Aktivitäten. Für 0 bis 6 Jahre

Von Ursula Günster-Schöning

Dudenverlag
Berlin

Impressum

Bibliografische Information der Deutschen Nationalbibliothek
Die Deutsche Nationalbibliothek verzeichnet diese Publikation in der Deutschen Nationalbibliografie; detaillierte bibliografische Daten sind im Internet über http://dnb.dnb.de abrufbar.
Bibliographisches Institut GmbH, Mecklenburgische Straße 53, 14197 Berlin

Reihenidee und -konzeption, redaktionelle Leitung Susanne Klar
Lektorat Dr. Kirsten Reimers
Herstellung Alfred Trinnes
Layout und Satz Veronika Neubauer
Konzeption der Illustrationen auf Seiten 22, 128, 190 Ursula Günster-Schöning
Umsetzung Illustrationen auf Seiten 22, 128, 190 Uli Gersiek
Illustrationen Uli Gersiek
Umschlaggestaltung 2issue, München
Umschlagabbildung © Jan von Holleben, Berlin
Druck und Bindung AZ Druck und Datentechnik GmbH
Heisinger Straße 16, 87437 Kempten
Printed in Germany

ISBN 978-3-411-75654-4
www.duden.de

PEFC
PEFC/04-31-2260

PEFC zertifiziert
Dieses Produkt stammt aus nachhaltig bewirtschafteten Wäldern und kontrollierten Quellen.

www.pefc.de

Inhaltsverzeichnis

Vorwort

„Die beste Sprachförderung ist eine gute Beziehung zum Kind.“[1]

Remo Largo

Liebe Mütter, liebe Väter, liebe Erziehende,

Forscher der University of Rochester haben 1996 festgestellt, dass 8 Monate alte Babys Wörter, die in einem monotonen Silbenstrom mehrmals auftauchen, bereits eindeutig wiedererkennen können. Selbstverständlich wissen die Babys zu diesem Zeitpunkt noch nicht, was das für ein Wort ist und was es bedeutet, sie erkennen es jedoch wieder: Sie hören es heraus, den Klang, die Betonung, die Struktur. „So können bereits acht Monate alte Kinder intuitiv zwischen Inhaltsworten und sogenannten Funktionsworten wie Artikeln und Konjunktionen unterscheiden - als Indiz dient ihnen dabei offenbar die Häufigkeit dieser Worte. Zudem scheinen sie zu wissen, in welcher Reihenfolge die beiden Wortkategorien in ihrer Muttersprache verwendet werden.“[2]

Das Erlernen von Sprache beginnt also lange vor dem ersten selbst gesprochenen Wort. Noch bevor dein Baby anfängt zu gurren, schnalzen, glucksen oder zu schmatzen, noch bevor es die ersten Laute formt, entwickelt sich in ihm - durch euer inniges, liebevolles Miteinander - ein erstes Verständnis von Sprache, in die dein Kind im Laufe seiner

Entwicklung hineinwachsen wird. Dafür braucht es Zeit, meist ungefähr sechs Jahre. So wichtig wie das Miteinander ist für die Sprachentwicklung eine Umgebung, in der viel Platz für spielerisches Ausprobieren ist, und sehr viel Interaktion, also Ansprache und Sprachkontakte, und zwar mit dir und mit anderen Menschen.

Kein Kind kann sich Sprache allein aneignen. Es benötigt dafür andere, da Sprache immer etwas zwischen Menschen ist. Vor allem aber braucht es liebevolle Zuwendung, Zeit und Geduld, da kein Erwachsener einem Kind etwas beibringen kann, wenn dieses nicht mitmacht. Eine Bindung, die früh einsetzt, verlässlich ist und auf Vertrautheit beruht, geprägt von achtsamen Berührungen, gemeinsamem Schmusen und möglichst viel intensivem (sprachlichem) Kontakt, ist daher der Nährboden für eine gute Entwicklung, und dies nicht nur in sprachlicher Hinsicht, sondern auch für die emotionale und kognitive, also geistige Entwicklung. Nimm dir darum Zeit für dein Kind. Das heißt nicht, dass du jeden Tag rund um die Uhr zur Verfügung stehen musst, aber achte auf „Quality-Time", also auf gemeinsame Zeit ohne Ablenkung, in der du mit Herz, Hand und Verstand beim Kind sein kannst. Oder anders gesagt: Wenn du da bist, sei voll und ganz da. Kein Handy, kein Fernsehen, keine Ablenkung.

Sprich mit deinem Kind, lach mit ihm und erzählt euch gegenseitig, was ihr am Tag erlebt habt. Und je kleiner dein Kind ist, desto mehr spiel und sprich mit ihm. Habt gemeinsam Spaß. Auf diese Weise lernt dein Kind ganz nebenbei viele Wörter, es verinnerlicht ohne bewusste Anstrengung Satzstrukturen und Grammatik und so die Beherrschung seiner Sprache. Begleite jedes Spiel und jede Handlung mit Sprache, etwa das tägliche An- und Ausziehen, aber auch Finger- und Körperspiele wie zum Beispiel „Dies ist der Daumen, der pflückt die Pflaumen" und Ähnliches. Durch diesen Austausch sowie vielfältige körperliche Erfahrungen lernt dein Kind noch viele weitere Fähig- und Fertigkeiten, wie beispielsweise zu krabbeln und zu laufen, zu singen und zu tanzen, zu zählen, zu reimen und zu malen.

Bei all diesen spielerischen Lernprozessen und Aktivitäten ist die Sprache ein wichtiger Wegbereiter und Begleiter, sie spiegelt die kognitive

Entwicklung deines Kindes wider und zeigt, wie weit es schon gekommen ist. Das Erlernen der Sprache geht dabei ganz selbstverständlich mit Spaß und Freude einher. Und je mehr Vergnügen du als Bezugsperson empfindest, umso mehr Freude wird auch dein Kind entwickeln. Dies kann ich als Pädagogin und als Mutter von zwei Kindern bestätigen.

Zwanzig Jahre durfte ich Kinder in Kitas auf ihrem Weg begleiten. In den sechzehn Jahren als freigestellte Kitaleiterin schrieb ich mir dabei besonders die Sprachbildung und Förderung der Kinder auf die Fahne. Auf diese Weise konnte ich zum einen meine Kolleginnen und Kollegen in den Gruppen unterstützen und entlasten sowie ihre Arbeit ergänzen; zum anderen ergab sich so bei den Kindern unserer Kita, die sich im letzten Jahr vor der Einschulung befanden, die Möglichkeit, nach dem Konzept der „phonologischen Bewusstheit" vorzugehen, um ihnen den Übergang von der Kita in die Grundschule zu erleichtern. Wie wichtig eine gut angelegte phonologische Bewusstheit für den Lese- und Schreiberwerb ist, wurde mir zudem in meiner Ausbildung zur Therapeutin für Kinder mit Legasthenie und Lese-Rechtschreib-Schwäche, kurz LRS, deutlich. Besonders bedeutsam war die Erkenntnis, dass die Schriftsprachentwicklung auf der Sprachentwicklung aufbaut und von ihr abhängig ist. Darauf gehe ich im 3. Teil dieses Buches näher ein, der sich mit der Sprachwelt der 5- bis 6-Jährigen beschäftigt.

Wie die Sprachentwicklung verläuft auch das Schreiben- und Lesenlernen nicht immer geradlinig. Mal geht es sprunghaft voran, manche Fertigkeit braucht ein bisschen länger. Dies ist von Kind zu Kind verschieden. Kinder gehen ihre Schritte auf der sogenannten Entwicklungstreppe nie geradlinig. Sie machen Umwege, trödeln ein bisschen herum, bleiben stehen oder müssen manchmal ein Teilstück des Weges erneut abgehen. Das erweitert ihre „Ortskenntnisse", um Erlerntes besser zu verarbeiten, zu verstehen und zu festigen. Das weiß ich auch aus eigener Erfahrung.

Müttern und Vätern fällt es manchmal schwer, dieses individuelle Tempo auszuhalten. Doch bitte bleib geduldig, wenn es mal nicht so läuft, wie du es dir erhoffst. Sei da, wenn dein Kind dich braucht, und hab es lieb, das ist das Wichtigste. Wer sich ständig Sorgen macht und sich fragt, ob das Kind schon dieses und jenes kann und ob es den Ansprüchen anderer genügt, und wer es womöglich noch mit anderen Kindern vergleicht, der macht es sich selbst und seinem Kind nur unnötig schwer. Schau lieber auf das, was dein Kind schon kann und wie weit es gekommen ist. Das ist das Einzige, was zählt.

„Es ist normal, verschieden zu sein", dieser Satz, der dem damaligen Bundespräsidenten Richard von Weizsäcker zugeschrieben wird, trifft beim Sprechenlernen genau zu. Und er gilt ebenso für die Geschwindigkeit, mit der Kinder lernen. Hab also Vertrauen in dein Kind und seine Selbstbildungsfähigkeiten. Unterstütze es und finde eine gute Balance zwischen Fördern und Einfordern, Laufenlassen und Haltgeben. Indem du dein Kind mit Worten ermutigst, ihm wertschätzende Rückmeldungen gibst und ein Vorbild bist, sind deine Sprache und dein Sprechen deine Helfer im Erziehungsprozess.

Auch Singen ist dafür toll. Du kannst deinem Kind etwas vorsingen oder mit ihm zusammen bekannte, neue oder selbst erfundene Lieder singen. Dazu braucht es keinen Aufwand und es bringt sehr, sehr viel. Es ist dabei ganz egal, was ihr singt. Es können Lieder sein, die euch spontan einfallen, die ihr im Radio hört oder die du aus deiner Kindheit kennst. Denn Singen ist pure Sprachförderung. Beim Singen verlangsamt sich die Sprache, sodass Wörter „deutlicher" werden und sich besser einprägen - beim Hören wie beim Mitsingen. Auch die unbetonten Endsilben werden auf diese Weise hörbar, da sie in Liedern einen eigenen Ton bekommen, während sie beim Sprechen oft aus der Wahrnehmung verschwinden. Durch Rhythmen und Melodien wird die Sprachmelodie der Sprache, die Prosodie, besonders hervorgehoben, denn die Melodie des Sprachflusses und die für eine Sprache typischen Akzentuierungen werden durch die Musik verstärkt. Dies geschieht schon bei einfachen Kinderliedern oder Abzählreimen. Außerdem berührt oder erfasst Singen immer den ganzen Menschen. Oder kannst du bei einem Lied, das dir gut gefällt, wirklich ruhig bleiben? Wie automatisch nehmen unsere Füße den Takt auf, fangen unsere Finger zu schnipsen an, wir summen mit oder bewegen den Körper zum Rhythmus.

Auch Kinder haben diesen inneren Drang, einen Rhythmus aufzunehmen oder ihm nachzugehen, sich einer Melodie völlig hinzugeben. Bei meiner Arbeit als Kitaleiterin habe ich es oft erlebt, dass schon die ganz Kleinen bei einem rhythmischen Lied spontan aufsprangen, aus bloßer Freude heraus zu hüpfen oder zu hopsen begannen, sich hin und her wiegten oder rhythmisch in die Hände klatschten. So etwas hast du bestimmt auch schon beobachtet oder es von anderen Eltern und Erziehenden gehört. Auch meine Kinder hatten schon sehr früh Vorlieben für bestimmte Lieder und Rhythmen. Für meinen Sohn war beispielsweise ein bestimmtes Einschlaflied wie „Seelenbalsam". Er hat es geliebt und jeden Abend eingefordert. Das Lied hatte beruhigende Wirkung auf ihn, und so wurde es zu seinem Zubettgehritual, immer zur gleichen Zeit am Abend gesungen, damit er gut einschlief. Sicherlich kennst du das auch oder erinnerst dich aus deiner eigenen Kindheit daran. Vielleicht nutzt du auch bereits ein Schlaflied oder Aufwecklied für dein Kind.

Weil Musik uns so guttut, summen oder singen kleinere, aber auch größere Kinder gerne vor sich hin, beispielsweise wenn sie malen oder spielen oder auch bei der Erfüllung einer Aufgabe. Vielleicht machst du selbst das ja auch. Das Erledigen von Dingen macht so einfach mehr Spaß. Kinder speichern dieses Wohlgefühl übrigens ab, sie verinnerlichen es; darum verbinden sie im späteren Leben mit Liedern eine wohltuende Erfahrung.

Dass Musik glücklich macht, lässt sich sogar biochemisch beweisen. Singen setzt im Gehirn ein Glückshormon frei. Dies ist einer der Gründe, warum so viele Menschen, die in Chören mitsingen, neben der Musik und dem Gemeinschaftssinn die befreiende und wohltuende Wirkung des Singens schätzen. Singen sorgt für eine positive und lebensbejahende Atmosphäre und fördert ganz nebenbei die Sprachentwicklung, sowohl bei Erwachsenen - die zum Beispiel eine neue Sprache lernen - als auch und erst recht bei Kindern.

Du siehst, Sprachförderung beziehungsweise Sprachbegleitung kann im Alltag ganz nebenbei passieren. Und genau das will auch dieses Buch vermitteln. Es will dir einfach, anschaulich und trotzdem fachlich fundiert aufzeigen, wie Sprache entsteht und was du als Elternteil tun kannst, damit sich Sprache und Sprechen bei deinem Kind gut entwickeln können, und dies lustvoll spielerisch und ohne Druck.

Jedes Kind hat sein eigenes Tempo beim Lernen. Solltest du dir als Mutter oder Vater aber doch einmal wegen der Entwicklungsfortschritte Gedanken machen, dann denk daran: Dir als Elternteil stehen Bildungspartner zur Seite. Die Krippe oder Kita, in die du dein Kind gibst, engagiert sich an deiner Seite für dein Kind. Gemeinsam kann Förderung gut gelingen. Wenn du mit deinen Kindern Beziehungszeit verbringst, wenn du mit ihnen kuschelst, redest, spielst und singst, wenn du ihnen vorliest und sie so mit genügend Wörtern „fütterst“, damit sie lernen zu sprechen und ihre Sprache zu nutzen, dann machst du alles richtig. Denn Sprache ist das Tor zur Welt.

Eine Bitte habe ich an dich: Lies dieses Buch bitte nicht als Ratgeber nach dem Motto: So und so musst du es machen, dann funktioniert es garantiert. Ich habe viel Erfahrung im Umgang mit Kindern und deren Eltern, und ich weiß, dass der gesunde Menschenverstand oft der beste Berater ist. Wenn ich also schreibe „Sing deinem Kind etwas vor“, das jedoch nicht zu dir passt, dann lass es einfach. Sei authentisch. Die Aktionen, Ideen und Spiele müssen sich für dich gut anfühlen, sie sollen auch dir Spaß machen. Das Buch ist ein Ideenbuch; es ist ein Wegbegleiter für die Sprachentwicklung deines Kindes, in dem du nachschlagen kannst, wenn du dich schlaumachen willst oder nach Tipps und Ideen für einen sprachfreundlichen Familienalltag suchst. Entscheide selbst, was zu dir passt und was nicht.

Und jetzt wünsche ich dir viel Freude mit diesem Buch.
Ursula Günster-Schöning

So ist dieses Buch aufgebaut

Dieses Buch besteht aus vier Teilen. In den ersten drei Teilen wird je eine Sprachwelt vorgestellt, der vierte Teil enthält viele Extras.

Die ersten drei Teile sind **nach dem Alter der Kinder strukturiert** und farbig markiert, sodass du schnell die Seiten für das passende Alter findest und einen guten Überblick hast.

In jedem der drei Teile findest du **Fachwissen zum Entwicklungsalter**, kurz und gut verständlich aufbereitet. Dazu kommen vielfältige, hauptsächlich kostenfreie und **interessante Spielideen**, mit denen du die Sprachentwicklung und Sprechfertigkeit deines Kindes unterstützen kannst. Zudem habe ich **Buchtipps** für das jeweilige Alter herausgesucht und auch Spiele empfohlen, die zu dem jeweiligen Entwicklungsthema passen.

Der vierte Teil enthält viele Extras wie das **Sprachtagebuch**, das du für dein Kind führen kannst, wenn du magst, und den **„Was bedeutet was?"-Abschnitt**, in dem ich sprachentwicklungsrelevante logopädische Fachbegriffe erkläre, damit du weißt, was sie bedeuten, wenn die Begriffe im Entwicklungsgespräch in deiner Krippe oder Kita fallen. Und mit Blick auf die Schule habe ich dir Anlaufstellen und Internetseiten herausgesucht, wo du Tipps, Ratschläge oder Hilfe findest, falls dein Kind beim Lesen- und Schreibenlernen Unterstützung braucht.

Jeder der vier Teile steht für sich, sodass du das Buch nicht von vorn nach hinten lesen musst, sondern in den Teil springen kannst, der dich interessiert oder der gerade wichtig für dich ist. Gleichwohl kannst du das Buch auch aufeinander aufbauend Kapitel für Kapitel lesen.

Im ersten Teil nehme ich dich mit in die Sprachwelt der Kinder im Alter von 0 bis 3 Jahren, also von der Geburt bis zum dritten Lebensjahr, die Zeit des Säuglings-, Kleinkind- oder Krippenalters. Ich lade dich ein zu entdecken, wie Babys und erwachsene Menschen aufeinander reagieren und wie sich dadurch Sprache aufbaut und entwickelt. Ich erkläre dir, warum der „trianguläre Blick" einen so wichtigen Meilenstein in der Sprachentwicklung darstellt und warum Zeigeinteraktion die Grundlage für Kommunikation ist. Zudem möchte ich dir einfache, jedoch wirksame Ideen vorstellen, wie du den Sprachentwicklungsprozess deines Kleinstkindes wirkungsvoll unterstützen kannst.

Im zweiten Teil tauchen wir in die Sprachwelt der Kindergartenkinder im Alter von 3 bis 5 Jahren ein. Du gehst mit mir auf Entdeckungsreise, liest, wie sich der Wortschatz erweitert, bis es zu einer regelrechten „Sprachexplosion" kommt, und warum jeder Tag ein Sprachlerntag ist. Dass in diesem Alter die Entwicklung des Sprachverständnisses und des Redeflusses Hand in Hand gehen, betrachten wir genauso selbstverständlich, wie die Tatsache, dass dein Kind in diesem Alter Symbole, Buchstaben und Zeichen in seiner Umwelt entdeckt.

Im dritten Teil begleiten wir dein Kind bei seiner Wandlung vom Spielkind zum Schulkind und schauen uns die sprachliche und schriftsprachliche Entwicklung im Übergang von der Kita in die Grundschule an. Im Alter von 5 bis 6 Jahren werden aus Kindergartenkindern (Vor-)Schulkinder, und wichtige Vorläuferfähigkeiten für den Erwerb des Lese- und Schreibprozesses bilden sich heraus. Auch in dieser Zeit kannst du durch Spiele und Aktionen viel tun, um dein Kind, zum Beispiel bei der Entwicklung einer guten Handgeschicklichkeit, zu unterstützen.

Was bedeutet Sprachwelt?

Schon während meiner Tätigkeit als Kitaleiterin fing ich an, als Coach mit pädagogischen Teams zu arbeiten. Inzwischen ist dies meine Haupttätigkeit. Ich begleite pädagogische Fachkräfte bei individuellen Entwicklungsprozessen oder schule sie zu speziellen Themen. Sprache stand und steht dabei oft im Mittelpunkt meiner Arbeit. Zudem durfte ich von 2013 bis 2016 acht Kitas und Grundschulen im Rahmen des Projekts „Bildung braucht Sprache“ begleiten. Dies war ein Programm der „Deutschen Kinder- und Jugendstiftung“ sowie der „Stiftung Mercator“, bei dem ausgewählte Teams aus Kindertageseinrichtungen in NRW modellhaft zu kompetenten Begleitern und Unterstützerinnen des sprachlichen Bildungsprozesses der Kinder ihrer Einrichtungen ausgebildet wurden, um gemeinsam mit Grundschulen, Eltern und weiteren Partnern Kindern eine lebensweltbezogene, ganzheitliche und durchgängige Sprachbildung zu ermöglichen. Im Zuge dieser Arbeit habe ich den Begriff „Sprachwelt“ für mich entdeckt und das Bild einer Weltkugel entwickelt. Die Arbeit damit fanden auch die pädagogischen Fachkräfte sehr hilfreich. Denn die Sprache, unsere Welt der Laute, Wörter und Zeichen, erobert sich jedes Kind in aufeinanderfolgenden Entwicklungsphasen. Jede Phase beinhaltet bestimmte sprachliche Entwicklungsschritte und geistige Reifeprozesse, die ein Kind in einer bestimmten Altersspanne durchläuft. Eine Phase bildet so einen eigenen Sprachkosmos, eine eigene Sprachwelt. Jeder Teil widmet sich einer Phase.

Beim Coaching von Fachkräften und Eltern habe ich gute Erfahrungen bei der Arbeit mit Bildern, Visualisierungen oder Metaphern gesammelt, darum möchte ich auch in diesem Buch gern das Bild der Sprachwelt als roten Faden nehmen. Dieser zieht sich durch die einzelnen Kapitel, um dir die Sprachentwicklung deines Kindes zu erklären. Jede Sprachwelt besteht wie unsere Weltkugel aus verschiedenen Kontinenten, die sich die Kinder nach und nach erobern. Bereits im Mutterleib (dem Erdinneren) geht dies los.

Alle drei Sprachwelten werden umspannt von der „Galaxie", also der individuellen Entwicklung eines jeden Kindes. Diese kindliche Entwicklung ist immer als Einheit von Wahrnehmen, Handeln, Fühlen und Denken zu verstehen. Deshalb bietet sie den Rahmen aller drei Sprachwelten. In der Galaxie befinden sich die „sozial-kommunikative Entwicklung" und die „sprachlich-kognitive Entwicklung", auf den Kontinenten der Sprachwelten ist die Entwicklung der jeweiligen Kompetenzen angesiedelt, beispielsweise die Entwicklung der Laute und Prosodie, der Wörter und ihrer Bedeutungen, das Verständnis der Grammatik, des Satzbaus.
All diese Begrifflichkeiten werde ich dir im Verlauf des Buches erklären, damit du ein Verständnis dafür entwickelst, inwiefern die einzelnen sprachlichen Entwicklungsschritte deines Kindes miteinander zusammenhängen und wodurch du dein Kind bei dem jeweiligen Entwicklungsschritt spielerisch unterstützen kannst.

Jedes Kind ist anders

An der Einteilung der Sprachwelten in Altersspannen lässt sich schon ablesen, dass sich die Entwicklungsphasen deines Kindes nicht exakt einteilen oder abgrenzen lassen. Die Übergänge verschwimmen. So kann beispielsweise ein 3-jähriges Kind sprachlich schon sehr weit sein, sodass es schon sehr früh, vielleicht zu Beginn seines dritten Lebensjahres, in die zweite Sprachwelt wechselt, in die der 3- bis 5-Jährigen, während ein anderes Kind in der ersten Sprachwelt viel länger verweilt und erst zum Ende seines dritten Lebensjahres in der zweiten eintrifft. Beides ist richtig, beides ist „normal" - weil Kinder nun mal Individuen sind. Sie entwickeln sich sehr unterschiedlich.

Eine Erklärung dafür erhältst du in der Sprachwelt der 0- bis 3-Jährigen, wenn wir ins „Erdinnere" schauen. Vorab nur so viel: Jeder Mensch ist einzigartig, das gilt auch und vielleicht sogar in besonderem Maße für unsere Kinder. Darum kann man sie auch nicht in vorgefertigte Kategorien einordnen, um aufzuzeigen, wer was wann können muss. Und das ist auch gut so. Dennoch weise ich dich in allen drei Sprachwelten auch auf wichtige Meilensteine der Sprachentwicklung hin, damit du keinen „blinden Fleck" entwickelst und dadurch den richtigen Zeitpunkt verpasst, um dein Kind gegebenenfalls einem Experten vorzustellen.

Gut ist zudem, dass du nicht allein bist, sondern dass die pädagogischen Fachkräfte aus Krippe und Kita dich unterstützen und mit dir dein Kind im Blick behalten. Jede Erzieherin und jeder Erzieher ist durch das Kindertagesstättengesetz sogar dazu verpflichtet, die Sprachentwicklung jedes Kindes gezielt zu beobachten und zu dokumentieren. Das ist eine Vorgabe, keine freundliche Empfehlung. Daher wundere dich nicht, wenn in der Krippe oder Kita auch mit Sprachstandserhebungen gearbeitet wird. In der Regel geschieht dies durch Alltagsbeobachtungen. Manchmal kommen gezielte Überprüfungen im direkten Dialog hinzu. Achte jedoch darauf, dass nicht defizitär auf dein Kind geschaut wird nach dem Motto „Was kann es noch nicht", sondern dass seine Talente, Potenziale und Stärken ebenfalls erfasst und dokumentiert werden. In der Regel machen engagierte Fachkräfte dies ohnehin, da in den letzten Jahren die stärkenorientierte Dokumentation immer selbstverständlicher geworden ist.

Wenn professionelle Hilfe nötig wird

Aus eigener Erfahrung weiß ich, wie es für Kinder und Eltern ist, wenn die Sprachentwicklung nicht so fortschreitet wie erhofft. Mein Sohn erklomm im Gegensatz zu meiner Tochter nicht gleichmäßig Stufe für Stufe der Entwicklungstreppe, sondern blieb mal stehen, mal übersprang er ganze Absätze. Oft neigen Eltern in solchen Momenten dazu, die Schuld bei sich oder bei anderen zu suchen und das Kind anzuschieben. Doch das nützt nichts: Wir können von Kindern nichts verlangen, was sie einfach noch nicht können. Manchmal müssen wir den Mut haben zu warten. Das bedeutet nicht, die Augen zu verschließen oder nicht aktiv zu werden, wenn die Entwicklung stockt. Gerade der Sprachentwicklungsverlauf braucht eine gute, achtsame Begleitung.

Allerdings sollten wir auch immer unsere Grenzen als Eltern im Blick behalten. Wir können und müssen nicht alles wissen - und wir können und müssen nicht alles selbst tun. Darum habe ich mir damals externe Hilfe geholt. Logopädische Fachkräfte können sachkundig helfen, wenn es in einer Sprachwelt stockt. Die Erzieherinnen und Erzieher in deiner Kita haben nicht die gleiche Ausbildung wie Therapeuten und Logopädinnen, darum sollte man von ihnen nicht Dinge verlangen, die sie nicht leisten können - selbst wenn es sich um eine Sprachkita handelt. Diese Bezeichnung bedeutet lediglich, dass die Kita Sprache in den Mittelpunkt ihrer Arbeit stellt, sie zu ihrem Schwerpunktthema macht. Einige Kitamitarbeiter, meist ein oder zwei Fachkräfte aus dem Team, sind in diesem Fall besonders geschult. Sie sind Sprachförderkräfte, die die anderen Kolleginnen und Kollegen im Alltag unterstützen und trainieren sollen.

Einige dieser Sprachförderkräfte bieten zusätzlich besondere sprachförderliche Aktionen oder Angebote für die Kinder an, jedoch arbeitet keine von ihnen therapeutisch oder logopädisch. Das können und dürfen diese Fachkräfte auch gar nicht. Ihr Auftrag ist es vielmehr, die Sprache der Kinder im Kitaalltag spielerisch, ganzheitlich und alltagsintegriert zu fördern.

Wenn du unsicher bist oder Rat brauchst hinsichtlich der Sprachentwicklung deines Kindes, dann wende dich am besten an die Sprachförderkräfte deiner Kita. Sie können dir sagen, ob es sinnvoll wäre, eine Therapeutin oder einen Logopäden hinzuzuziehen. Sollte es keine Sprachförderkraft in deiner Kita geben, kannst du auch jede andere Erzieherin oder jeden anderen Erzieher fragen, denn auch diese sind in der Regel gut geschult und haben bestimmt hilfreiche Ideen, wie du dein Kind unterstützen kannst.

Ideen für eine spielerische Sprachförderung

Bevor du dich den einzelnen Kapiteln und somit den Sprachwelten zuwendest, möchte ich dir noch kurz die unterschiedlichen Symbole erklären, die die Spielideen kennzeichnen. Du findest diese nach jedem relevanten Theoriebaustein innerhalb der Sprachwelten. Sie sind für den (Sprach-)Alltag mit deinem Kind gedacht. Es ist eine bunte Sammlung aus meiner Tätigkeit als Weiterbildnerin und aus der gelebten Praxis mit Kindern, Erziehern, Erzieherinnen und Eltern. Wähle davon, was dir sinnvoll erscheint und was zu dir, deinem Kind und eurer Familie passt. Wie oben schon gesagt: Meine Ideen und Vorschläge sind keine Rezepte oder Checklisten, die es abzuarbeiten gilt. Vielmehr sollen sie dich inspirieren und dir Lust darauf machen, mit deinem Kind gemeinsam aktiv zu werden.

Die Symbole und ihre Bedeutung

Symbol	Bedeutung	Förderung
	Spiele mit Händen	Förderung der Hand-Augen-Koordination und Fingerfertigkeit
	Spiele zur Hörwahrnehmung	Förderung des bewussten Hin- oder Zuhörens
	Ideen zum Basteln	Förderung der Kreativität und Handgeschicklichkeit
	Sprachspiele	Förderung der Mundmotorik, Aussprache, Sprechfertigkeiten
	Spiele zum Nachdenken	Förderung der kognitiven Fähigkeiten
	Schreibspiele	Förderung der Grafomotorik, Feinmotorik, Handgeschicklichkeit
	Bewegungsspiele	Förderung der Körperkoordination, Raum-Lage-Bewusstsein
	Altersempfehlung	Unverbindlicher Hinweis zum empfohlenen Kindesalter

Teil 1

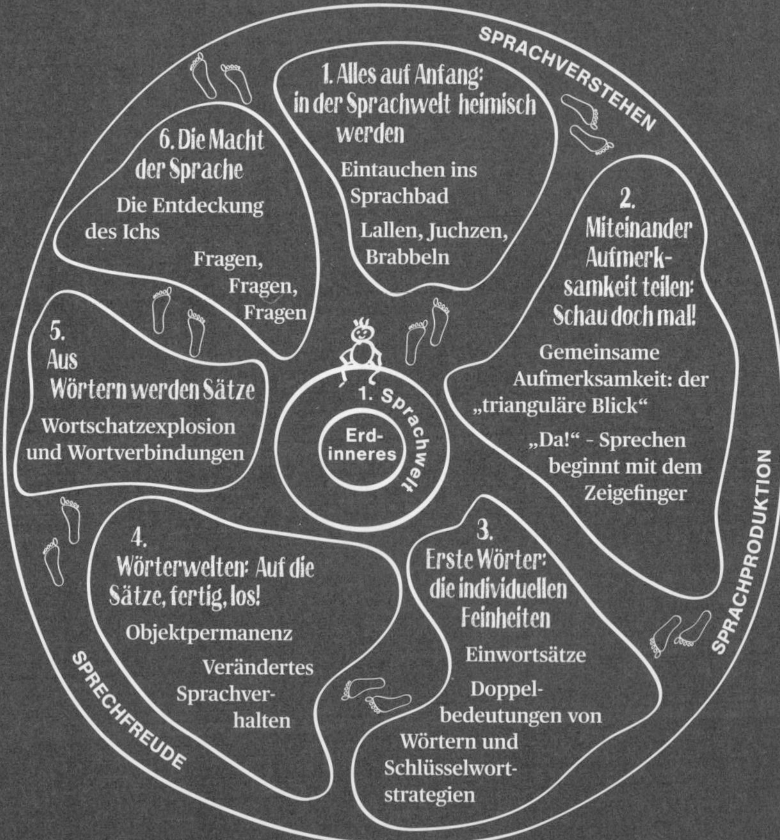
SPRACHVERSTEHEN
SPRACHPRODUKTION
SPRECHFREUDE
1. Alles auf Anfang: in der Sprachwelt heimisch werden
Eintauchen ins Sprachbad
Lallen, Juchzen, Brabbeln
2. Miteinander Aufmerksamkeit teilen: Schau doch mal!
Gemeinsame Aufmerksamkeit: der „trianguläre Blick“
„Da!“ - Sprechen beginnt mit dem Zeigefinger
3. Erste Wörter: die individuellen Feinheiten
Einwortsätze
Doppelbedeutungen von Wörtern und Schlüsselwortstrategien
4. Wörterwelten: Auf die Sätze, fertig, los!
Objektpermanenz
Verändertes Sprachverhalten
5. Aus Wörtern werden Sätze
Wortschatzexplosion und Wortverbindungen
6. Die Macht der Sprache
Die Entdeckung des Ichs
Fragen, Fragen, Fragen
1. Sprachwelt
Erdinneres

Die Sprachwelt der 0- bis 3-Jährigen

Alles auf Anfang: in der Sprachwelt heimisch werden

Im vorherigen Kapitel hatte ich den Mutterbauch als das „Erdinnere“ der ersten Sprachwelt bezeichnet. Das Bild wirkt im ersten Moment vielleicht ungewöhnlich, aber es passt sehr gut. Denn in der Gebärmutter ist der Fötus sicher eingebettet, im Inneren der Mutter wächst er geborgen heran und bereitet sich im wahrsten Sinne des Wortes auf das Leben außerhalb vor. Das ungeborene Kind trainiert im Mutterbauch schon wichtige Sprechwerkzeuge wie Lippen, Zunge, Gaumen oder Kehlkopf, wenn es beispielsweise am Daumen lutscht oder Fruchtwasser schluckt. Auch das Gehör wird ab dem fünften Schwangerschaftsmonat geschult, in dem der Fötus auf die Geräusche und vor allem Stimmen von „draußen“ zu achten beginnt. Manchmal spüren Schwangere das, wenn zum Beispiel das Baby mit Bewegungen auf laute oder plötzliche Geräusche reagiert.

Am prägnantesten hört das Baby die Stimme der Mutter. Das lässt sich aktiv nutzen. Wenn Mütter sanft über ihren Bauch streicheln und laut mit dem Baby sprechen, übertragen sich die Schallwellen der Stimme über das Rückenskelett direkt zu den Beckenknochen. Das Baby liegt dort mitten im Resonanzbereich, sozusagen eingebettet zwischen den beiden großen „Bassboxen“ des Beckens. Hier kommt die Sprache der Mutter besonders gut an. Von allen Sinnesorganen wird das Ohr als Erstes ausgebildet. Obwohl der Embryo zu diesem Zeitpunkt nur knapp einen

Zentimeter groß ist, funktioniert das Ohr schon, noch bevor das Herz und das Gehirn ihre Aktivität aufnehmen. Wenn du also von Anfang an mit deinem Baby sprichst, baust du eine emotionale Bindung auf und lässt es mit deiner Stimme bekannt werden. Dies führt dazu, dass deinem Neugeborenen deine Stimme auch von Anfang an besonders vertraut ist.

Auch die Stimme des Vaters, der Oma oder anderer Personen kann das Baby im Mutterleib wahrnehmen, dies wissen wir, weil das Neugeborene sich an die Erfahrungen aus dem Mutterleib erinnert. Dr. Kenneth Gerhardt, Professor für Sprache an der Universität in Florida, hat zu der Hörentwicklung von Ungeborenen geforscht und konnte durch seine Versuche belegen, dass das Ungeborene etwa ab dem sechsten Monat auch die Stimme des Vaters hören kann, wenn dieser in der Nähe des Bauches der Mutter mit normaler Lautstärke spricht. Seine Schallwellen müssen sich jedoch von außen nach innen ihren Weg bahnen: zuerst durch die Haut der Mutter und dann durch das Gewebe und Fruchtwasser der Gebärmutter bis hin zum Baby, was seine Stimme dämpft. Aber sie kommt an, die Stimme, da es deinem Baby bereits im Alter ab 16 Wochen gelingt, Töne und Musik von außen im Mutterleib zu hören und darauf zu reagieren. Forscherin Marisa López-Teijón Perez vom Institut Marquès in Barcelona konnte gemeinsam mit Kollegen in einer Studie mit 106 schwangeren Frauen belegen, dass Föten im Mutterleib auf bestimmte Musiksonaten zum Beispiel durch Veränderung der Mimik reagierten. „Zum ersten Mal waren wir in der Lage, mit dem Fötus zu kommunizieren“, erklärt López-Teijón. „Wir können also sagen, dass das Lernen im Mutterleib beginnt.“[3] Und dieses Lernen beginnt innerhalb der Gebärmutter bereits ab der fünften Woche im Rückenmark und zwei Wochen später in der Großhirnrinde, wenn dein Baby anfängt Synapsen zu bilden. Ab diesem Zeitpunkt setzt sich der Prozess während der restlichen Schwangerschaft und auch nach der Geburt fort. „Alles, was ein Kind hört, sieht, berührt, fühlt, denkt, übersetzt sich in ein System von Synapsen, die die spätere Leistungsfähigkeit seines Gehirns prägen.“[4]

Die Voraussetzungen für den Spracherwerb werden somit schon während der Schwangerschaft gelegt, indem das Baby seine biologischen

Anlagen entwickelt, um Sprache erwerben und anwenden zu können. Zu den biologischen Anlagen zählen neben den Sprachwerkzeugen auch die Ohren und Augen als sprachinformationsaufnehmende Organe. Auch das Gehirn gehört dazu, da es als Schaltzentrale die eintreffenden Informationen verarbeitet und für die Speicherung von Informationen sowie für die Steuerung der dafür erforderlichen Nervenimpulse zuständig ist. Das klingt kompliziert, und das ist es auch. Allerdings nicht für das Baby, denn hinter alldem steckt ein kleines Wunder.

Das Wunder beginnt

Kurz vor der Geburt verfügt das Gehirn eines Babys bereits über 100 Milliarden Neuronen, also Nervenzellen, die alles in seinem Körper steuern. Dazu gehören die Atmung und der Herzschlag genauso wie die Sinneswahrnehmungen, Bewegungsabläufe und das Denken. Damit das Gehirn auf eine derart extrem große Anzahl an Neuronen kommt, bilden sich während der Schwangerschaft pro Minute rund 250 000 Neuronen, die mittels eines gigantischen Netzwerks untereinander verbunden sind. Jede aktive Nervenzelle verfügt über bis zu 10 000 Verbindungen zu anderen Nervenzellen; über diese kommunizieren sie miteinander, das ähnelt ein bisschen einer Datenautobahn.

Konkret bedeutet das: Ein Neuron sendet einem anderen einen elektrischen Impuls. Wenn das andere Neuron darauf reagiert, bildet sich eine Verbindung, eine sogenannte Synapse. Je mehr Vernetzungen ein Neuron besitzt, desto schneller können Informationen gesendet und empfangen werden und umso wahrscheinlicher ist es, dass das Neuron „am Leben bleibt“. Denn Neuronen, die wenig aktiv sind, werden abgebaut. In dieser Hinsicht arbeitet unser Gehirn sehr ökonomisch.

Manche Bereiche des neuronalen Netzwerks sind genetisch vorgegeben, das heißt, sie sind vorprogrammiert und bilden sich aufgrund ihrer Funktion aus, dazu zählen zum Beispiel das Sprach- und das Hörzentrum. Das Sprachzentrum ist in sich unterteilt: Es gibt einen Bereich für den aktiven Gebrauch von Sprache und einen, der für die passive Verarbeitung von Sprache zuständig ist. Auf beides greift dein Baby später zurück, um sich seine eigene Sprachwelt aufzubauen.

Wie sich die Netzwerke im Detail ausbilden, ist nicht festgelegt, das folgt keinem festen Bauplan. Vielmehr handelt es sich bei den neuralen Netzwerken um individuelle Einzelstücke, die sich aufgrund von Erfahrung und Wiederholung entwickeln. So konnten Wissenschaftler durch Langzeitstudien nachweisen, dass bei Menschen, die im Alter von 4 Jahren angefangen haben, Geige zu spielen, und dies bis ins Erwachsenenalter beibehielten, das Netzwerk, das die Motorik der linken Hand steuert, viel mehr Synapsen und Verschaltungen aufweist als jenes von Erwachsenen, die nicht so lange Geige spielten.

Dies ist ganz logisch, denn wir alle haben erlebt, dass wir durch wiederholtes Üben unsere Geschicklichkeit, unser Können und unsere Fertigkeiten verbessern, sei es beim Spielen eines Instruments oder bei einem anderen Hobby. Das Faszinierende daran ist jedoch, dass sich dies auch an unserem Gehirn ablesen lässt, da die stete Wiederholung zur Ausbildung spezieller Netzwerke geführt hat, die sich durch Gehirnscans nachweisen lassen.

Dieser Prozess liegt jedem Lernprozess zugrunde. Das bedeutet, durch Wiederholung verfeinern wir das entsprechende neuronale Netzwerk und verankern so das Gelernte. Dabei hat jedes Gehirn sein eigenes Tempo. Manche Menschen lernen bestimmte Dinge schneller, dafür fällt ihnen anderes schwerer. Individuelle, genetisch bedingte Anlagen spielen dabei ebenso eine Rolle wie gelernte Fähig- und eingeübte Fertigkeiten. Auf diese Weise lernt und entwickelt sich jedes Kind - jeder Mensch - ganz individuell und in seinem ureigenen Tempo.

Dein Kind erschließt sich seine Umwelt - oder um in unserem Bild zu bleiben: die verschiedenen Kontinente seiner Sprachwelt, und zwar zuerst über den Körper und die Sinne. Dies geschieht schon im Mutterbauch und wird natürlich auch nach der Geburt weitergeführt, indem dein Kind vom ersten Tag seines Lebens an aktiv wird. Es sammelt Erfahrungen, die ihm ein wachsendes Wissen über sich selbst, seine Mitmenschen sowie die Umwelt, seine Lebenswelt, ermöglichen. Auch der Spracherwerb ist ein Lernprozess der Erfahrung und Wiederholung. Er wird vor allem durch die aktive Auseinandersetzung deines Kindes mit seinen Mitmenschen und seiner Umwelt geprägt.

Eintauchen ins Sprachbad

Ausgerüstet mit seiner biologischen Grundausstattung betritt dein Baby den ersten Kontinent der Sprachwelt und taucht ein in das Sprachbad seiner Umgebung. Einiges erkennt es wieder, zum Beispiel die vertrauten Stimmen von Mutter und Vater. Zuerst werden die Sprache und die Sprachmelodie der Mutter nach der Geburt wiedererkannt, da das Baby diese am häufigsten und am deutlichsten gehört hat. Das gilt für alle Babys weltweit. Jedes Baby reagiert auf die Stimme seiner Mutter am eindeutigsten. Und noch mehr: Beim Schreien übernimmt es sogar die Sprachmuster seiner Mutter. Dieses Phänomen konnte in zahlreichen Studien durch das Max-Planck-Institut für Kognitions- und Neurowissenschaften in München und das Leipziger Labor für Kindersprachforschung nachgewiesen werden. Die neuronalen Netzwerke haben sich durch das wiederholte Hören der Sprache, der Sprachmelodie und des Sprachmusters der Mutter entsprechend ausgebildet, sodass das Baby diese Muster nun aufnimmt.

Dein Baby teilt sich mit

Von Anfang an kann dein Baby schreien - das ist zwar oft anstrengend, aber gleichzeitig auch wunderbar. Denn Schreien ist sein erster und zugleich wichtigster Weg, mit dir als seiner Bezugsperson Kontakt aufzunehmen. Mit dem Schreien beginnt der gemeinsame Dialog, denn Schrei ist nicht gleich Schrei. Mit dem Schreien erfolgt auch der Einstieg in den Spracherwerb, und zwar über die Fähigkeit deines Babys zur Prosodie.

Prosodie

Der Begriff Prosodie bezieht sich auf Sprachmelodie und Sprachmuster. Damit ist gemeint, dass wir in einem bestimmten Rhythmus, mit einer besonderen Sprachmelodie und einer bestimmten Lautstärke sprechen, dabei Pausen einbauen, Wörter besonders betonen und unserer Aussage so einen Sinn geben.

Denn eine Aussage kann ganz unterschiedlich aufgefasst und interpretiert werden, je nachdem welches Wort wir in einem Satz betonen. Nimm zum Beispiel den Satz „Roll mir das Auto zu“ – je nach Betonung kann er Folgendes aussagen:

- **Roll** mir das Auto zu (und wirf es nicht).
- Roll **mir** das Auto zu (nicht der Mama).
- Roll mir **das** Auto zu (und nicht ein anderes).
- Roll mir das **Auto** zu (und nicht den Ball).[5]

Um Sprache zu erwerben, muss dein Baby die prosodischen Merkmale deiner Sprache zunächst wahrnehmen und richtig interpretieren, um sie später selbst nutzen zu können. Es trainiert dieses Hineinhören in deine Sprache genauso selbstverständlich ab dem ersten Tag wie das Einstellen seiner Sprechorgane. Auf diese Weise lernt es, Unterschiede in Modulation und Bedeutung zu erkennen und dies auch selbst anzuwenden. So muss dein Baby zunächst die prosodischen Merkmale der Sprache wahrnehmen, um sie dann als Mittel zur Kommunikation nutzen zu können. Es reagiert daher auch eher auf den Klang deiner Stimme als auf den Inhalt. So nimmt es sehr genau wahr, ob deine Stimme ärgerlich oder beruhigend klingt, und gibt entsprechende Rückmeldungen über Lautäußerungen. Und so beginnt es dann auch selbst mit seiner Stimme zu spielen und Laute mit unterschiedlichen Internationsmustern (Höhe, Lautstärke, Frequenz) zu versehen. Es produziert zum Beispiel Gurrlaute, um aufzuzeigen, dass es ihm gut geht, während es Quengellaute von sich gibt, wenn es ihm schlecht geht, sodass du dich auf seine lautlichen Äußerungen immer mehr einstellst und sie zunehmend sicherer erkennst.

Und mit 16 Monaten nutzt es diese Kompetenz schon ausgefeilter, indem es zum Beispiel auf ein Spielzeugauto zeigt und sagt „Ato!“ in der Bedeutung „Schau, das ist ein Auto“ - oder - „Gib mir das Auto.“ Oder es blickt sich um und sagt im fragenden Ton: „A-to?“ Was dann wiederum heißt: „Wo ist das Auto?“

Durch das gemeinsame Spiel, das gleichzeitig mit einem Dialog über das Auto verbunden ist, wendet dein Kind nicht nur seine neuen Kenntnisse an, sondern auch du als Bezugsperson lernst auf die verschiedenen Modulationen und damit verbunden auf die unterschiedlichen Bedeutungen seines Wortes angemessen zu reagieren.

Mit jedem Schrei, mit jeder Äußerung kommuniziert dein Baby also mit dir, auch wenn es zunächst sehr elementar geschieht, nämlich als Reaktion auf ein Bedürfnis. Als Bezugsperson lernst du, die Lautäußerungen deines Kindes zu unterscheiden: Am Klang kannst du die Ursache des Schreiens unterscheiden. Du hörst schnell heraus, ob dein Baby Hunger hat, ob es Aufmerksamkeit möchte, ob es liebkost werden will oder ob die Windel voll ist. Du hörst auch heraus, ob es deinem Kind nicht gut geht, weil es zum Beispiel von Blähungen gequält wird. Aber auch, wenn sich dein Kind gut und sicher fühlt, teilt es dir das über Glucks-, Schnalz- und Juchzlaute mit. Dazu kommen Mimik und Bewegungen, aus denen du ebenfalls ablesen kannst, was dein Baby dir ausdrucksvoll mitteilen will. Je feinfühliger, zeitnäher und achtsamer du auf diese Signale reagierst, umso schneller entsteht eine sichere Bindung zwischen euch beiden. Durch körperliche Nähe, sanftes Liebkosen wie Schmusen und Streicheln sowie durch stimmliche Zuwendung wird dein Baby zum aktiven Empfänger deiner wichtigen und sicherheitsspendenden Nachrichten und fühlt sich geborgen. Gerade in den ersten vier Monaten sind körperliche Nähe und Zuneigung sowie liebevolle Berührungen das Allerwichtigste für dein Kind. Es ist sein Lebenselixier.

Jedes Baby braucht die Sicherheit, geliebt zu werden, von der Mutter, dem Vater, seiner Bezugsperson. Daher lauscht es nicht nur in solch vertrauten Momenten auf die unterschiedlichen Formen der Ansprache, sondern auch in allen anderen Momenten. Dabei reagiert es eher auf den Klang der Stimme als auf den Inhalt - klar, denn Worte kann es noch nicht verstehen. Aber es kann heraushören und wahrnehmen, ob du als seine Bezugsperson ärgerlich oder beruhigend klingst, wenn du es beispielsweise aus dem Bett nimmst, auf den Wickeltisch legst oder ihm ein Schlaflied vorsingst. Durch dieses wechselseitige aufeinander Hören und Achten stellt sich langsam ein Miteinander ein. Dein Baby empfängt deine Signale und sendet gleichermaßen zurück. In der Regel geschieht dies prompt, zum Beispiel durch Glucksen, Brabbeln oder erste Lautkombinationen. Und so entstehen zwischen dir und deinem Kind erste Lächel- und Lalldialoge. Die Zeit von der sechsten Woche bis ungefähr zum sechsten Monat wird darum auch erste Lallphase genannt.

Muskelspiele

Um einen einzigen Laut zu artikulieren, müssen über 100 Muskeln in ihren Bewegungen aufeinander abgestimmt werden. Vorrangig beteiligt an diesem komplexen feinmotorischen Prozess sind die Atmung, der Kehlkopf, die Stimmlippen, der Rachen, der Mund, die Nase, der Mundraum, die Zunge, die Lippen, der Zahndamm, der Gaumen. Sie bilden die wichtigsten Sprechorgane.

In den ersten Lebensmonaten hat dein Baby noch kein Ichbewusstsein, es kann also noch nicht zwischen sich und dir als Mutter oder Vater unterscheiden. Es verfügt zwar schon über ein Repertoire an Gefühlen, kann aber diese - beispielsweise Hunger, Unwohlsein, weil es Sodbrennen oder Darmbeschwerden hat, oder Angst - noch nicht eindeutig identifizieren. Es hat jedoch ein genetisches Programm, das ihm hilft zu überleben: nämlich indem es bei einem Bedürfnis schreit. Deshalb schreit dein Baby, wenn es Aufmerksamkeit benötigt, Durst hat oder gehalten werden möchte, um Schutz und Geborgenheit zu erfahren. Deine Aufgabe ist es, in den ersten Wochen und Monaten das Schreien deines Babys richtig interpretieren zu lernen und angemessen sowie sehr zeitnah darauf zu reagieren. Lass dein Baby daher nicht schreien, sondern geh schnell zu ihm, sprich mit ihm, halte und wiege es und finde heraus, was es dir mitteilen will. Die Körpersprache deines Babys ist eine Sprache, die du erst entschlüsseln musst, um sie zu verstehen und entsprechend darauf einzugehen. Dein Baby hat schon seine eigene Persönlichkeit. Hab darum Geduld mit dir und deinem Baby und lass es nicht lange nach dir rufen. Wenn du zügig reagierst, wird eure Kommunikation von Tag zu Tag besser.

Wenns mal laut wird

Schreien ist für alle neugeborenen Babys als Kontaktaufnahme zu seinen Eltern ganz normal. In der Regel schreien Babys in den ersten Lebensmonaten rund zwei Stunden pro Tag. Circa 20 Prozent schreien jedoch viel häufiger und intensiver. Wenn dann noch Still- und Schlafprobleme hinzukommen, fühlen sich Eltern schnell überfordert. Zudem gibt es das Phänomen der sogenannten Schreibabys. Monika Niehaus, Kinder- und Jugendärztin in Weimar, ist Pressesprecherin des Berufsverbandes der Kinder- und Jugendärzte (BVKJ) in Thüringen. Sie weist darauf hin, dass nicht alle Babys, die sehr viel schreien, auch sofort Schreibabys sind. Sie beschreibt Schreibabys wie folgt: „Als ein Schreibaby gilt ein Säugling, der täglich mehr als drei Stunden an mindestens drei Tagen der Woche über mehr als drei Wochen aus unerklärlichen Gründen schreit und sich kaum beruhigen lässt.“[6] Sie rät unsicheren Eltern, sich frühzeitig Hilfe bei Kinderärzten oder in Schreiambulanzen zu holen, um nicht falsch und unangemessen auf das Baby zu reagieren.

MEILENSTEINE 6 MONATE

Äußern

Das Kind kann Laute in Tonhöhe und Lautstärke variieren, es kann vielfältig Laute bilden, lallen, gurren, quieken, glucksen, lachen, schreien; eigene Bewegungen und Höreindrücke sind jetzt verknüpft.

Verstehen

Blickkontakt wird aufgenommen, Gesichter werden erkannt und Fremde als solche identifiziert (Fremdeln gehört daher dazu); Sprechmuster, Tonhöhe und Stimmklang werden verstanden. Das Kind dreht sich in Richtung von Geräuschen sowie Gesprächen und reagiert auf Gesang. Ab 4 Monaten kann es bewusst lächeln.

Im Dialog

Das Kind wendet den Kopf in Richtung der Geräuschquelle. Es lächelt, wenn es die Mutter, den Vater oder eine andere Bezugsperson sieht. Gegenstände können sicherer gegriffen und bewegt werden. (Sprach-)Laute werden lustvoll produziert.

Spielideen

0 – 6 Monate

Kuscheln und Erzählen

In den ersten Wochen seines Lebens möchte sich dein Baby vor allem wohl-, geborgen und sicher fühlen, und nur wenn dies der Fall ist, ist das Gehirn deines Babys bereit zu lernen. Zeige deinem Baby darum deine Liebe über Kuschelspiele, dies stärkt sein Gefühl der Sicherheit und Geborgenheit. Trage dein Baby im Raum umher, rede sanft und liebevoll mit ihm, erzähle ihm von deinen Ideen, Wünschen, Träumen, vom Motorrad, das du dir kaufen willst, eurem letzten Urlaub oder von deiner Familie. Es ist ganz gleich, was du ihm erzählst, wichtig ist nur, dass du sanft und zärtlich mit ihm sprichst. Du kannst auch kleine Melodien summen oder Lieder singen. Und während dein Baby dir zuhört, arbeitet sein Gehirn auf Hochtouren.

0 – 6 Monate

Die Macht der Musik

Singe oder summe deinem Baby in diesem Alter viel vor: wenn du es auf dem Arm wiegst, zum Einschlafen, auch auf dem Wickeltisch oder beim Stillen beziehungsweise wenn du ihm das Fläschchen gibst. Du musst dabei überhaupt nicht schön oder gut singen, es kommt nur darauf an, dass du es überhaupt tust. Denn dank seines auditiven Wahrnehmungssystems kann dein Baby Töne, Klänge und Geräusche wahrnehmen und unterscheiden. Wenn du nicht singen magst, dann summe einfach, auch das freut dein Kind. Es wird dir zuhören und mittels Lauten, Mimik und Bewegungen darauf reagieren. Zudem haben Musik und Singen einen sehr positiven Einfluss auf die Gehirnentwicklung, da es nicht ein einziges Zentrum für Musik im Gehirn gibt, sondern viele verschiedene Areale durch sie angeregt und vernetzt werden. Zudem löst Musik Emotionen aus und ist so eine universelle und zugleich magische Sprache, da sie uns und unsere Kinder direkt berührt und von der Seele verstanden wird.

Nutze auch **CDs** mit Schlafliedern und beruhigenden Liedern oder Instrumentalmusik, auch eine Spieluhr wirkt beruhigend und ausgleichend. Du kannst zum Beispiel dein Kind dabei herumtragen, wiegen oder schaukeln. Das stimuliert gleichzeitig den Gleichgewichtssinn positiv.

2–6 Monate

Geräusche, Töne und Klänge

Rasseln, ein Stab mit **Glöckchen** oder ein **Knisterhandschuh** sind in diesem Alter sehr spannend für dein Baby. Babys lieben es, dem Objekt mit den Augen zu folgen und danach zu greifen. Zudem verleiten sie dein Kind dazu zu lautieren. Achte jedoch darauf, dass du dein Baby nicht überforderst, indem du zu viele verschiedene Gegenstände verwendest. Oft genügt schon ein einziger Gegenstand, um mit deinem Baby in einen Lall- und Lächeldialog zu kommen.

3–6 Monate

Kleine Greifspiele

Wenn dein Baby auf die Welt kommt, verfügt es schon über verschiedene Reflexe, zum Beispiel den Such-, Saug- und Greifreflex. Der Greifreflex wird ausgelöst, wenn du die Handinnenfläche deines Babys berührst. Dann schließt es seine Hand ganz schnell - und hält sie auch so fest geschlossen, dass sie selbst einer Zugkraft von einem Kilo standhält. Gegen Ende des dritten Lebensmonats wird dieser Reflex schwächer und löst sich bis zum Ende des ersten Lebensjahres ganz auf. Dein Baby hält daher in den ersten beiden Lebensmonaten seine Hände die meiste Zeit zu kleinen Fäusten geschlossen. Wenn im zweiten, dritten Lebensmonat seine Kopfhaltung weiter ausreift, bekommt dein Baby einen neuen Blick auf die Welt; dabei entdeckt es auch seine Hände: Es hält sie nun immer mehr offen, betrachtet sie und spielt damit. Du kannst ihm jetzt eine kleine **Rassel**, einen **Greifring** oder einen anderen Gegenstand in die Hand legen; es wird ihn wegen des Greifreflexes umschließen und schütteln. Meist beginnt dein Baby in diesem Alter auch zu strampeln oder mit den Armen zu rudern. Zwischen dem zweiten und vierten Lebensmonat entdeckt dein Baby so, dass es für sich selbst ein schönes oder interessantes Körpergefühl hervorrufen kann, wenn es nach etwas greift, es festhält, schüttelt und wieder loslässt. Du kannst diese kleinen Greifspiele für einen Babytalk nutzen und sprachlich begleiten. Wenn du magst, singe dazu. Oder spiele mit deinem Kind ein kleines Fingerspiel.

3–6 Monate

Sprachberührungen

Wenn dein Kind zum Beispiel auf dem Wickeltisch liegt, dann streichle mit den Fingern über seinen Kopf und seinen Körper und begleite das sprachlich. Dein Baby erhält so taktile, sinnliche Reize und nimmt durch dich seinen Körper wahr. Zeitgleich spürt es, welche angenehmen Empfindungen deine Berührungen bei ihm auslösen, und speichert im Gehirn sein eigenes Körperempfinden. Deine liebevollen begleitenden Worte fördern die emotionale Beziehung zwischen euch beiden und sind gleichzeitig ein mundmotorischer Anreiz für dein Baby, die Mundmimik nachzuahmen. Auch kleine Fingerspiele, Reim- und Abzählverse sind ab 3 Monaten schon sinnvoll. Sie fördern den Sinn des Kindes für Rhythmus, Sprache, Betonung sowie Melodie und unterstützen seine Sprachentwicklung. Du kannst auch **kleine Glöckchen** an einem Stofftuch oder an Stofftieren befestigen. Diese kleinen Helfer laden dein Baby ein, den Tönen zu lauschen. Viele Babys lieben es außerdem, wenn man ihnen Dinge zeigt, diese benennt und auch die passenden Geräusche dazu macht. Auch dies fördert obendrein die Lautproduktion deines Kindes.

3–6 Monate

Wo ist meine Nase? Wo ist deine Nase?

Babys sind in den ersten Monaten nach der Geburt besonders auf Gesichter fixiert und beobachten das ihres Gegenübers ganz genau, das bemerkst du, wenn du dein Baby wickelst oder mit ihm spielst. Mach dir dieses Interesse zunutze, indem du ein fragendes Gesicht machst und begleitet von der entsprechenden Gestik - Schultern hochziehen, Hände heben - sagst: „Wo ist meine Nase?“ Zeige danach auf deine Nase und berühre sie. Sage dann zum Beispiel: „Da ist sie ja. Das ist meine Nase!“ Dann tippst du die Nase deines Babys mit der Fingerspitze an und sagst: „Und da ist deine Nase. Da ist sie ja!“ Mache das auch mit weiteren Teilen des Gesichts sowie mit den Körperteilen deines Babys.

4–6 Monate

Gemeinsam lachen

Lachen ist zwar angeboren, aber erst im Laufe seiner Entwicklung bildet es sich bei deinem Baby weiter aus. In den ersten Wochen nach der Geburt kann es zwar dein Lächeln bereits nachahmen, doch das ist noch ein unbewusster, nicht gesteuerter Reflex. Bis zum bewussten Lächeln, gar Lachen dauert es noch ein Weilchen, meist tritt es erstmals um beziehungsweise nach dem fünften Monat auf und gilt der/den wichtigsten Bezugspersonen/-en. Denn auch das Lachen will gelernt sein. Sei daher auch ein gutes Lachvorbild. Lächle dein Baby an, so hilfst du ihm zu üben, denn es wird dein Lächeln und Lachen nachahmen. Dabei trainiert es nicht nur seine Mundmotorik, sondern erlebt zudem ein wohliges Körpergefühl, zum Beispiel wenn du auf sein kleines Bäuchlein prustest, seine Zehen antippst oder mit den Fingern spielerisch über seinen Bauch tippelst und dazu lächelst und lachst.

4–6 Monate

Buntes Tücherfest

Einfache, fast durchsichtige **Chiffontücher** bieten sich für erste „Guckguck"- oder Versteckspiele an. Diese könnt ihr auf dem Wickeltisch oder am Boden, auf dem Bett oder vor dem Baden spielen. Leg dein Baby auf den Rücken und bedecke es mit dem Chiffontuch. Sprich dann zu ihm, indem du zum Beispiel sagst: „Na, wo ist Lisa? Hast du dich versteckt? Hallo Lisa, kannst du mich sehen?" Dann ziehst du das Tuch langsam weg und sagst: „Ah, da ist ja Lisa." Danach geht es wieder von vorn los. Du kannst auch abwarten, bis sich dein Baby von allein freigestrampelt hat. Oder du hältst das Chiffontuch über dein Baby, sodass ein Zipfel über seinem Körper oder Kopf baumelt, und animierst es, danach zu greifen. Deine sprachliche Begleitung ist Sprachförderung und spielerischer Impuls zugleich.

5–6 Monate

Rollspaß

Mit **Bällen** zu spielen macht so gut wie allen Kindern Spaß. Biete deinem Baby unterschiedliche Bälle an, zum Beispiel einen weichen Stoffball, eine mit Wasser gefüllte Kugel, einen aufblasbaren Wasserball, einen kleinen handlichen Ball. Knie oder setz dich vor dein Baby auf den Fußboden und roll ihm einen Ball zu. Begleite dein Tun sprachlich. Motiviere dein Baby, den Ball zu berühren, zurückzurollen oder gar zu kicken. Euer Ballspiel kannst du deinem Temperament entsprechend kommentieren oder anders sprachlich begleiten.

Mehr wissen

Bücher:

- Andrea Schomburg: *Ich wiege dich ein bisschen und gebe dir ein Küsschen. Allererste Babyreime,* ab 6 Monaten, Frankfurt: Fischer Duden Kinderbuch 2016.
- Penny Warner: *Spielen & Lernen für Babys: 160 Spiele und Lernaktivitäten für die ersten drei Jahre*, Aachen: Shaker Media 2017.

Audio-CD:

- Katharina Blume, Christian König: *Die 40 besten Wiegenlieder*, Berlin: Universal Music, Lamp und Leute 2017.

Link:

- Eine gute Sammlung schöner Schlaflieder findest du auf: https://www.songtexte.com/news/gute-nacht-die-10-schonsten-schlaflieder-mit-songtext

Die Sprechwerkzeuge werden eingestellt

Um den dritten Lebensmonat herum nimmt das Interesse deines Babys an Gesichtern deutlich zu. Es betrachtet deines und das anderer Menschen, die sich ihm nähern, nun ganz interessiert und sehr aufmerksam. Beim Spielen auf dem Wickeltisch wird dir das schnell auffallen. Verantwortlich für das Interesse deines Babys sind die Spiegelneuronen in seinem Gehirn. Wie der Name schon sagt, helfen sie deinem Baby, mimische, aber auch körperliche Bewegungen, die andere machen, zu spiegeln. Zuerst vollziehen Babys diese Bewegungen innerlich nach und wiederholen sie dann aktiv. Du kannst das leicht testen, indem du vor deinem Baby bewusst eine Grimasse ziehst, es anlächelst oder mit der Zunge wackelst. Es wird versuchen, dies nachzumachen. Doch was für dich ganz einfach ist, ist für dein Baby eine Höchstleistung. Diese meistert es jedoch lustvoll und begeistert. Wenn du dann erneut mit der Zunge wackelst oder lächelst, wird dein Baby das schon etwas gekonnter erwidern. Vielleicht lächelt und gluckst es auch dazu.

Dein Baby nutzt diese Lall- und Lächeldialoge, um sich auszuprobieren und um mit seinen Sprechwerkzeugen zu experimentieren. Auf diese Weise versucht es, seine eigene Stimme zu finden. Darum sind diese Lalldialoge eine Vorstufe zum sprachlichen Dialog und die Basis für den gesamten Spracherwerb. Mit viel Lust und Elan wird daher geschmatzt, gegluckst, gebrummt, geschnalzt und mit den Lippen geprustet. Diese fröhliche Auseinandersetzung deines Babys mit seinen Sprachwerkzeugen kannst du unterstützen, indem auch du mit Freude Laute und Töne produzierst und mit ihm zusammen um die Wette gickelst und quietschst. Dein Baby wird dabei sicherlich viel Spaß haben, auch wenn es hartes Training bedeutet. Doch weil es durchhält und rund um die Uhr freiwillig mit großer Begeisterung den Gebrauch seines Stimm- und Artikulationsapparates trainiert, wird es schnell immer besser und kann bereits mit 6 Monaten grammatische Strukturen in deiner Sprache unterscheiden und sich an sie erinnern. Unsere Babys sind wahrlich Weltmeister im Lernen.

Lallen, Juchzen, Brabbeln

Ab ungefähr dem sechsten Lebensmonat erkennt dein Baby seinen Namen! Du merkst das daran, dass es seinen Kopf wendet, wenn du den Namen aussprichst. Ansonsten versteht es zu diesem Zeitpunkt noch keine sprachlichen Inhalte, aber es kann Bedeutungen über den Klang und die Melodie erfassen. Das bedeutet, dass dein Baby erkennt, ob du mit ihm scherzt oder es beruhigen willst.

Um den sechsten Monat herum setzt die zweite Lallphase ein; sie umfasst ungefähr die Zeit vom sechsten bis zehnten Monat. Von der ersten Lallphase unterscheidet sie sich dahingehend, dass dein Kind nun häufiger vor sich hin brabbelt und Laute beziehungsweise Silben, die es kennt - wie zum Beispiel „ba“ oder „ma“ -, verdoppelt, also bewusst Lautketten produziert wie /ba/-/ba/-/ba/. Ab dem sechsten Monat entwickelt sich die Sprache deines Babys allerdings nur dann weiter, wenn es Sprachäußerungen wahrnehmen und nachahmen kann, wenn es also keine Hörprobleme hat. Darum solltest du darauf achten, ob sich das Lallen deines Babys ab diesem Monat verändert.

Wenn Juchzen und Brabbeln ausbleiben

Sollte das Lallen deines Babys ausbleiben und dein Kind zwischen dem sechsten und zehnten Monat aufhören, Laute zu produzieren, kann es sein, dass es weder dich, seine Umwelt noch sich selbst hören kann. Das kann bedeuten, dass es Hörprobleme hat. In diesem Fall solltest du deinen Kinderarzt bei der nächsten Kindervorsorgeuntersuchung darauf hinweisen oder ihn gesondert kontaktieren. Auch der Besuch einer Praxis für Phoniatrie und Pädaudiologie kann in einem solchen Fall angebracht sein.

Zur Erklärung: Die Phoniatrie beinhaltet die Behandlung der Störungen von Stimme und Sprache sowie des Schluckens und Sprechens. Die Pädaudiologie befasst sich mit Hörstörungen und Störungen der Hörverarbeitung und Hörwahrnehmung im Kleinkind- und Kindesalter.

In dieser zweiten Lallphase experimentiert dein Baby mit Lippen und Lauten, es brabbelt und sabbert. Gleichzeitig verfeinert es sein Gehör. Das Hineinhören in die Sprachmelodie deiner Sprache wie seiner Umgebungssprache ist in dieser Phase neben dem Einstellen der Sprechwerkzeuge seine allerwichtigste Aufgabe. Du kannst es dabei unterstützen, indem auch du in seine Brabbeldialoge einstimmst und mit deinem Gesicht und deiner Mimik spiegelst, was dein Baby da produziert. Das spornt dein Kind an und zeigt ihm zugleich, dass du es verstehst. Brabbele, pruste, quietsche, lache und lautiere mit deinem Baby also einfach um die Wette. So hat es nicht nur eine Menge Spaß, sondern trainiert noch nebenbei seine Mund-, Zungen- und Schluckmotorik.

Fingerspiele, Reime und Kinderlieder unterstützen die Sprachentwicklung sehr. Bis ungefähr zum zehnten Monat lallt dein Baby fröhlich weiter Silben; dabei kannst du erkennen, dass es immer häufiger zu Silbenvervielfachungen wie „mamamama“, „babababa“, „papapapa“ oder „dadadada“ kommt, aus denen sich dann bald erste Wörter entwickeln werden. So stellt dein Baby die Weichen für seine weitere Sprachentwicklung, genauer gesagt: für seine Wortschatz- und Grammatikentwicklung. Und da dein Baby zudem motorisch immer geschickter wird, kannst du es auch durch Sprach-, Greif- und Wahrnehmungsspiele unterstützen.

Die Sinne (Spüren, Hören, Sehen usw.) sind für uns Menschen das Fenster zur Welt. Gerade Babys und Kleinkinder lernen vor allem über die (Sinnes-)Wahrnehmungen und Bewegungen mit dem eigenen Körper. Darum sind einfache Spiele mit den Händen und Füßchen deines Babys nicht nur sprachförderliche Aktionen, sondern auch sinnliche Erlebnisse, die sein kleines Gehirn speichert und vernetzt. Alle so aufgenommenen Eindrücke und Informationen werden über Gehirnprozesse (denk an die Neuronenvernetzungen) verarbeitet und führen dazu, dass sich das Gehirn deines Babys weiterentwickelt und organisiert. Wenn du also zum Beispiel mit den Füßchen deines Babys spielst, sie zart knetest, streichelst, küsst und an den Zehen zupfst, kannst du das auch immer sprachlich begleiten, zum Beispiel, indem du die Zehen zählst und dabei auf den entsprechenden Zeh tippst. Dein Baby wird jedem Wort und jeder Berührung aufmerksam folgen.

Da sich ein Dialog zwischen euch entwickeln soll, ist es wichtig, dass du deinem Baby auch mal sprachliche Pausen gönnst. Schweige einen Moment, achte auf seine Signale und mimischen Reaktionen und dann reagiere darauf. Überfordere dein Kind nicht durch einen nicht enden wollenden Redeschwall, sondern lass ihm Platz für Erwiderungen.

„Nicht der, der sein Kind ‚zutextet', sondern wer sensibel bei seinem Kind ist und sprachlich das begleitet, was er gerade im Auge und im Sinn hat, der fördert enorm seine sprachliche Entwicklung."[7]

Wolfgang und Jürgen Butzkamm

Spielideen

6–9 Monate

Greif-, Wahrnehmungs- und Singspiele

- Stelle ein kleines **Materialkörbchen** bereit und befülle es mit **Igelball, Handschuh, Bürste, Pinsel** oder verschiedenen **Greifbällen**. Dein Baby kann sich dann zum Beispiel während des Wickelns etwas zum Experimentieren und (Be-)Greifen herausnehmen. Begleite sein Hantieren sprachlich, kommentiere es, um das Spielen sprachlich anzureichern.
- Befülle **Waschhandschuhe** oder **kleine Stoffsäckchen** mit den unterschiedlichsten Dingen, zum Beispiel mit **Perlen, Alufolie, Walnüssen, Glöckchen**. So entstehen Knister- und Fühlsäckchen, mit denen dein Baby während des Wickelns oder auch sonst spielen kann. Achte darauf, dass die Stoffsäckchen gut zugenäht sind, damit dein Baby keine Kleinteile verschluckt.
- Finger- oder Singspiele wirken sich förderlich auf die Gehirnfunktionen aus und machen deinem Baby zudem viel Freude. Streichle sanft sein kleines Bäuchlein und singe dazu oder kreise mit einem **Wattebausch** über dem Gesichtsfeld deines Babys und singe: „Summ, summ, summ, Bienchen, summ herum.“ Den Wattebausch wird dein Baby bestimmt mit den Augen verfolgen, und wenn er dann noch auf dem Bauch oder der Nase landet, wird es versuchen, ihn zu greifen. Oder lass deine Finger wie kleine Käfer über die Beine, den Rücken oder Bauch deines Babys krabbeln (auch ruhig, wenn es nackt ist) und begleite dies sprechend. Du wirst sehen, wie dein Kind vor Freude juchzt und gluckst. Zudem wird es mit seinen kleinen Händchen versuchen nachzumachen, was du gerade tust. Und es wird versuchen, deine Laute nachzusprechen.

- Über das auditive System nimmt dein Baby Töne, Geräusche und Klänge wahr und lernt, sie zu unterscheiden. Nutze darum auch Klangspiele für das Miteinander, befestige zum Beispiel kleine **Glöckchen an einem Schneebesen** und bringe sie mit einem begleitenden „Lalala“ zum Klingen. Oder fülle **Reiskörner** in eine **kleine Dose** und schüttele sie rhythmisch. Solche Spiele werden dein Baby begeistern. Aber auch **Spieluhren, Rasseln** oder **Greifringe**, die Geräusche machen, sind für dein Baby willkommene Gegenstände, die sein Gehör anregen. Ein gutes Gehör ist eine wichtige Voraussetzung für die Sprachentwicklung und die Kommunikation.

Nutze die Neugierde und Entdeckerfreude deines Babys für Fühl-, Greif-, Tast- und Sprachspiele auch am Boden. Fixiere mit **Klebeband** zum Beispiel Tastfenster auf den Fußboden. Dafür brauchst du verschiedene Materialien wie **Pompons, Glasnuggets, Pfeifenreiniger, Knöpfe** und Ähnliches. Verdeck diese gut sichtbar unter einer **Folie** oder in einer **Klarsichthülle**, die du am Boden mit Klebebändern befestigst. Dein Baby wird versuchen, dahin zu robben oder zu krabbeln, um die Gegenstände mit den Fingern untersuchen zu können. Du kannst das sprachlich begleiten.

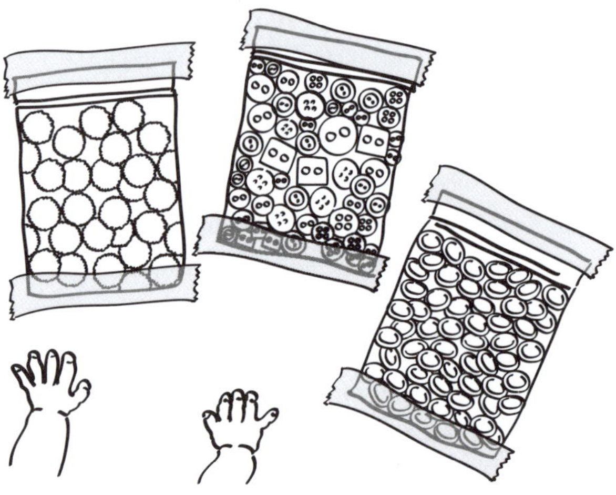

ab 9 Monate

Face to face

Dein Baby wird es genießen, deiner Stimme zu lauschen und dir dabei ins Gesicht zu sehen. Den direkten Kontakt von Angesicht zu Angesicht liebt es sehr. Es wird sehr genau deine Mimik beobachten und dir auf den Mund schauen, um dann die Töne nachzumachen. Zur Stimulation seiner Lautproduktion kannst du zum Beispiel Tierlaute imitieren, wenn du mit ihm ein **Bilderbuch** betrachtest oder mit Tierfiguren spielst. Das „Quack-quack-quack", „Wau-wau", „Miau" oder „Mäh" regt dein Baby an und fordert es heraus, diese Töne und Geräusche nachzuahmen.

ab 9 Monate

Babymassagen

Kleine Babymassagen, die du sprachlich begleitest, sind wirkungsvolle Helfer für den Aufbau einer stabilen und liebevollen Eltern-Baby-Beziehung, für die sinnliche Wahrnehmung und sprachliche Förderung. Es versteht sich von selbst, dass du eine Babymassage mit deinem Baby und nicht an deinem Baby durchführst. Alle Bewegungen sollten immer von *oben nach unten*, also vom Kopf in Richtung Füße, und *von der Mitte des Körpers nach außen* ausgeführt werden. Wiederhole jede Bewegung drei bis fünf Mal. Eine angenehme Wohlfühlatmosphäre schaffst du mithilfe sanfter Hintergrundmusik und gedämpftem Licht. Achte auch darauf, dass die Zimmertemperatur angenehm warm ist und du mit sanften, achtsamen Handbewegungen dein Baby streichelst und massierst, so wie du auch dein Baby mit sanften und liebevollen Worten „massieren" solltest. So wird es für euch beide zu einem besonderen Moment.

Miteinander Aufmerksamkeit teilen: Schau doch mal!

Noch bevor dein Baby die ersten Worte sprechen kann, hat es mit dir schon viele „Gespräche“ geführt. Über Blicke, Lächeln und Gesten der Zuwendung hast du dein Baby angespornt, in Kontakt mit dir zu treten und zu bleiben. Auf diese Weise wurde die Zeitspanne vom sechsten bis zum zehnten Lebensmonat deines Babys durch die Erweiterung und Verfeinerung der Mimik, Gesten und Laute geprägt. Zudem hat sich in dieser Phase ein weiterer Lernschritt ereignet: Dein Baby hat herausgefunden, dass Dinge, die ihm aus der Hand fallen oder unter den Schrank rollen, nicht einfach verschwunden sind. Bis zum vierten und fünften Monat konnte es das noch nicht verstehen: Für dein Kind war alles, was es nicht sah, nicht vorhanden. Um den achten, neunten Lebensmonat herum fing dein Baby dann an, den Gegenständen nachzusehen, wenn sie wegrollten oder herunterfielen. Ab diesem Zeitpunkt konntest du auch beobachten, dass dein Baby nach Gegenständen sucht. Wenn du einen Teddybären mit einem Tuch bedeckst, hat dein Baby am Tuch gezogen, damit der Bär wieder zu sehen war. Das ist ein wichtiger Entwicklungsschritt, denn dein Kind hat gelernt, dass Gegenstände auch dann existieren, wenn sie nicht zu sehen sind. Diese Erkenntnis wird sich bis zum zwölften Lebensmonat festigen und weiterentwickeln, denn dein Kind baut nun innere Bilder von Gegenständen auf; es weiß um sie, da es sich lange mit ihnen beschäftigen konnte. Die Erkenntnis, dass sich Gegenstände und Menschen nicht einfach in Luft auflösen, nennt der Schweizer Entwicklungspsychologe Jean Piaget „Objekt- oder auch Personenpermanenz". Dieser Entwicklungsschritt beschreibt die geistige Fähigkeit deines Kindes, sich ein inneres Bild von Gegenständen und Personen zu erschaffen. Es ist das Wissen um ihre Existenz. Das ist ein wichtiger Lernschritt auf dem Weg zum Spracherwerb.

Um den zehnten bis zwölften Monat macht dein Kind einen weiteren Entwicklungsschritt. Es ist nun an allem interessiert, was du ihm zeigst. Bis zum zwölften Lebensmonat nimmt darum sein Mitteilungsbedürfnis immer weiter zu. Dies zeigt sich vorrangig in seinen vielen Lallmonologen. Diese hören sich manchmal an, als würde dir dein Baby einen wichtigen Sachverhalt erklären. Schade nur, dass wir noch nicht verstehen können, was es so Bedeutsames mitzuteilen hat.

Lallmonologe aufnehmen

Nimm doch mal die ersten Lallmonologe deines Kindes auf. Mit einem Smartphone ist das ganz einfach. Ich habe die ersten „Gespräche" meiner Kinder mit einem Kassettenrekorder aufgezeichnet. Als sie im Kindergartenalter waren, fanden sie es sehr spannend und witzig zu hören, wie sie als Baby klangen.

Ab ungefähr dem zehnten Monat wächst das Sprachverständnis deines Kindes. Es versteht jetzt die ersten Wörter, zum Beispiel die Bezeichnungen von Gegenständen oder die Namen von Bezugspersonen. Fragst du es zum Beispiel nach einem Auto, wird es nun stolz auf den kleinen Gegenstand zeigen, der gerade durchs Zimmer saust oder auf dem Teppich vor ihm liegt.

Sprachverständnis

Sprachverständnis oder Sprachverstehen bezeichnet die Fähigkeit eines Menschen, den Sinn und die Bedeutung von Lautäußerungen (zum Beispiel Wörtern) zu erfassen. Das Sprachverstehen geht jedoch dem Sprechen, also der Sprachproduktion immer voraus.

Viele Eltern haben rund um den ersten Geburtstag des Kindes das Gefühl, ihr Kind verstehe jetzt alles. Doch das täuscht. Denn noch ist dieses erste Sprachverständnis ganz an das Hier und Jetzt gebunden: Wenn das Kind ein Wort hört, schaut es, zu welchem vorhandenen Gegenstand es am besten passt. Doch an eine nicht vorhandene Sache kann es noch nicht „denken" oder sie sich vorstellen.

Darum sind Gegenstände und Handlungen der Motor für die Sprachentwicklung deines Kindes. Es nimmt Dinge in die Hand, untersucht die Oberflächenstruktur, die Beschaffenheit, lutscht am Material, schaut, was es mit dem Ding alles anstellen kann, und dein Kind untersucht, wie es klingt, wenn der Gegenstand zu Boden fällt oder wegrollt. Auf diese Weise sammelt es vielfältige Erfahrungen und lernt, eigene Vorstellungen von dem Gegenstand aufzubauen. Dies geschieht nicht nur über das eigene experimentelle Tun, über „Versuch und Irrtum", sondern auch über deine sprachliche Begleitung beim Mitspielen oder Erklären. Die Sprache deines Babys entwickelt sich somit nicht nur, indem es Wörter spricht, sondern auch, indem es seinen Wortschatz über Zuhören erweitert und korrigiert. Darum ist es so wichtig, dass du dein Baby sprachlich begleitest, denn dann erlebt es Wörter für Gegenstände und Personen im Hier und Jetzt, also situationsbezogen.

Wichtig ist dabei auch dein Blickkontakt, denn der baut eine Brücke zu den Wörtern. Wenn du beispielsweise dein Kind anziehst und ihm die Hose zumachst, schaue ihm in die Augen und sage, was du tust. So kann es dir besser zuhören, kann Handlungen, Dinge und Wörter verbinden und sieht außerdem, wie dein Mund die Wörter formt, wie zum Beispiel: „Wir ziehen dir die Hose an." Es „liest" sozusagen von deinen Lippen. Das gelingt auf Augenhöhe am besten. Bringe darum dein Gesicht bei solchen Handlungen auf Höhe deines Kindes und in seine Blickrichtung. Auf diese Weise kann dein Kind gleichzeitig auf dich und das „Hoseanziehen" achten, seinen Blick also hin und her wandern lassen. Es lernt so doppelt, von dir und deiner Handlung und von dem, was du dazu sagst. So ebnest du den Weg für die sogenannte Schlüsselwortstrategie, die ab ungefähr dem zwölften Lebensmonat möglich ist. Gemeint ist damit, dass ein Wort ausreichend sein kann, um eine Äußerung zu verstehen. Beispielsweise das Wort „zu": Dein Kind kann deine Aussage „Wir machen die Hose zu" oder die Aufforderung „Mach die Hose zu" aufgrund eines Wortes, einer Handbewegung, Handlung oder Körpersprache verstehen. Es erkennt somit einzelne Wörter und die Vertrautheit der Situation, um die Handlung richtig zu deuten oder gar auszuführen.

MEILENSTEINE 12 MONATE

Äußern

Gurrlaute, Juchzen, Lallen, Quietschtöne in unterschiedlichen Internationsstufen, lautliche Nachahmungen, Brabbeln, Lall- und Silbenketten, Wechsel der Stimmlage, Plappern, Lalldialog zwischen Kind und Bezugsperson, Mama, Papa

Verstehen

Versteht seinen Namen und erste Wortbedeutungen. Das Kind versteht, dass Wörter für Gegenstände und Personen stehen, aber nur im Hier und Jetzt, situationsbezogen (es muss sie sehen können).

Wort-Klang und Wort-Bedeutung sind häufig schon fest verbunden. Das Kind weiß um die Objektpermanenz (was da war, ist nicht einfach weg, man kann danach suchen).

Im Dialog

Das Kind nutzt kommunikative Gesten wie Kopfschütteln, Zeigen oder Winken. Das Kind erschließt sich die Schlüsselwortstrategie, das bedeutet, es orientiert sich an zentralen Inhaltswörtern.

Spielideen

ab 9 Monate

Spielt einfach gemeinsam!

Spiele mit deinem Baby! Zeige ihm, was es mit seinem Spielzeug alles machen kann, schiebe zum Beispiel das Auto in eine Pappschachtel und begleite dies mit einem lauten „Tut-tut“. Bringe den **Teddy** ins Bettchen, weil er müde ist und „Heia macht“. Zeige deinem Kind, wie der rote **Ball** unter das Sofa rollt und du ihn suchst und wiederfindest oder wie aus vier **Klötzen** ein Turm wird, der - „Hui!“ - wieder umfällt oder von deinem Baby umgeworfen wird. Lass die noch mehr Spiele dieser Art einfallen.

ab 9 Monate

Wunderwelt der Alltagsgegenstände

Spiele mit deinem Baby mit **Alltagsgegenständen**: Zum Beispiel könnt ihr mit einem **Topf**, einem **Holzlöffel** und einem **Schneebesen** gemeinsam Musik machen oder einfach Geräusche produzieren. Du kannst etwas im Topf verstecken und wiederfinden. Begleite dies alles sprachlich. Das ist zwar eine einfache, jedoch sehr wirksame Sprachförderung.

ab 10 Monate

Verse und Kinderreime

Rhythmische Reime laden dein Baby ein, das jeweilige Betonungsmuster zu entdecken, da Verse und Reime sowie Kinderlieder für die ganz Kleinen sich in der Regel einer ganz einfachen Struktur bedienen und dabei häufig zahlreiche Paarreime oder auch Kreuzreime haben. Dadurch sind sie sehr einprägsam. Zudem verführen solche Verse dich als Elternteil, in einem melodischen Singsang zu sprechen. Vielleicht ist dir das schon aufgefallen, wenn du ein Bilderbuch in Reimform vorgelesen hast. Du liest in solchen Fällen anders vor als sonst. Das bemerkt dein Baby: Es wird aufmerksam, lauscht auf den Klang und die Reimform der Worte und trainiert dadurch sein Gehör. Außerdem bereitet es ihm sehr viel Vergnügen. Gleichzeitig wird seine Sprachentwicklung gefördert, indem das Gehör für die besondere Sprachmelodie sensibilisiert wird.

Diese Beispiele für Spiel- und Sprechverse kennst du bestimmt auch:

> Das ist der Daumen,
> der schüttelt die Pflaumen,
> der hebt sie auf,
> der trägt sie nach Haus,
> der kleine Schelm isst sie alle auf.

> Backe, backe, Kuchen,
> der Bäcker hat gerufen!
> Wer will guten Kuchen backen,
> der muss haben sieben Sachen:
> Eier und Schmalz, Butter und Salz,
> Milch und Mehl, Safran macht den Kuchen gehl!

> Platsch, platsch, platsch, wir machen alles nass,
> Platsch, platsch, platsch, und haben ganz viel Spaß.

Vielleicht hast du aus deiner Kindheit einen Lieblingsvers. Den kannst du nun beim Zubettgehen, vor dem Zähneputzen oder Essen oder in der Badewanne deinem Kind vorsprechen oder -singen. Hauptsache, es macht dir und deinem Baby Spaß. Denn wenn du Spaß am gemeinsamen Tun hast, hat auch dein Baby Spaß.

ab 10 Monate

Kniereiter

Kniereiter machen Kindern sehr viel Spaß: Wie der Name schon anzeigt, sitzt dein Baby auf deinen Knien (oder Oberschenkeln), während du diese Reime singst oder sprichst. Dabei lässt du das Kind im Takt auf und ab hüpfen. Auf diese Weise vereinen sich Text und Bewegungsabläufe mit der Sprache und der Sprechmelodie. Deine körperliche Nähe stärkt die Beziehung zu deinem Baby. Das Zusammenkommen von Sprache und Bewegung fördert auf besondere Weise die kindliche (Sprach-)Entwicklung. Ein typischer Kniereiter ist zum Beispiel „Hoppe, hoppe Reiter“. Im Internet findest du viele Kniereiter unter: https://www.kindaktuell.at/kniereiter.html

Mehr wissen

Bücher:

- Carla Häfner: *Wenn der Mond am Himmel steht ... Allererste Kuschelverse und -spiele*, München: ArsEdition 2019.
- *Alle meine liebsten Kinderreime*, mit Illustrationen von Sigrid Leberer, Stuttgart: Esslinger 2017.
- Silke Junge: *Komm, tanz und klatsch mit mir! Bewegungs- und Rhythmusspiele für Kinder von 0–3 Jahren*, Berlin: Cornelsen 2012.

Audio-CD:

- Katharina Blume, Christian König: *Die 40 besten Kniereiter-Lieder* (mit Anleitung und Texten), Berlin: Universal Music, Lamp und Leute 2016
- Katharina Blume, Christian König: *Die 40 besten Fingerspiel-Lieder* (mit Anleitung und Texten), Berlin: Universal Music, Lamp und Leute 2015.

Gemeinsame Aufmerksamkeit: der „trianguläre Blick“

Zwischen dem zwölften und achtzehnten Monat endet das Babyalter. Dein Kind beginnt nun immer mehr, kleine Aufforderungen zu verstehen. Für diesen großen Entwicklungsschub ist die geteilte beziehungsweise gemeinsame Aufmerksamkeit mit dir von großer Bedeutung, denn sie ist Grundlage für die kommunikativen und vor allem kognitiven Weiterentwicklungen deines Kindes. Eingeleitet wird dieser Entwicklungsschritt um den zehnten Lebensmonat. Dein Kind ist dann in der Lage, sowohl dir als auch gleichzeitig einem Gegenstand Aufmerksamkeit zu schenken, beides also miteinander zu verbinden: ich (Kind) - du (Elternteil) - Gegenstand (Auto). Der Gegenstand wird in euer Gespräch mit aufgenommen, er kommt sozusagen „ins gemeinsame Gespräch“. Stell dir zum Beispiel vor, du spielst mit deinem Kind mit einem Auto. Du schiebst das Auto an, sodass es rollt, und ihr beide verfolgt die Bewegung mit den Augen. Du zeigst in die Richtung, in die das Auto rollt, und dein Kind schaut dorthin. Dann schiebt dein Kind das Auto vorwärts, und wieder schaut ihr beide zu. Dann bist du wieder dran - und so geht es weiter. Obwohl das Spiel vielleicht mit nur sehr wenigen Worten auskommt, seid ihr trotzdem beide beteiligt und fokussiert euch gemeinsam auf das Auto.

Bei der gemeinsamen Aufmerksamkeit geht es zunächst nicht in erster Linie um Sprache, also um gesprochene Wörter, sondern vielmehr darum, der Blickrichtung eines anderen zu folgen, um das Zeigen auf den Gegenstand und das Herstellen einer gemeinsamen Aufmerksamkeit mit dem Gegenstand. Anders ausgedrückt: Du denkst an das Auto, dein Kind denkt an das Auto, und ihr beide verfolgt mit den Augen die Fahrt des Autos. Ihr spielt zusammen mit dem Auto und ihr beide zeigt darauf. Das Wort „Auto“ kommt bei diesem Spiel natürlich auch hinzu, indem du zum Beispiel sagst: „Schau, das Auto da, es fährt. Da, Ben, schau einmal.“ So entdeckt dein Kind über die gemeinsame Aufmerksamkeit und über Zeigeinteraktionen eine gänzlich neue Bedeutung von Sprache.

Der trianguläre Blick

Das Pendeln zwischen dem Ich, dem Du und dem Gegenstand bezeichnet die Logopädin Barbara Zollinger als „triangulären Blickkontakt".[8] Das Wort triangulär bedeutet dreieckig und bezieht sich in diesem Fall auf die Dreiecksbeziehung, die zwischen dem Kind, dem Erwachsenen und dem Gegenstand besteht.

„Eine wichtige Erfahrung für beide ist die ‚geteilte Aufmerksamkeit', bei der Mutter und Kind sich gemeinsam um etwas kümmern, zusammen etwas schaffen oder gemeinsam etwas betrachten. Beide schauen auf dasselbe ‚Dritte' mit demselben Interesse und derselben Freude. Auch diese Erfahrung ist ganz wichtig. Kinder, die diese Erfahrung oft genug und ausreichend lang mit der Mutter (dem Vater etc.) gemacht haben, können sich leicht mit anderen auf etwas Gemeinsames einlassen." [9]

Dunja Voos

Ohne dieses Pendeln, das gemeinsame Miteinander kann dein Kind seine Sprache(n) nicht lernen. Denn über dieses gemeinsame Tun übt dein Kind, was es später zum Sprechen braucht: Es „verständigt" sich mit einer anderen Person über einen Gegenstand (etwas Drittes).[10]

Ein Beispiel verdeutlicht dies: Am Anfang seines Lebens steht allein die lustvolle, spielerische, aktive sowie sinnliche Auseinandersetzung deines Babys mit einem Gegenstand im Vordergrund, zum Beispiel mit einem Löffel. Der Begriff ist ihm noch unwichtig. Die sinnliche Auseinandersetzung sorgt jedoch mit der Zeit für eine innerliche Vorstellung (inneres Bild) vom Gegenstand: „Ah, was sich so anfühlt und so aussieht, ist ein Löffel“, auch wenn das Kind den Begriff Löffel noch nicht kennt. Der „trianguläre Blickkontakt“ mit dir, also die konkrete Auseinandersetzung mit dem Gegenstand, sorgt für eine gemeinsame Aufmerksamkeit und verbindet den Klang des Wortes (Löffel) mit der inneren Vorstellung des Kindes (Bild im Kopf vom Löffel). Erst mit dieser Verbindung von Gegenstand und Sprache zu einer Einheit ist dein Kind in der Lage, das Wort (später) auch selbst sinnhaft zu nutzen.

Erst über diesen „triangulären Blickkontakt“ entwickelt sich das Sprachverstehen. Dies ist ein wichtiger Meilenstein in der Sprachentwicklung deines Kindes, da es ein geistiger Lernprozess ist.

Wiederholen und Üben

Experten schätzen, dass ein Kind ein Wort etwa 40 Mal hören muss, damit es in den Sprachschatz des Kindes übergehen kann. So lange braucht es, bis das Kind verstanden hat, dass das Klangbild „Löffel“ für dieses längliche Ding mit der Rundung am Ende für den Gegenstand Löffel steht.

Auf diese Weise nähert sich dein Kind dem „Einwortstadium“. Dieses Stadium wird in kognitiver Hinsicht durch drei Schritte vorbereitet. Der erste Schritt besteht im Erkennen: Mit rund 4 Monaten erkennt das Kind bestimmte Lautkombinationen und seinen eigenen Namen. Ab ungefähr dem siebten Monat folgt Schritt zwei: Verstehen. Dein Kind versteht vertraute Wörter wie „Mama“ oder „Papa“, es weiß jetzt, dass diese Wörter bedeuten: „meine Mutter“ beziehungsweise „mein Vater“. Dieses Verstehen zeigt dir, dass sich der passive Wortschatz deines Kindes füllt. Ungefähr zum ersten Geburtstag umfasst er circa 100 Wörter. Der dritte Schritt ist dann das Sprechen. Mit 10, 12 Monaten bildet dein Kind die ersten eigenen Wörter.

Spielideen

ab 12 Monate

Spiegelspiele

Setze oder stelle dich mit deinem Kind vor einen großen **Spiegel**, und schon kann es losgehen. Winkt euch zu, zieht Grimassen, schneidet Fratzen, lacht oder schaut erstaunt. Du kannst auch ein Fingerspiel oder einen Kniereiter vor dem Spiegel ausführen. Das macht Spaß und ist eine besondere Erfahrung für dein Baby, denn es erlebt das Tun über den Körper und sieht sich zudem selbst dabei zu. Auch wenn es sich noch nicht im Spiegel erkennt, ist es trotzdem ein toller Mix aus sinnlicher Wahrnehmung, Sprache und körperlicher Nähe.

ab 12 Monate

Klangspiele

Benutze klingende **Glöckchen, Rasseln** und andere Gegenstände, die Geräusche erzeugen, um mit deinem Baby Klangspiele zu spielen. Verstecke das Glöckchen unter einem **Tuch** oder **Karton** und lass dein Baby danach suchen. Geh in deiner Wohnung zusammen mit deinem Baby auf Klangsuche: Welche Töne gibt es? Dabei kommt ihr an vielen Gegenständen vorbei, die ihr zum Klingen bringen könnt. Benenne dabei die Gegenstände.

ab 12 Monate

Materialspiele

Dein Baby hat viel Spaß und Freude beim Ausprobieren, wie sich etwas anfühlt, „schmeckt" und klingt. Tausch darum den Inhalt des **Materialkorbs**, den ich dir schon weiter oben vorgestellt habe, aus. Fülle ihn nun zum Beispiel mit Dingen wie **Pinsel**, einem **Klang-** oder **Rasselei**, **Dosen** oder **Holzringen** und Ähnlichem. Wähle dabei viele Alltagsdinge statt vorgefertigtem Spielzeug. Die Materialerkundung und das Ausprobieren, wie etwas funktioniert, klingt oder sich anfühlt, sind wichtige sinnliche Erfahrungen, die dein Baby jetzt braucht. Auch **Heulschläuche**, **Korken** oder (etwas größere) **Stoff- und Gummiteile** laden dein Kind ein, auf Entdeckungsreise zu gehen. Du als Elternteil kannst schauen, was deinem Baby gefällt, und sein Tun sprachlich begleiten.

ab 12 Monate

Greifen, Loslassen und Verstecken

Dein Baby hat nun auch viel Spaß am Fallenlassen, am Verstecken und Suchen. Auch das Auffädeln beziehungsweise Aufstecken von Dingen wird untersucht. Im Baumarkt findest du viele einfache und zugleich span-

nende Dinge, mit denen sich dein Kind beschäftigen kann, zum Beispiel **Gardinen-ringe** aus Holz oder Plastik, **Bürsten-** oder **Perlenringe**, **Holz-** oder **Metallscheiben**. Die motorische Auseinandersetzung beflügelt gleichzeitig seine sprachliche Auseinandersetzung mit den Materialien, vor allem wenn du mitspielst. Dazu gehört auch das Türmchenbauen mit **Holzbausteinen.**

ab 12 Monate

Aktions- oder Materialwannen

Sich spielerisch ausprobieren, Dinge erfühlen, ertasten, um so die Welt zu begreifen, macht Spaß und Freude. Dass auch die Sprache auf diese Weise sinnlich erlebt und entdeckt werden kann, versteht sich fast von selbst.

Fördere das experimentelle Spiel deines Kindes mit einer Aktions- oder Materialwanne. Sie ist die etwas größere Variante des Materialkorbs, kostet fast nichts und bereitet deinem Baby viel Spaß. Befülle eine größere **Plastikschüssel** oder **Wanne** mit unterschiedlichen Dingen, wie zum Beispiel **Kastanien, Korken, Tannenzapfen, Schlauchstückchen**, kleinen **Holzscheiben** oder **Muscheln**. Gib noch ein paar **Dosen** oder andere Gefäße dazu, und schon geht es los. Dein Kind kann die Wanne be- oder umfüllen, ausgießen oder einfach nur mit den Dingen spielen. Begleite das Spiel sprachlich, gib Impulse und habe mit deinem Kind zusammen Freude am Tun.

Du kannst solch eine Wanne auch nur mit einem einzigen Material füllen, zum Beispiel mit **Toilettenpapier** oder unterschiedlichen **Tüchern**. Du wirst staunen, was deinem Kind alles einfällt. Wenn du Impulse geben willst, kannst du die Tücher vielleicht für Versteckspiele oder „Guck-guck"-Spiele nutzen.

„Da!" - Sprechen beginnt mit dem Zeigefinger

Schon bald nach den ersten Wochen der Geburt „zeigst" du deinem Kind die Welt - im wahrsten Sinne des Wortes: Mithilfe von Blicken und dem Zeigefinger weist du auf etwas hin und lenkst so die Aufmerksamkeit deines Kindes auf eine Person oder einen Gegenstand. Und obwohl dein Kind schon recht früh darauf reagiert und deinem Blick oder Zeigefinger folgt, versteht es erst ab dem zwölften Monat diese Situation. Erst dann weiß es, dass es dabei nicht um deinen Zeigefinger geht, sondern um das Auto, die Hose, den Löffel oder einen anderen Gegenstand, auf den dein Finger zeigt. Es lässt sich sogar wissenschaftlich beweisen, dass dein Kind in der Zeit vorher genauso oft auf deinen Finger oder deine Hand geschaut hat wie auf den Gegenstand, auf den du gezeigt hast.[11] Doch nun ist es so weit: Dein Kind begreift, dass es um etwas Drittes geht. Und gleichzeitig hat es noch etwas gelernt: Da wo meine Mama oder mein Papa hinschaut oder hinzeigt, sollte auch ich hinschauen, denn da gibt es etwas Wichtiges zu sehen. Ab jetzt sind Zeigegesten keine Nachahmung mehr, sondern werden von deinem Kind absichtsvoll eingesetzt, um dir etwas zu zeigen, um dich auf etwas hinzuweisen oder eine Frage von dir zu beantworten. Der referenzielle (verknüpfende) Bezug auf das Objekt wird vom Kind erkannt und geteilt.

Für diese Erkenntnis ist die kognitive Weiterentwicklung deines Kindes verantwortlich. Oder anders ausgedrückt: Die Neuronen deines Kindes bilden und vernetzen sich in seinem Gehirn immer weiter und sorgen so dafür, dass auch komplexere Denkprozesse möglich werden. Das beständige Wiederholen von Handlungen und Erfahrungen führt zum Verankern bestimmter (Sprach-)Bahnen im Gehirn, die dann dafür sorgen, dass dein Kind wichtige Fähigkeiten erwirbt. Diese umfassen alles, was es tut, denkt und fühlt. Das ist großartig, aber auch sehr komplex, darum ist es ein etwas längerer Prozess.

Hat dein Kind jedoch verstanden, wie das Zeigen funktioniert, ahmt es das Verhalten nach und beginnt - je nach Kind zwischen dem zehnten und dreizehnten Monat - selbst mit dem (bewussten) Zeigen. Damit ist ein weiterer wichtiger Meilenstein erreicht.

Damit sich nun aus dem Zeigen das Sprechen entwickeln kann, braucht dein Kind weiterhin deine Unterstützung. Indem du mit deinem Kind sprichst, spielst und aktiv wirst, indem du also ins Handeln kommst, ebnest du den Nährboden für seine weitere kognitive wie auch sprachliche Entwicklung. Denn vorerst hat das Zeigen außerhalb einer konkreten Situation, eines gemeinsamen Handelns und Verstehens keinerlei Bedeutung für dein Kind.

Lass mich dies an einem Beispiel verdeutlichen: Wenn du gemeinsam mit deinem Kind Bauklötze vom Boden einsammelst und auf einen Baustein zeigst, hat das Zeigen eine unmissverständliche Bedeutung: „Da schau, ein Baustein. Heb ihn auf.“ Wenn danach alles aufgeräumt ist und dein Kind mit dir am Tisch sitzt und du dann kommentarlos auf die Kiste mit den Bauklötzen zeigst, die neben euch am Boden steht, weiß dein Kind nicht, was das bedeutet. Es weiß nicht, was es tun oder lassen soll, oder was du ihm zeigen oder sagen willst. Es fragt sich dann vielleicht: „Soll ich die Bauklötze wieder ausräumen?“ Oder: „Soll ich die Bauklötze wegbringen?“ Oder: „Soll ich mit den Bauklötzen spielen?“ Erst wenn du deine Zeigeinteraktion jetzt mit Sprache begleitest, ergibt sie für dein Kind einen Sinn.

Um die Entwicklung der Zeigeinteraktion zu verstärken, kannst du dein Kind unterstützen, indem du mit ihm Zeigespiele spielst. Diese lassen sich ganz unkompliziert in den Alltag einbinden, zum Beispiel beim Spazierengehen, im Supermarkt oder in der Küche. Bei den Spielideen findest du dazu einige Anregungen.

Hier möchte ich dir schon mal vorab eine Idee für ein Zeigespiel mit dem Körper deines Kindes vorstellen: Auf dem Wickeltisch oder in der Badewanne kannst du Körperteile deines Kindes benennen, indem du auf sie zeigst oder dein Kind bittest, auf ein Körperteil zu zeigen. Das kann viel Spaß machen. Es geht auch beim Abtrocknen nach dem Baden: ein kleiner Klecks Creme oder ein sanftes Küsschen auf das Körperteil oder die Stelle, die gerade abgetrocknet wurde, und begleitend dazu benennst du sie. Solch ein Spiel lädt dein Kind zum Entdecken seines eigenen Körpers ein, es erweitert seinen Wortschatz, festigt das Verständnis hinter der Zeigeinteraktion und auch eure emotionale Bindung. Auch ein kleiner Pinsel oder eine Feder können schöne Hilfsmittel zum Zeigen und Berühren der Körperstellen sein, denn das kitzelt und kribbelt.

Ebenso kannst du beim An- und Ausziehen die betreffenden Körperteile benennen, danach streicheln oder kitzeln und dann im Kleidungsstück verschwinden lassen. Auch bevor du das Kleidungsstück deinem Kind anziehst, kannst du darauf zeigen, es berühren und benennen: „Schau einmal, Ben, da, die Hose (*darauf zeigen*). Die ziehen wir jetzt an (*Hose nehmen, dem Kind geben*). Zuerst das linke Beinchen (*Küsschen aufs Bein*), prima, dann das rechte Beinchen (*Küsschen aufs Bein*) genauso, fein.“

Wenn du so vorgehst, erfährt dein Kind sanfte, liebkosende und achtsame Berührungen, die gut für das emotionale Wohlbefinden sind. Darüber hinaus lernt es nicht nur seine Körperteile kennen, sondern füllt auch gleichsam sein „Lexikon im Kopf“, seinen Wortschatz, mit neuen Wörtern. Vielleicht fallen dir ja noch weitere Gelegenheiten für Zeigespiele ein.

Spielideen

ab 12 Monate

Zeigespiele mit Bilderbüchern

Betrachte mit deinem Kind **Bilderbücher** und erzähle ihm, was auf den Bildern geschieht, oder lies die Textpassagen zu den Bildern vor und zeige auf die Akteure, Tiere oder Ereignisse. Vielleicht wird dein Kind auch aktiv und zeigt auf etwas, dann benenne dies.

ab 12 Monate

Zeigespiele mit Bildern

Betrachte mit deinem Kind **Fotos, Poster** oder **Bilder** und zeige und benenne die Dinge. Oder auch umgekehrt: Dein Kind zeigt auf etwas und du benennst es.

ab 15 Monate

Zeigen, Benennen, Befüllen

Behältnisse verschiedener Form und Größe sowie unterschiedliche **Alltagsmaterialien** sind wunderbare Impulse für Sprachinteraktionen. Du kannst dafür kostenlose beziehungsweise kostengünstige Materialien wie **Korken, Wattestäbchen, Steine, Muscheln, Walnüsse, kleine**

Deckel, Absperrketten sowie unterschiedliche **Dosen, Gefäße** oder **Eierkartons** verwenden. Besonders gut eignen sich „Einsteckdosen". Diese lassen sich leicht aus Dosen herstellen, die einen weichen Deckel haben, wie zum Beispiel **Kakao**- oder **Kaffeedosen**. Schneide in den Deckel Schlitze zum Einstecken von Gegenständen und klebe sie mit **Klebeband** ab, um Verletzungen zu vermeiden. Man kann auch vorgefertigte Dosen günstig im Spielzeughandel kaufen. Dein Kind kann nun die Behältnisse leeren, befüllen, die Dinge sortieren und vieles mehr.

Die unterschiedlichen Materialien haben großen Aufforderungscharakter, sodass du gar nicht viel machen musst, außer das Spiel deines Kindes sprachlich zu bereichern, zum Beispiel indem du sagst:

- „Zeig mal … oh, so lang ist die Kette."
- „Schau mal … so viele."
- „Guck mal …ein, zwei, drei …"
- „Zeig Mama mal, wie viele du schon hast … oh, wie fein."
- „Hier schau mal, die Deckel."

Mehr wissen

Bücher:

- Sandra Grimm: *Was wackelt hier? Was zappelt hier? Mein Fingerspielbuch*, ab 9 Monaten, Ravensburg, Ravensburger 2020.
- Sandra Grimm: *Mach mal auf und schau mal rein*. Mit extrastabilen Klappen, ab 12 Monaten, Ravensburg, Ravensburger 2019.
- Jean Leroy: *Wie heißt ihr denn? Das Zehenspielbuch*, ab 12 Monate, Frankfurt am Main, Moritz Verlag 2020.

Erste Wörter: die individuellen Feinheiten

Die ersten Wörter deines Kindes entstehen ungefähr um das erste Lebensjahr herum. Meist entwickeln sie sich ganz automatisch aus den Silbenketten der zweiten Lallphase. In dieser Phase hast du die Laute deines Kindes spielerisch nachgeahmt, und auch umgekehrt hat dein Kind dein Sprechen imitiert. Dabei habt ihre beide ganz selbstverständlich Laute verwendet, die in deiner Sprache vorkommen. In der deutschen Sprache sind das zumeist Silben wie „ma", „da" und „ba", die lustvoll erprobt und im wachsenden Maße miteinander kombiniert werden. Eltern geben diesen Silbenketten oft intuitiv eine Bedeutung. Vielleicht hast du das auch gemacht. So wie Ben und seine Mutter: Beim Wickeln haben Mutter und Kind immer wieder einen „Lall-Talk" geführt. Beide genießen das sehr. Ben produzierte in diesen Momenten lange Silbenketten wie „dadadadada" oder „mamamamamamam". Bens Mama reagierte immer sehr freudig darauf und antwortete ganz so, als hätte Ben schon richtige Wörter zum Sprechen benutzt. Sie sagt zum Beispiel: „Ja, *da* ist Ben. Ja, Ben, *da* ist Mama, und ja, *da, da, da* ist Bens Bauch und da Bens Nase und da seine Beinchen." Und bei jedem „da" tupfte sie auf den Bauch, die Nase oder die Beine. Auf diese Weise waren beide in einem engen Lalldialog verbunden, und gleichzeitig wurde Ben auf die Bedeutung des Wortes „da" aufmerksam gemacht.

Aus dem Wiederholen von Silbenketten in solchen Lalldialogen - und auch in den Monologen, die dein Kind mit sich selbst führt - erwachsen dann meist um den ersten Geburtstag herum die ersten Wörter, die aus diesen Silbenketten „herausgelöst“ werden. So wird aus „mamamama“ das Wort „Mama“, aus „dadadada“ das Wort „da“ und aus „babababa“ das Wort „Ball“.

Einwortsätze

„Ball!“ Ja, da ist es. Das erste Wort. Nicht „gag-gag“, „da-da“, „ane“ oder „uta“. Nein, ganz eindeutig „Ball“. Wie wunderbar! Vielleicht hättest du dir als Mutter gewünscht, dass „Mama“ das erste Wort wäre, oder als Vater, dass es „Papa“ gelautet hätte. Doch wir können uns - leider oder zum Glück - nicht aussuchen, welches Wort unser Kind als Erstes spricht. Aber egal, wie das Wort auch lautet, wir freuen uns alle sehr darüber. Und das ist auch gut so: Denn je begeisterter du auf die ersten Wörter deines Kindes reagierst, je positiver du diese verstärkst, umso mehr Lust bekommt dein Kind, neue Wörter zu produzieren.

Und genau das tut dein Kind. Es lernt, und so kommen nun täglich neue Wörter hinzu. Was für eine Leistung. Dabei benutzt es zunächst vorwiegend Substantive: Dinge aus seiner Umgebung, Körperteile, Personen, alles, womit es in seiner Welt zu tun hat, was es anfassen oder sinnlich erleben kann. Nach und nach kommen dann Verben hinzu - in der Regel zunächst Handlungs- und Bewegungsverben wie essen, machen, gehen, trinken, schlafen.

In der ersten Zeit kommuniziert dein Kind in Einwortsätzen. Diese werden so genannt, weil sie nur aus einem Wort bestehen. Aber mit diesem einen Wort vermag dein Kind einen ganzen Satzinhalt auszudrücken. Diese Technik wird Übergeneralisierung genannt.

Übergeneralisierung

Übergeneralisierung bedeutet in diesem Fall, dass ein einziges Wort benutzt wird, um Unterschiedliches auszudrücken – beispielsweise das Wort „auf". Je nachdem wie dein Kind es betont, kann es folgende Aussage haben:

- Dein Kind hält die Arme hoch und sagt bestimmt: „Auf!" Übersetzung: „Hey, Mama, nimm mich auf den Arm."
- Dein Kind zieht an seiner Hose herum und fragt: „Auf?" Übersetzung: „Papa, mach bitte meine Hose auf, ich will sie ausziehen."
- Dein Kind steht in der Küche, zeigt auf ein Glas mit Gummibärchen und sagt beherzt: „Auf!" Übersetzung: „Ich will ein Gummibärchen haben. Mach bitte das Glas auf und gib mir eins."

Wenn du verstanden hast oder zumindest interpretieren kannst, was dir dein Kind mit seinem Einwortsatz sagen will, solltest du dies in einem korrekten Satz wiederholen, also spiegeln: „Ja, ich weiß, du möchtest *auf* meinen Arm, mein Schatz. Komm, ich heb dich hoch." Dein Kind erfährt so, dass du es verstanden hast, und lernt gleichzeitig, immer mehr Wörter mit ihrer Bedeutung zu kombinieren. Zudem erfährt es durch dich positive Bestätigung. Das tut ihm gut, motiviert und spornt an. Für die Wortschatzentwicklung sind darum neben den Lern- und Gedächtnisprozessen deines Kindes vor allem deine Anregungen und deine Ansprache, also der Austausch mit deinem Kind, wichtig. Diesen Austausch kannst du besonders gut über Bewegungsspielsituationen fördern, indem du zum Beispiel beim Spielen das kleine Feuerwehrauto über die Brücke, in das Häuschen oder hinter den Baum fahren lässt. Auch beim aktiven körperbetonten Bewegungsspiel sind Sprachwiederholungen wichtig, da die Sprachmelodie und der Sprachrhythmus den Aussagen ihren Sinn geben. Leg dein Kind zum Beispiel in eine Hängematte oder ein Tuch und lass es schaukeln. Singe oder sage dabei: „Ayche schaukelt hin und her, hin und her auf dem großen Meer." Solche Spiele sind ideale Gelegenheiten, um den aktiven und auch den passiven Wortschatz deines Kindes aufzubauen und zu bereichern.

Neben „auf" sind „haben" oder „da" als Zeigepronomen ganz typisch als erste Wörter, auch „meins" wird oft verwendet. Viele Eltern posten stolz das erste Wort ihres Kindes in den sozialen Netzwerken oder heften es an den Kühlschrank. Eine weitere Möglichkeit, um diese Erinnerung festzuhalten, sind Wörtertagebücher. In ihnen kannst du die Wörter sammeln, die neu hinzukommen. Im vierten Teil dieses Buches findest du ein Beispiel für so ein Wörtertagebuch. Wenn dein Kind schon in eine Kita geht, kannst du auch die Bezugserzieherin deines Kindes bitten, ein solches Wörtertagebuch zu führen. Du wirst überrascht sein, wie viele Wörter auch dort hinzukommen, und auch die Geschwindigkeit, mit der sie dazukommen, ist erstaunlich.

Konzentration aufs Wesentliche

Die ersten Einwortsätze deines Kindes bestehen in der Regel nicht aus Adjektiven, Artikeln, Konjunktionen oder Präpositionen. Diese kommen im Laufe der Zeit hinzu, wenn dein Kind komplexere Satzkonstruktionen zu bilden lernt. Anfangs benutzt dein Kind Nomen und Verben.

Allerdings fehlen deinem Kind immer noch viele Wörter, darum nutzt es die, die es kennt, für verschiedene Dinge. Zum Beispiel sagt es „Wauwau" zur Katze der Nachbarn. Es kann auch vorkommen, dass es zur Krippenerzieherin „Mama" sagt, obwohl es weiß, dass diese Person nicht seine Mutter ist. Das ist nicht immer leicht auszuhalten. Bedenke jedoch, dein Kind meint es nicht böse. Es weiß sehr wohl, dass die Krippenerzieherin nicht seine Mutter ist. Aber ihm fehlt vielleicht der Wortbegriff für die Erzieherin, ihr Name, und darum wählt es das Wort, das ihm vertraut ist und in die Situation passt. In diesem Alter geht das Sprachverständnis deines Kindes seiner Sprachproduktion, also seiner aktiven Sprache, voraus.

Doppelbedeutungen von Wörtern und Schlüsselwortstrategien

Ähnlich, wie dein Kind sein erstes Wort gelernt hat - nämlich indem du seinen Lallmonologen eine Bedeutung verliehen hast -, lernt dein Kind auch durch dich und andere Menschen in seinem Umfeld bis zu seinem achtzehnten Lebensmonat viele weitere Wörter. Hierbei gibt es auch diverse Eigenschöpfungen wie „ü-tata“ für Feuerwehrauto oder „nulli“ für den Schnuller oder „atta“ für Laster.

Zu Beginn seiner Wortproduktion beschäftigt sich dein Kind vor allem mit der Aussprache. Dabei konzentriert es sich auf die Feinheiten der Lautproduktion und deren Abfolge innerhalb eines Wortes. Zunächst wird es in der Regel Wörter sagen, die sich ausschließlich auf sichtbare und konkrete Dinge aus seiner Lebensumgebung beziehen, wie beispielsweise „Winnel“, „Oma“, „Nulli“, „Heia“, „Papa“, „Opa“, „Mama“ und so weiter. Viele Wörter werden in seiner eigenen speziellen Kindersprache gesprochen sein, wie „Ane“ für Christiane, „Mimi“ für Milch oder „Wauwau“ für Hund. An dieser Auflistung kannst du schon erkennen, dass dies in erster Linie Wörter sind, die das Kind häufig hört und mit denen es etwas Bestimmtes verbinden kann, die also bedeutsam für dein Kind sind. Sicherlich wird dir auch auffallen, dass dein Kind den Wörtern eine doppelte Bedeutung gibt: So sagt es zum Auto zum Beispiel „Brumm-Brumm“, gleichzeitig ist das auch das Wort dafür, wie der Gegenstand -

das Auto – klingt. Die ersten Wörter sind somit oftmals Handlungs- und Gegenstandsworte gleichzeitig.[12]

Diese doppelte Bedeutung nutzt du übrigens auch. Du sagst vielleicht zu einem Hund „Wauwau“, und gleichzeitig bellt der Hund „wau, wau, wau“. Du schaust mit deinem Kind ein Buch an und sagst zur Kuh „Muh“, und gleichzeitig macht die Kuh „Muh“. Fühlst du dich ertappt? Keine Sorge. Alles richtig gemacht. Denn diese Lautmalereien helfen deinem Kind, mit dir zu kommunizieren, wenn es die richtigen Namen der Tiere noch nicht aussprechen kann. Darum werden diese ersten Wörter von Fachleuten auch als Lautmalereien bezeichnet, die den Sinn haben, deinem Kind zu helfen, mit dir ins Gespräch zu kommen, also zu kommunizieren.

Doch bitte versteh dies nicht falsch. Dein Kind braucht auch vollständige Sätze und richtig gesprochene Wörter, um diese zu lernen. Unterscheide daher situationsabhängig, wann Lautmalereien und wann korrekte Wörter angebracht sind. Im lustvollen Spiel kannst du Lautmalereien sehr gut einsetzen, indem du das Auto als „Brumm-Brumm“ bezeichnest, das „tut-tut“ macht, und die „Mizie“, die „miau-miau“ mauzt. Betrachtest du dann jedoch mit deinem Kind ein Bilderbuch, solltest du von der Katze sprechen und auf sie zeigen, bevor du vielleicht sagt: „Ja, die Katze macht miau.“ Und auch im Alltag solltest du immer die richtigen Wörter für Tiere und Gegenstände benutzen und in ganzen Sätzen mit deinem Kind sprechen. Denn wie sonst soll dein Kind wissen, dass du mit „Gaggag“ eine Ente und mit „Tut-tut“ das Auto und nicht den Trecker meinst? Auch ein „Winke-winke“ oder „Heia machen“ sind Brücken für dein Kind. Achte jedoch bitte darauf, dass du nicht in der Babysprache verharrst. Dein Kind braucht dich als gutes Sprachvorbild, das in vollständigen Sätzen spricht, um diese zu lernen. Ein Vorbild bist du übrigens immer, da dein Kind jeden Tag aufs Neue von dir lernt und sich Dinge abschaut – das Sprechen, aber auch Weiteres. So ist jeder Tag ein „Sprachlerntag“. Und weil dein Kind mit dir lernt, entwickelt es tolle Strategien, um dich besser zu verstehen. Eine davon ist die Schlüsselwortstrategie, die oben schon erläutert wurde.

Gemeint ist damit, dass dein Kind sich an zentralen Inhaltswörtern in deiner Aussage orientiert und gleichzeitig deine Mimik und Gestik damit abgleicht und entsprechend deutet. Auf diese Weise versteht es zum Beispiel deine Verbote: „Nicht die Fernbedienung anfassen, nein, nein!“ Obwohl dein Kind das Wort „Fernbedienung“ noch nicht kennt, weiß es, was gemeint ist, wenn du beim Sprechen auf die Fernbedienung zeigst und beim „nein, nein“ den Kopf schüttelst. Es kann sich auf diese Weise erschließen, dass es dieses komische schwarze Ding mit den vielen Tasten lieber nicht in die Hand nehmen soll. In diesem Zusammenhang ist somit auch die Zeigeinteraktion relevant, die dein Kind schon von dir gelernt hat.

An diesem Beispiel siehst du, dass dein Kind sehr geschickt lernt. Es kann aber nicht nur auf gelernte Strategien zurückgreifen, um mit dir zu kommunizieren, sondern hat mit Erreichen des achtzehnten Lebensmonats seinen aktiven Wortschatz auf rund 30 bis 50 Wörter anwachsen lassen. Mit 4 Jahren werden es bereits mehr als 1500 Wörter sein.

Was aber, wenn dein Kind mit 18 Monaten noch nicht so viel spricht? Manche Eltern machen sich in solchen Fällen große Sorgen. Doch bitte, reagiere nicht über, sollte dein Kind noch wenig sprechen. Mach dich nicht verrückt. Denke immer daran: Jedes Kind entwickelt sich unterschiedlich schnell. Und ein Kind, das noch nicht so viele Wörter spricht, ist nicht dümmer oder benachteiligter als andere Kinder. Es hat lediglich sein eigenes Tempo. Wenn es beispielsweise gerade stark mit seiner motorischen Entwicklung „beschäftigt“ ist, rückt die Sprachentwicklung etwas in den Hintergrund. So etwas kenne ich aus meiner Arbeit als Kitaleiterin nur zu gut. Denk an die Entwicklungstreppe, die ich im Vorwort erwähnt habe. Kinder klettern die Entwicklungsstufen nicht im gleichmäßigen Tempo hoch. Ihre Entwicklung ist immer von vielfältigen Faktoren abhängig, zum Beispiel spielen dabei die eigenen Interessen, die Fertig- und Fähigkeiten, die Erbanlagen, der Gesundheitszustand, das soziale Umfeld und die damit einhergehenden Möglichkeiten eine Rolle. Wichtig und entscheidend ist allein dein Interesse an deinem Kind und die damit verbundene Intensität deiner elterlichen Zuwendung und Liebe. Manchmal dauert es halt etwas länger.

Mehrsprachigkeit

Die Sprachen unserer Welt unterscheiden sich nicht nur durch ihren Wortschatz und ihre Grammatik, sondern auch durch ihre Laute. In einigen Sprachen gibt es Laute, die Menschen einer anderen Sprache weder aussprechen, noch unterscheiden und manchmal nicht einmal hören können. Denk nur einmal an die Klick- und Schnalzlaute vieler afrikanischer Sprachen. Wir wissen oft nicht einmal, wie wir unseren Mund formen und die Zunge bewegen müssen, um solche Laute zu produzieren. Auch bemerken wir die feinen Unterschiede zwischen chinesischen Lauten nicht. Dafür können Japaner den Unterschied zwischen einem L und einem R unserer Sprache nicht heraushören, was für uns Deutsche jedoch ganz normal ist.

Kurz nach der Geburt ist dein Kind allerdings in der Lage, all diese Laute sehr genau zu hören und auch die damit verbundenen feinen Unterschiede. Im Laufe des ersten Lebensjahrs geht diese Fähigkeit verloren. Denn das Kind hört sich mehr und mehr in die Lautstrukturen der Sprache hinein, die es umgibt. Und je besser das Kind darin wird, umso mehr „überhört" es die Laute, die nicht zu dieser Sprache gehören. Es sei denn, das Kind wächst bilingual auf, also mit zwei Sprachen zur gleichen Zeit. Dann werden die Lautstrukturen beider Sprachen gehört, geübt und gespeichert. Sprachwissenschaftler nennen dies den simultanen Erwerb zweier Sprachen.

Aber kann ein Kind wirklich zwei Sprachen zur gleichen Zeit erlernen? Aber ja! Weltweit gesehen ist Mehrsprachigkeit sogar normal, während Einsprachigkeit eher die Ausnahme ist. Die Entwicklung der Aussprache verläuft bei mehrsprachig aufwachsenden Kindern im Wesentlichen wie bei einsprachig aufwachsenden Kindern auch. Die Kinder erarbeiten sich alle Wörter schrittweise, Laut für Laut. Mehrsprachig aufwachsende Kinder können ihre Sprachen allerdings nicht unbedingt immer gleich gut sprechen. Es gibt meist eine dominantere Sprache.

Am Anfang der Sprachentwicklung vermischen Kinder auch häufig die unterschiedlichen Sprachen beim Bilden von Sätzen. Sprachexperten nennen dies „Code-Switching“. Das ist jedoch ein normaler Entwicklungsschritt und sollte dich, falls du dein Kind mehrsprachig aufwachsen lässt, nicht verunsichern. In Teil 2 des Buches gehe ich noch einmal darauf ein. Viel wichtiger ist die Frage, wie viel Kontakt dein Kind mit den jeweiligen Sprachen hat. Solltet ihr in eurer Familie beziehungsweise in eurem Haushalt zwei Sprachen muttersprachlich sprechen, zum Beispiel Deutsch und Italienisch, wäre es für euer Kind von Vorteil - und auch hilfreich für das weitere Sprachenlernen -, wenn jeder in seiner Muttersprache mit ihm spricht. So wächst euer Kind in beide Lautstruktursysteme hinein und kann beim Bilden der ersten Wörter (und später Sätze) auf beide Systeme zurückgreifen, da es sie in seinem Sprachzentrum zusammengeführt und gespeichert hat.

MEILENSTEINE 18 MONATE

Äußern

Der Wortschatz erweitert sich passiv und aktiv. Dein Kind kann nun rund 30 bis 50 Wörter sprechen (auch Eigenkreationen zählen als Wörter). Es spricht in Einwortsätzen. Der Klang des Wortes bestimmt oft die Bedeutung.

Verstehen

Das Kind zeigt auf seine Körperteile oder auf Tiere im Bilderbuch, wenn es dazu aufgefordert wird. Vieles von dem, was man ihm sagt, wird verstanden. Es nutzt die Schlüsselwortstrategie (das Kind interpretiert das Gesagte sinnvoll nach seinen bisherigen Erfahrungen).

Im Dialog

Das Kind fordert von sich aus Sprache und Gespräche ein, zum Beispiel indem es auf etwas zeigt. Ein typischer Dialog für ein Kind um die 18 Monate könnte so aussehen: Das Kind zeigt auf das Messer auf dem Küchentisch und sagt: „Ane haben!“ Die Mutter antwortet: „Das Messer, das möchtest du haben?“ Kind: „Ja, Ane haben.“ Mutter: „Nein. Arne darf das Messer nicht haben, nein, nein.“ Kind: „Nein, nein.“ Mutter: „Nein, nein, das darfst du nicht haben. Das macht aua!“ Kind: „Aua Ane!“

Spielideen

ab 18 Monate

Spiele für die Mundmotorik: Pusten und Blasen

Eine geübte Mundmotorik ist wichtig für eine gute Aussprache der Vokale und Konsonanten, mit denen dein Kind seine ganzen Wörter bauen wird. Du kannst seine Mundmotorik fördern, indem du es animierst:

- **Luftschlangen** auszupusten;
- eine **Erbse** mit einem **Strohhalm** anzusaugen;
- **Seifenblasen** zu blasen;
- eine **Wattekugel** von Hand zu Hand oder vom Tisch zu blasen;
- eine **Kerze** auszublasen;
- **Papier** mit dem **Strohhalm** anzusaugen;
- mit einem **Strohhalm** Luft in ein mit Wasser gefülltes **Glas** zu pusten.

Auch mit einem **Strohhalm** einen Klecks **Farbe** über ein Blatt **Papier** zu blasen macht Spaß. Wenn du danach noch ein paar **Wackelaugen** darauf klebst, habt ihr ein witziges Monsterbild.

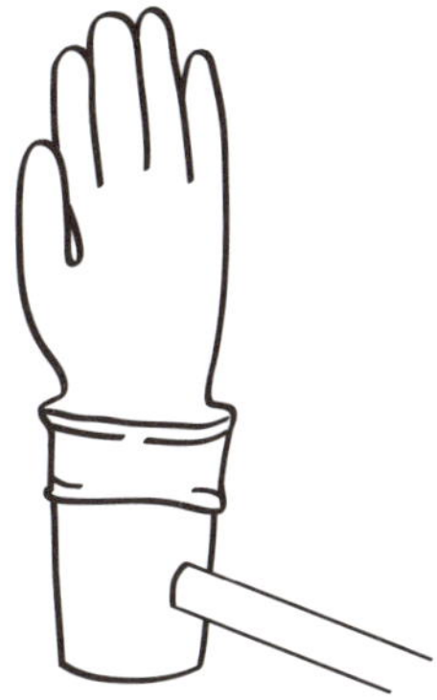

Ein toller Spaß für dein Kind ist ebenso das Blasespiel mit einem **Einweghandschuh**: Du stülpst ihn über einen **Pappbecher**, in den du einen **Strohhalm** gesteckt hast. Wenn dein Kind nun in den Strohhalm bläst, bläht sich der Einweghandschuh auf.

ab 18 Monate

Spiele für die Handmotorik - gemeinsam spielen und sprechen

Sprache und Motorik gehen im wahrsten Sinne des Wortes Hand in Hand. Dein Kind möchte in diesem Alter ein Weltentdecker sein und allem auf den Grund gehen. Es will Dinge ausprobieren. Du kannst die Neugierde deines Kindes für Motorikspiele nutzen und diese handlungsorientiert sprachlich begleiten. Das bedeutet: Kommentiere die Handlungen deines Kindes, ermutige es, lobe es, beschreibe die Dinge, die es sieht und gerade selbst ausprobiert.

- Hefte eine **Papprolle** mit **Klebestreifen** auf Augenhöhe deines Kindes an die Wand. Das hat für dein Kind einen hohen Aufforderungscharakter. Lege Gegenstände wie zum Beispiel **kleine Pompons** aus Stoff bereit. Dein Kind wird die Röhre damit befüllen und viel Spaß dabei haben, während du es sprachlich begleitest.
- Gib deinem Kind ein **Salatsieb** und **Pfeifenreiniger** in verschiedenen Farben. Und schon geht es los. Dein Kind wird versuchen, die Pfeifenreiniger in die Löcher zu stecken, während du sein Tun kommentierst, die Farben benennst, es lobst und ermutigst.
- Ein **Schneebesen** kann nicht nur ein Musikinstrument sein, sondern auch ein tolles sprachanregendes Spielgerät. Fülle ihn zum Beispiel mit **Wattebällchen** oder **Pompons**, die dein Kind dann herauszupfen kann. Oder auch umgekehrt: Dein Kind befüllt den Schneebesen und versucht die Pompons danach wieder herauszuschütteln. Das Spiel deines Kindes kannst du wieder handlungsbegleitend mit Sprache unterstützen.

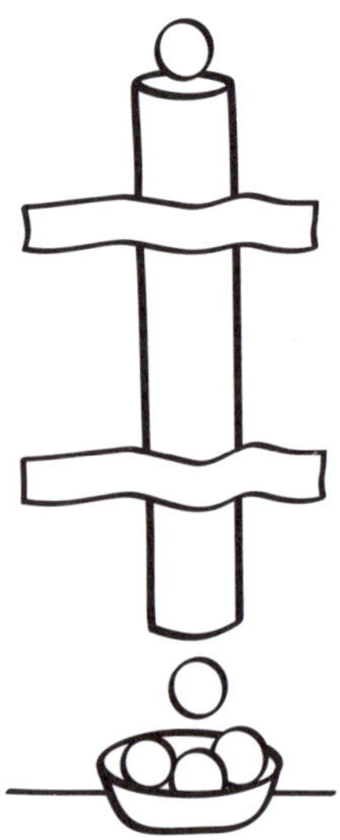

ab 18 Monate

Fragen und Sprechen

Verstecken und Wiederfinden sind im jetzigen Entwicklungsalter wichtige Motive. Dies kannst du aufgreifen und mit Sprache anreichern. Auf diese Weise fütterst du den Wortschatz deines Kindes mit neuen Wörtern und bestärkst es mithilfe ermutigender Worte positiv in seinem Tun.

- Nimm eine leere **Dose** mit **weichem Deckel** oder einen leeren **Schuhkarton.** In den Deckel schneidest du kleine Öffnungen für **Perlen, Kastanien, Lockenwickler, Holzspatel,** kleine **Bälle** oder **Steine** - je nachdem was hindurchgesteckt werden soll. Befülle dann **Säckchen** oder **Körbchen** mit ebendiesen Dingen und reiche sie deinem Kind. Dieses kann nun die Lockenwickler oder die Zahnspachtel in die Öffnungen des Deckels stecken. Nimmt dein Kind Blickkontakt zu dir auf? Sieht es dich fragend an? Dann los: Nutze diesen Blick, um das Tun deines Kindes sprachlich zu begleiten. Zudem macht das „Wiederfinden“ der Gegenstände genauso viel Spaß wie das Verstecken: Also, Deckel ab und nachschauen, wo die Gegenstände geblieben sind. Diese kannst du nun benennen, abzählen oder mit deinem Kind sortieren.
- Ein kleines **Säckchen** kann zum hochinteressanten Spielzeug werden. Befülle das Säckchen mit verschiedenen Gegenständen und lass dein Kind fühlen, raten, die Sachen verstecken und wiederfinden. Du moderierst, kommentierst, beschreibst, fragst nach und gibst Impulse.

- Die leeren Schachteln von Papiertaschentüchern sind tolle Verstecke. Sammele **drei bis neun Schachteln** und klebe sie zusammen, sodass du eine „Versteckwand“ hast. In jede Box legst du nun etwas anderes hinein, was dein Kind suchen beziehungsweise finden kann. Auch du kannst mitsuchen und dann dein Tun kommentieren: „Oh, was ist das denn ...?“, „Ui, das ist ganz weich. Was ist das wohl?“, „Ah, schau mal, was ich gefunden habe, ein ...“ Über deine Mimik kannst du zudem dein Tun wunderbar spannend erscheinen lassen.

ab 18 Monate

Sortieren

Sortieren ist in diesem Alter ein wichtiges und interessantes Thema für dein Kind. Um das als Spielidee aufzunehmen, kannst du einfache **Plastikbecher** oder **Schälchen** sowie **bunte Glasnuggets** oder **Perlen** verwenden. Und schon geht es los. Zusammen mit deinem Kind wird nun farblich sortiert. Du kannst die Farben benennen, die Perlen in den Bechern zählen und wieder das Tun deines Kindes sprachlich begleiten. Begriffe wie „viel“, „wenig“, „voll“, „leer“, „mehr“ oder „weniger“ kannst du so spielerisch mit einbeziehen und auf diese Weise den Wortschatz deines Kindes erweitern. Natürlich könnt ihr auch alles andere sortieren: Socken, Steinchen, Stöcke, Autos, Dinos, Klötze, Plastikbesteck und, und, und.

ab 18 Monate

Erfahrungen sammeln

Indem dein Kind aktiv wird und handelt, spürt es, dass es etwas selbst tun kann. Das sind kleine Erfolgserlebnisse, die es innerlich wachsen lassen und zudem seine Motorik und seine Sprache bereichern. Du kannst dies unterstützen.

Klebe auf einem Tisch oder dem Hochstuhl bunte **Holzspatel** mit farbigem **Klebeband** fest. Kleine Kinder lieben es, etwas abzuknibbeln. Bei diesem Spiel ist dies sehr erwünscht. Dein Kind knibbelt die Klebebänder los und „befreit“ so die Mundspatel. Du kannst dies mit Zeigeinteraktion begleiten, indem du auf den roten Spatel zeigst oder sagst: „Gib mir den roten Spatel“ oder: „Kannst du den blauen Spatel losmachen?“ und Ähnliches.

Auch diese Spielidee wird dein Kind lieben: Du brauchst dafür eine **Fusselrolle** und **Pfeifenreiniger**, die du in kleine Stücke schneidest und auf dem Tisch verteilst. Dein Kind kann jetzt mit der Fusselrolle auf einen Pfeifenreiniger tippen, um diesen „einzufangen“. Er bleibt daran kleben, und dein Kind kann ihn von der Rolle abknibbeln. Wie stets kannst du das Tun deines Kindes sprachlich begleiten, indem du es aufforderst: „Fang den roten Pfeifenreiniger ... jetzt den gelben ... und da den blauen.“

ab 18 Monate

Experimente mit Körperfarbe

Körperfarbe kannst du nutzen, um in der **Badewanne** oder **Dusche** mit deinem Kind zu spielen: Wenn es einen Körperteil, den du benannt hast, richtig erkennen und darauf zeigen kann, tupfe einen kleinen farbigen Punkt auf diesen Körperteil. Wiederhole dies ruhig mehrfach. So entsteht ein buntes „Konfetti-Kind“. Das macht Spaß, und am Schluss kann alles wieder abgewaschen werden. Auch das kannst du sprachlich begleiten.

Mehr wissen

Bücher:

- Antje Bostelmann, Michael Fink: *Das Krippenatelier, malen, matschen und gestalten mit Kindern unter 3*, Berlin: Bananenblau Verlag, 4. Auflage 2020.
- *Meine ersten 100 Wörter: Foto-Wörterbuch*, München, ArsEdition 2017.
- *Meine ersten 100 Tiere: Foto-Wörterbuch*, München: ArsEdition 2018.

Link:

- https://www.babykindundmeer.de/lifestyle/diy/knete-selber-machen/.

Wörterwelten: Auf die Sätze, fertig, los!

Dein Kind kann im Alter von rund 20 Monaten schon etliche Wörter sprechen und hat viel Freude daran, sich mitzuteilen. Allerdings ist sein Sprachverstehen beziehungsweise sein Sprachverständnis dabei immer noch seiner aktiven Sprache weit voraus. Das bemerkst du im Alltag immer wieder: Wenn du zu deinem kleinen Sohn sagst: „Wir wollen nach draußen gehen, zum Spielplatz. Hol mal deine Gummistiefel", und dein Söhnchen trottet los zur Garderobe und kommt mit einem Stiefel oder Schuh zurück, dann weißt du, dass er deine Botschaft zum größten Teil verstanden hat, auch wenn er „Gummistiefel" noch nicht aussprechen kann. Somit kannst du davon ausgehen, dass sein passiver Wortschatz (sein Lexikon im Kopf, sein Sprachverständnis) schon viel mehr Wörter beinhaltet als sein aktiver Wortschatz, also das, was er sprechen kann.

Auch zur „richtigen" Kommunikation mit anderen Menschen reichen die vielen einzelnen Wörter, die dein Kind kennt, noch nicht aus. Denn erinnere dich: Erst gegen Ende des ersten Lebensjahres ist dein Kind in der Lage, Gegenstände und Personen sicher zu verbinden, um eine verlässliche Vorstellung von ihnen zu entwickeln. Denn für die Entdeckung der Kommunikation müssen zwei wichtige Voraussetzungen erfüllt sein. Die erste besteht darin, dass dein Kind verstehen lernt, dass es sich etwas vorstellen kann, das im Augenblick *nicht vorhanden* ist. Das nennt man auch die Entwicklung der repräsentativen Funktion von Sprache.

Die repräsentative Funktion von Sprache

Mit der repräsentativen Funktion von Sprache ist gemeint, dass dein Kind eine verlässliche Vorstellung von nicht vorhandenen Gegenständen entwickelt hat, dass also zum Beispiel der Ball, der unter den Schrank gerollt ist, zwar nicht zu sehen, aber immer noch vorhanden ist, nämlich unter dem Schrank.

Dies wird auch als Objektpermanenz bezeichnet: Das Kind weiß inzwischen, dass ein Objekt oder eine Person auch dann weiterexistiert, wenn es oder sie sich außerhalb seines Sichtfeldes beziehungsweise seines Wahrnehmungsfeldes befindet. Deshalb freut sich dein Kind auch, wenn du deine Hände vor dein Gesicht hältst, kurz wartest, um dann „wieder da" zu sein, indem du deine Hände wieder wegnimmst. Aus dem gleichen Grund lieben Kinder in diesem Alter jede Art von Versteckspielen. Nutze dieses Interesse für „Guck-guck"-Spiele und um Sachen zu verstecken, die dein Kind dann wiederfindet.

Die zweite Grundvoraussetzung für Kommunikation besteht darin, dass dein Kind lernt, seine Vorstellungen (Wünsche, Bedürfnisse, Bilder im Kopf) in Wörter und Sätze zu übersetzen. Das ist sehr anspruchsvoll. Dass dein Kind diese Fähigkeit entwickelt, liegt in seinem Wunsch begründet, dir etwas mitzuteilen, also erzählen zu wollen (Sprachproduktion), während es gleichzeitig weiß, dass du nicht unbedingt das gleiche Bild von dem Gegenstand im Kopf hast (daran denkst), aber weißt, was es meint. Ein Beispiel: Du sitzt mit deinem Kind beim Abendbrot und unterhältst dich mit ihm über den Spielplatzbesuch am Nachmittag. Nun denkt dein Kind an den gemeinsamen Ausflug, hat also z. B. ein Bild von der Situation auf dem Trampolin im Kopf - und es weiß, dass auch du in diesem Moment an den Spielplatzbesuch denkst. Während ihr euch darüber unterhaltet, weiß es nicht, an was ganz genau du denkst, also welche Situation du gerade konkret vor Augen hast. Und dennoch könnt ihr euch über den Spielplatzbesuch unterhalten.

Hinzu kommt, dass sein Sprachverstehen ausreichend ausgebildet ist, damit es zuhören und das, was du ihm erzählst, auch verstehen kann. Diese grundlegenden Entwicklungsschritte sind wichtige Vorläuferfähigkeiten, um mit einem anderen Menschen über ein Ereignis, eine Person oder ein Objekt sprechen zu können. Sie sind daher ein wichtiger Meilenstein in der Sprachentwicklung. Mit ungefähr dem zwanzigsten Lebensmonat ist dein Kind dazu in der Lage, diesen Schritt zu meistern. Du merkst dies daran, dass es nun Zweiwortsätze bildet.

Was tun bei Verzögerungen in der Sprachentwicklung?

Wenn die Lautäußerungen deines Kindes sich bis zum zwanzigsten Lebensmonat nicht weiterentwickelt haben und es nicht mindestens zwei bis drei sinnhafte Wörter verwendet oder es einfache Aufforderungen wie „Hol den Ball!“ nicht versteht beziehungsweise Gegenstände auf Anfrage nicht zeigen kann („Wo ist das Auto?“), dann ist die Sprachentwicklung vielleicht verzögert. In einem solchen Fall solltest du das durch deine Kinderärztin oder einen Logopäden abklären lassen.

Aus Wörtern werden Sätze

Sobald dein Kind zwei Jahre alt ist und etwa 50 Wörter spricht, tritt etwas ein, das Wissenschaftler als „Wortschatzexplosion“ bezeichnen. Dein Kind lernt von jetzt an sehr viel schneller, neue Wörter zu bilden, sodass es innerhalb von wenigen Monaten einen Wortschatz von rund 200 Wörtern aufbaut. Es ist immer wieder beeindruckend, wie es gelingt, wie nebenbei solch eine komplexe Leistung wie den Erwerb der Sprache zu meistern. Und da deinem Kind nun schon deutlich mehr Wörter zur Verfügung stehen als noch vor zwei, drei Monaten, fängt es an, zwei oder gar drei Wörter aneinanderzureihen, sodass erste Zweiwortsätze entstehen.

Dabei verbindet dein Kind zwei ihm vertraute Wörter und versieht sie mit einer passenden Sprachmelodie. Das bedeutet, dein Kind betont beide Wörter in seinem Satz so, dass sie entweder wie eine Frage, eine Aussage oder gar Anweisung klingen, beispielsweise so:

- „Oma tommt?“ („Kommt Oma?“)
- „Papa da!“ („Ah, Papa ist da.“)
- „Ane auch?“ („Darf ich [Arne] das auch haben?“)
- „Nein! Leine!“ („Nein, lass das. Das will ich allein tun.“)

Obwohl der Wortschatz deines Kindes noch begrenzt ist und obwohl es noch Laute auslässt oder vertauscht, kann es sich dennoch recht gut und verständlich ausdrücken. Es setzt die Wörter, die ihm zur Verfügung stehen, sinnhaft und somit optimal ein, um mit dir oder anderen Bezugspersonen zu kommunizieren. Und wenn die Wörter noch nicht ausreichen, greift es wahrscheinlich auf nonverbale Möglichkeiten zurück, indem es auf etwas zeigt, einen Gegenstand holt oder dich an der Hand zu einem Gegenstand hinführt.

Wenn dein Kind so agiert und alle ihm zur Verfügung stehenden Mittel nutzt und zum Einsatz bringt, hat es nicht nur wohltuende Erfolgserlebnisse, sondern es verschafft sich damit selbst immer wieder neue Lernmöglichkeiten, um seine Sprache zu verfeinern. Jedes Kind lernt so auch aus eigenem Antrieb. Als Eltern können wir das nutzen und es dabei unterstützen.

Verbesserte Artikulation

Parallel zur geistigen Entwicklung verbessert sich auch die Artikulation der Laute bei deinem Kind. Es kann jetzt im Alter von 20 bis 24 Monaten die Laute /w/, /f/, /t/, /d/, /l/ und /h/ aussprechen, was vorher noch nicht oder nicht so gut gelang.

Ein ausreichender Wortschatz und die Fähigkeit, Äußerungen zu verstehen und sich sprachlich mitzuteilen, sind wesentliche, aber nicht alleinige Voraussetzungen für eine gelingende Kommunikation. Darüber hinaus gehört zur kommunikativen Kompetenz noch eine weitere Fähigkeit, die dein Kind benötigt, nämlich die Fähigkeit, sich auf ein Gesprächsthema zu fokussieren. Damit ist die gemeinsame Aufmerksamkeit für eine Sache gemeint. Das ist etwas, das dein Kind ja schon seit geraumer Zeit übt. Du kannst es in dieser Kompetenz unterstützen, indem du eine zugewandte Gesprächspartnerin beziehungsweise ein zugewandter Gesprächspartner bist, aufmerksam zuhörst, Blickkontakt hältst, das Kind freundlich anlächelst, wenn es etwas sagt, und es zum Weiterreden ermutigst, Fragen stellst sowie aktiv und interessiert mitspielst. Denk daran, dein Mitspielen und deine Handlungen immer sprachlich zu begleiten und „laut zu denken“. Mit dem Anwachsen des Wortschatzes deines Kindes wachsen auch seine Fähigkeiten, Mehrwortsätze zu bilden. Die Grammatik wird beim Bau der ersten Sätze übrigens noch außer Acht gelassen. Der korrekte Aufbau der Sätze entwickelt sich erst nach und nach. Dafür beherrscht es unterschiedliche Laute wie /m/, /b/, /p/, /d/ und ahmt mit Freuden Tierstimmen nach. Das „Miau“, „Wau-wau“ und „Brrrr“ fördern die Mundmotorik und Lippenmuskulatur. Es hat Spaß am gemeinsamen Aufräumen, am Ein- und Auspacken. Es zeigt zudem großes Interesse an Gesprächen, bringt sich im Rahmen seiner sprachlichen Möglichkeiten aktiv ein und stellt Zweiwortfragen. Auch kann es Aufforderungen, wie „Nein, nicht, das ist heiß“, richtig einordnen und spiegelt wichtige Satzbausteine, wie „nein, „neien“, „eiß“, „aua“ sprachlich zurück.

Zudem kommt dein Kind jetzt in ein Alter, in dem es dir „Löcher in den Bauch" fragt. Seine Neugier ist entfacht, und es möchte ganz bewusst bestimmte Begriffe, Namen und Zusammenhänge wissen. Nutze darum die vielen „Is das?" für kleine Dialoge mit deinem Kind.

MEILENSTEINE 2 JAHRE

Äußern

Der Wortschatz deines Kindes wächst von 50 Wörtern bis zum Ende des zweiten Lebensjahres auf 200–250 Wörter rasant an. Das Kind spricht in Zwei- und Dreiwortsätzen. Es kann Wörter mit Konsonanten bilden und beherrscht die Laute /m/, /b/, /p/, eventuell auch schon /d/, /f/, /l/, /n/, /t/, /w/, und ahmt Tiere nach. Die Bezugspersonen benennt es mit Namen.

Verstehen

Das Kind kann Eigenschaften wie schön, lieb, heiß, weich usw. einordnen und verstehen. Es kann zwei Bitten nachkommen, wie: „Hol den Ball und leg ihn in den Korb."

Im Dialog

Das Kind kann Fragen mit ein bis zwei Wörtern stellen und möchte kommunizieren. Es versteht Aufforderungen und bringt sich aktiv ins Gespräch ein. Fragt man es nach seinem Namen, versteht es die Frage und antwortet entsprechend.

Spielideen

ab 24 Monate

Verstecken und Wiederfinden

Funktions- und Versteckspiele sind für Zweijährige wichtige Spielformen. Gerade das Verstecken ist die erste und einfachste Spielhandlung von Kleinkindern, lange Zeit auch die, die sie am meisten fasziniert. Es lebt von der Spannung und Vorfreude auf das Wiederfinden. Verstecken Kinder sich selbst, können sie das schöne Gefühl, nach einer Trennung wieder in die Arme der Eltern zu kommen, intensiv durchleben. Ähnlich ist es auch beim Suchen und Wiederfinden von Gegenständen. Nutze **Schuhkartons, Körbe, Dosen** oder **Schachteln**, um Gegenstände für dein Kind darin zu verstecken. Auch in verschiedenen Zimmern oder draußen kannst du Anreize schaffen, indem du beispielsweise **Eimer** hinstellst, damit dein Kind dann nachsehen kann, was sich darunter befindet.

ab 24 Monate

Sachen verstecken als Tischspiel

Hierfür brauchst du **sechs unterschiedlich farbige Plastikschalen** und **sechs kleine Figuren** oder **Gegenstände** zum Verstecken, es können auch **Bildkarten** sein. Stelle die Schalen umgedreht auf den Tisch und lege auf jede einen der Gegenstände, sodass dein Kind alle sieht. Danach versteckst du die Gegenstände unter den Schalen. Dein Kind kann nun auf Schatzsuche gehen. Entweder so, wie es will, indem es einfach die Schalen umdreht, oder indem du nach Gegenständen fragst: „Weißt du, wo sich das Feuerwehrauto versteckt hat?“ Oder: „Was haben wir unter die blaue Schale gelegt?“ Als Variation kannst du einen Farbwürfel dazunehmen. Würfelt nun aus, welche Farbe die Schale hat, die dein Kind umdrehen kann, um zu entdecken, was darunter versteckt wurde.

ab 24 Monate

Sachen verstecken als Hörspiel

Wo ist der **Wecker**? Wo ist das **Handy**, das Musik abspielt? Wo hat der Papa oder die Mama sich mit dem **Topf** versteckt, auf den er beziehungsweise sie schlägt? Verstecke einen laut tickenden Wecker oder dein Musik abspielendes Handy im Wohnzimmer, in der Küche oder im Flur. Nun gehst du mit deinem Kind auf „Schatzsuche“. Es muss nur über das Gehör den versteckten Gegenstand wiederfinden. Du kannst den Suchprozess durch kleine Hinweise oder Fragen steuern und begleiten. Zudem sucht dein Kind auch über genaues Hinsehen. Wenn sich deine Partnerin oder dein Partner gleich mit versteckt, wird das Wiederfinden zum emotionalen Erlebnis. Sehen und Hören wird bei diesem Spiel besonders herausgefordert und trainiert. Beides ermöglicht deinem Kind den Zugang zu Büchern und Geschichten.

ab 24 Monate

Drunter und Drüber auf dem Sofa im Wohnzimmer

Lass das **Sofa** zur Bewegungs- und Kissenlandschaft werden. Eine **dicke Decke** und allerlei **Schaumstoffobjekte** fordern die motorischen Fähigkeiten deines Kindes heraus und fördern diese gleichzeitig. In deinem

Beisein kann dein Kind gefahrlos austesten, wie stabil oder instabil eine Konstruktion ist, wie sich der eigene Körper zum Kissen oder Sofa verhält, wie die Schwerkraft wirkt und wie es sich geschickt abrollen kann.

Du kannst sein experimentelles Tun sprachlich begleiten und zum Beispiel die Präpositionen benennen, wenn dein Kind *auf* dem Sofa hüpft, *unter* die Decke schlüpft, *hinter* dem Sofa verschwindet oder das rote Kissen *über* den Kopf hebt. Zudem macht dein Kind auf diese Weise unterschiedliche Raumlage-Erfahrungen und trainiert neben seinem Gleichgewichtssinn auch seinen Mut: „Traue ich mich, hier hinunter zu springen oder zu rollen?" Das Sichfortbewegen und An-einen-Platz-Gelangen - für 2-jährige Kinder schon Routine - kann durch Kissen, Decken und Schaumstoffblöcke zu anspruchsvollen Bewegungsaufgaben führen. Die körperliche Geschicklichkeit wird vielfältig gefordert, und gleichzeitig werden veränderte Raumwahrnehmungen mit Spaß, Freude und mundmotorischer Begleitung wie Juchzen, Kreischen, Quieken erlebt. Dies trainiert die Aussprache und fördert die Mundmotorik. Wenn du dies auch noch sprachlich begleitest oder mit Impulsen anreicherst, ist kindliches Lernen sehr umfassend.

Materialideen für eine Wohnzimmerkissenlandschaft:

- **flexible Matten** (Iso- oder Yogamatte);
- **Wolldecken** und **Schaumstoffblöcke** (Abfallstücke gibt es kostenfrei als Verpackungsmaterial bei Möbelgeschäften);
- **Softbausteine** (günstig im Handel);
- **weiche Dinge** zum Darunterlegen (Wasserball, Luftballons oder Schlafrolle);
- **Kissen** jeglicher Größe.

ab 24 Monate

Sprachbegleitende Aktionsspiele

Aktionsspiele knüpfen an die Lust an, Dinge auszuprobieren. Sie befriedigen den Entdecker- und Forscherdrang deines Kindes und laden es ein, aktiv und selbstwirksam zu werden. Neben Konzentration, Ausdauer und Durchhaltevermögen werden auch die Feinmotorik und die Hand-Augen-Koordination stark gefördert.

Die Materialien für diese Spiele kommen aus dem Alltag. Es können so **einfache Gegenstände** wie **Schöpfkellen, Zuckerwürfelzangen, Löffel, Teesiebe, Kastanien, Walnüsse, Perlen, Knöpfe**, bunte **Pompons** und vieles mehr sein. Ganz wunderbar eignen sich auch leere **Pralinenschachteln, Eierkartons** oder **Pappschälchen** für Pommes. Das kostet alles sehr wenig und kann kreativ bespielt werden.

Lass dein Kind zum Beispiel Knöpfe in einen Eierkarton einsortieren oder Walnüsse mit der Zuckerzange in ein Kästchen füllen. Dabei übt dein Kind Handlungen, die es im Alltag braucht.

Ein aufgeschnittener **Tennisball**, auf den du zwei **Wackelaugen** klebst, wird zum kleinen „Erbsenfresser“, den dein Kind mit **Erbsen, Linsen** oder **Reis** füttern kann. Es ahmt so Handlungen nach und trainiert gleichzeitig seine Handgeschicklichkeit. Zudem begleitet es seine Handlung in der Regel auch sprachlich.

Nicht alles wird auf Anhieb klappen, darum trainieren die Fehlversuche auch die Frustrationstoleranz, bis sich letztendlich das Erfolgserlebnis einstellt. Interessant ist, dass dein Kind nicht aus einem ästhetischen Interesse oder aus Freude am Aufräumen die Dinge sortiert. Vielmehr steckt das immerwährende Bedürfnis deines Kindes dahinter, Eindrücke zu ordnen, um die Welt zu verstehen oder sie überschaubar zu machen.

ab 24 Monate

Erste Rollenspiele

Im Alter von 2 Jahren liebt es dein Kind, Tätigkeiten der Erwachsenen nachzuahmen und sich zu verkleiden.

Es schlüpft zum Beispiel in deine Schuhe, hängt sich Tücher um und schleppt deine Aktentasche durch die Wohnung. Nutze dieses Interesse für kleine Rollenspiele. Spiele mit deinem Kind einkaufen oder seid zusammen Feuerwehrleute, die mit dem Einsatzwagen losfahren. **Ausrangierte Schuhe, Taschen** oder **Tücher**, eine kleine **Kinderküche**, eine **Plastikwerkbank** oder ein **Kaufmannsladen** sind jetzt tolle Requisiten für das Spiel. Sie bieten wertvolle Sprachanlässe, wenn du mitspielst und so das Spiel deines Kindes bereicherst.

Mehr wissen

Bücher:

- Susanne Gernhäuser: *Sachen suchen: Bei den Tieren*, ab 2 Jahre, Ravensburg: Ravensburger 2014.
- Stefan Seidel: *Das große Auto-Wimmelbuch*, ab 2 Jahre, Berlin: Wimmelbuchverlag 2013.
- Carla Häfner: *Mein Zoo Gucklochbuch*, Ravensburg: Ravensburger 2017.

Die Macht der Sprache

Ab 2½ Jahren nimmt der Wortschatz deines Kindes rapide zu. Es wird nun sehr kreativ und erschafft eigene Wörter. Es sagt jetzt beispielsweise „Ammelmuchen" für Apfelkuchen, „Pimama" für Pyjama oder „Snuffelluscha" zu seinem Schnuffeltuch. Vielleicht solltest du jetzt das „Erste-Wörter-Tagebuch" deines Kindes wieder herauskramen und eine neue Rubrik anlegen: „Eigene Wörter". Es wird ein Spaß für euch beide sein, wenn du diese Liste mit deinem Kind anschaust, wenn es 5 oder 6 Jahre alt ist. Ich verspreche dir schon jetzt, ihr werdet sehr viel lachen.

Zur Mitte des zweiten Lebensjahres weitet dein Kind seine Satzkonstruktionen auf ungeformte Mehrwortsätze aus, das bedeutet, es wendet zwar noch keine oder nur wenige Regeln beim Bau seiner Sätze an, beginnt jedoch damit mehr als zwei Wörter aneinanderzureihen. Außerdem bemerkt es, dass bestimmte Wörter im Satz angepasst verwendet werden können. Es sagt zum Beispiel nicht „groß Kuh", sondern „großes Kuh", was zwar nicht richtig ist, jedoch aufzeigt, dass dein Kind beginnt, sprachliche Regeln wahrzunehmen. Dieses Anpassen der Wörter ist ein weiterer Meilenstein in seiner Sprachentwicklung. Dein Kind entdeckt nun die Grammatik, die Königsdisziplin unserer Sprache.

Die Entdeckung des Ichs

Dein Kind hat jetzt aber nicht nur eine erste Idee von Grammatik, sondern es entwickelt sich zu dieser Zeit auch sein Ichbewusstsein. Anzeichen dafür entdeckst du, wenn dein Kind sich im Spiegel wiedererkennt und sprachlich in die „Ich-Form" wechselt. Statt „Samira Saft haben" sagt es nun: „Ich Saft haben." Mit diesem Entwicklungsfortschritt setzt zudem die Gewissensbildung ein, denn jetzt reagiert dein Kind verlegen, wenn es zum Beispiel etwas getan hat, das es nicht hätte tun sollen. Diese Verlegenheit oder auch dieses „schlechte Gewissen" bedeutet, dass deinem Kind bewusst wird, dass sein Tun eine Wirkung hat.

Die Autonomiephase

Mit der Entdeckung des eigenen Ichs beginnt auch die Trotzphase, heute Autonomiephase genannt. Für Eltern kann das Stress bedeuten. Denn jetzt nutzt dein Kind seine sprachlichen und nicht sprachlichen Mittel, um lautstark aufzuzeigen, wenn es etwas will oder auch nicht will. Der eigene Wille bahnt sich seinen Weg, wenn dein Kind anfängt, sich zu verweigern oder mit dir um Kleidung, Essen, Fernsehschauen oder Insbettgehen streitet. Das macht es jedoch nicht, um dich zu ärgern oder zu provozieren, sondern um seine Meinung zu vertreten und die eigenen Bedürfnisse zu verdeutlichen. Das ist wichtig für seine weitere sprachliche und vor allem emotionale Entwicklung. Sei darum auch weiterhin wohlwollend an seiner Seite und bedenke, wann du nachgeben und wann du standhaft sein willst, um konsequent zu handeln. Denn auch Konsequenz braucht dein Kind, um Sicherheit und Verlässlichkeit zu spüren. Denn letztendlich ist jedes Verhalten deines Kindes immer auch eine Frage an dich als Bezugsperson, wie verlässlich du bist.

Dein Kind kann nun fast alle Laute artikulieren, wenn auch noch nicht alle Lautverbindungen. Seine Zungenkoordination hat sich so gut weiterentwickelt, dass es alle Nasallaute (/m/, /n/ und Ähnliches) sprechen kann. Das ist wichtig, denn beim Nasallaut entweicht die Luft nicht durch den Mund, sondern durch die Nase, das stellt besondere Anforderungen an die Sprechwerkzeuge. Als letzte Einzellaute erwirbt dein Kind die Rachenlaute /k/, /g/, /ch/, /r/, die, wie der Name schon sagt, im Rachen gebildet werden.

Jeden einzelnen unterschiedlichen Laut zu produzieren ist eine kleine Meisterleistung, da sich bei jedem Laut die Stellung der Zunge im Mund verändert und auch das Schlucken und Luftholen mit der Produktion des Lautes kombiniert werden muss. Das braucht seine Zeit, da die Mund- und Zungenmotorik erst reifen muss. Daher entwickeln sich die Laute nacheinander über mehrere Monate und sind nicht sofort alle auf einmal von deinem Kind sprechbar. Das gilt auch für die Lautproduktion von Vokalen und Konsonanten wie /t/, /k/, /p/. Alexandra Zepter vom Institut für Deutsche Sprache und Literatur an der Universität Köln beschreibt die Fähigkeiten, die nötig sind, um Vokale zu bilden, so: „Vokale unterscheiden sich durch die Art des ‚Klangkörpers' voneinander, den wir in unserem Mund- und Rachenraum bilden. So wird ein ‚U' wie in ‚Ufer' im hinteren Teil des Mundraums mit gerundeten Lippen gebildet, während ein ‚E' wie in Esel im vorderen Teil ohne Lippenrundung entsteht."[13] Das ist ganz schön komplex. Umso erstaunlicher ist es, dass dein Kind es selbstverständlich und wie von selbst innerhalb von nur 30 Monaten lernt. Darüber hinaus hat dein Kind inzwischen auch den Zusammenhang von Person und Gegenstand verinnerlicht. Darum passt es seine spielerischen und sprachlichen Aktivitäten entsprechend an. Es wechselt vom Funktionsspiel ins Konstruktions- und So-tun-als-ob-Spiel. Es füttert zum Beispiel die Puppe, weil sie Hunger hat, oder bringt den Teddy zu Bett, weil der müde ist. Dieses So-tun-als-ob-Spiel wird von deinem Kind sprachlich mit kurzen Sätzen begleitet. Selbst erlebte und vertraute Alltagssituationen wie essen, gewickelt werden, sich anziehen, schlafen gehen werden von deinem Kind sprachlich wie spielerisch aufgegriffen und nachgespielt. Es ahmt jetzt auch Tiere im Spiel oder Tätigkeiten von dir nach und will unbedingt alles selbst machen. Mit der kognitiven und sprachlichen Reifung geht zudem die Persönlichkeitsreifung einher. Ein guter Zeitpunkt, um sich vom geliebten Schnuller zu verabschieden.

Gesunde Zähne, richtige Aussprache

Weltweit benutzen Kleinkinder einen Beruhigungssauger, auch Nuckel oder Schnuller genannt. Auch dein Kind hat bestimmt mindestens einen, wahrscheinlicher aber ein ganzes Dutzend von diesen kleinen Beruhigungssaugern, die überall in der Wohnung verteilt sind. Wie der Name schon sagt, sollen sie beruhigen. Sie helfen beim Einschlafen und bringen deinem Kind in unkomfortablen, stressigen oder schmerzhaften Situationen Erleichterung. Im ersten Lebensjahr überwiegen bei der Verwendung eines Beruhigungssaugers noch die Vorteile. Jedoch ab dem zweiten Jahr und vor allem dann, wenn die Wortschatzexplosion einsetzt, sind sie oft hinderlich, vor allem wenn sie tagsüber benutzt und über längere Zeit verwendet werden.

Manchmal sieht man Kleinkinder im Alter von 30 Monaten, die in U3-Gruppen mit ihrem Schnuller im Mund herumtollen. Sie behalten ihn auch beim Spielen im Mund und versuchen, mit ihm zu sprechen. Das gelingt nur schwer und ist zudem nicht von Vorteil: Das Kind wird in seiner sprachlichen Ausdrucksfähigkeit nicht nur eingeengt, sondern regelrecht behindert. Zudem erfüllt der Nuckel so auch nicht mehr seinen Job. Statt zu beruhigen, wird er zur Dauerstimulation. Und das hat Folgen.

Schnuller oder Daumen?

Der Schnuller ist dem Daumen immer vorzuziehen, da das Lutschen am Daumen zu Kieferverformungen führen kann. Allerdings ist ein längerfristiges Nuckeln am Schnuller auch nicht gut: Neben einer ungünstigen Wirkung auf die Sprachentwicklung hat die regelmäßige Verwendung des Nuckels auch nachteilige Konsequenzen für die Zahn-, Mund- und Kieferentwicklung der Kinder sowie für deren mundgesundheitsbezogene Lebensqualität. So kann das Nuckeln zu einem frontal offenen Biss, einem sogenannten lutschoffenen Biss, führen, bei dem sich Lücken zwischen den Schneidezähnen bilden. Auch sind eine vergrößerte Frontzahnstufe mit hervorstehenden Oberkieferschneidezähnen („Hasenzähne"), seitlicher Kreuzbiss sowie ein hoher und schmaler Gaumen die signifikantesten Veränderungen, die bei lang andauernder Verwendung eines Nuckels über den dreißigsten bis sechsunddreißigsten Lebensmonat hinaus entstehen können.[14]

Aus eigener Erfahrung weiß ich, wie schwer es ist, ein Kind vom Nuckel zu entwöhnen. Versuche bitte dennoch dafür zu sorgen, dass dein Kind in diesem Alter (zumindest tagsüber) keinen Schnuller nutzt. Am besten sollte dies abgeschlossen sein, bevor dein Kind in die nächste Sprachwelt, also ins Kindergartenalter (3–5 Jahre) wechselt. Die Bezugserzieherin deines Kindes unterstützt dich und dein Kind dabei bestimmt. Ich kenne viele Kitas, die dafür wirklich achtsame, kindorientierte Rituale zur Entwöhnung erdacht haben. Komm mit deiner Erzieherin darüber ins Gespräch und nutze ihre Kompetenz und Hilfe bei dieser Herausforderung. Eltern müssen das nicht allein hinbekommen.

Achte auch auf eine gute Zahngesundheit deines Kindes. „Gesund beginnt im Mund" lautet ein altbewährter Spruch, der sich immer wieder bewahrheitet. Denn jedes Kind benötigt gesunde Zähne, eine gesunde

Zunge wie auch einen genauso gesunden Mundraum, um Laute zu bilden und gut artikuliert zu sprechen. Putze darum die Zähne deines Kindes vom ersten Zahn an und beteilige dein Kind im wachsenden Maße daran. Überlegt euch vielleicht einen witzigen Zahnputzspruch und nutzt das Zähneputzen so auch gleich für eine kleine Spracheinheit. Auch wenn dein Kind immer selbstständiger wird: Denk daran, dass du die Zähne deines Kindes immer nachputzt, denn ganz ohne deine Hilfe schafft es das noch nicht, auch wenn es bestimmt das Gegenteil beteuert.

Eine gute Möglichkeit, das Zähneputzen zu einer sprachförderlichen Aktion zu machen, ist eine kleine Zahnputzgeschichte, die du immer vor, nach oder während des Zähneputzens erzählst und die so zu einem kleinen Ritual wird. Denn bereits 2-jährige Kinder lieben Geschichten, die ihren Ursprung im täglichen Leben haben. Erzählungen vom Spielplatzbesuch am Nachmittag, in denen sich dein Kind selbst erkennt, sind genauso spannend wie ein Erlebnis beim Einkaufen mit dem Opa oder eben das tägliche Zähneputzen. Hauptdarsteller ist immer dein Kind. Wichtig ist nur, dass du die Geschichte einfach, kurz und klar erzählst.

MEILENSTEINE 30 MONATE

Äußern

Der Wortschatz wächst weiter, und das Kind nutzt diese Kompetenz für kreative Wortschöpfungen, wie beispielsweise „Jogit“ für „Joghurt“ oder „Brotmümmel“ statt „Brotkrümel“. Die Sätze umfassen drei bis vier Wörter, Verben stehen oft noch in der Grundform („Leon auch essen“). Die Syntax (Anordnung der Wörter im Satz) richtet sich nach dem Erleben des Kindes, wird aber vom Erwachsenen gut verstanden: „Mia auch sälft noch.“ Die Zungenkoordination ist so weit entwickelt, dass sowohl Nasallaute als auch Rachenlaute wie /k/, /g/, /ch/, /r/ gebildet werden.

Verstehen

Das Kind versteht komplexe Aufforderungen und kann diese ausführen. Auch absurde Fragen wie „Soll Mami auch eine Pampers anziehen?“ werden erkannt, da das Kind eine innere Vorstellung des Geschehens aufbauen kann. Das Kind kann daher auch Nein sagen, ohne das Geforderte vorher ausprobieren zu müssen.

Im Dialog

Ein Gespräch beziehungsweise eine Interaktion ist mit dem Kind gut möglich, die Satzlänge und die Wörter müssen jedoch an das Alter des Kindes angepasst sein.

Spielideen

ab 30 Monate

Geschichtensäckchen

Fülle ein kleines **Beutelchen** mit **Kunststoff-, Stoff-** oder **Holzfiguren** und erzähl mithilfe der Figuren deinem Kind eine kurze Geschichte. Der Vorteil hierbei: Durch das Spiel mit den Figuren machst du sichtbar, was du erzählst, dein Kind kann das sehen und es kann sich aktiv beteiligen. Solche Geschichten bieten sich auch an, um Handlungen nicht nur zu beschreiben, sondern um sie auch zu begründen. Zum Beispiel kannst du das Püppchen bewegen, als wenn es geht, und dabei sagen: „Schau, der Junge geht nach Hause, weil es schon spät ist“ oder: „... weil es gleich dunkel wird.“

ab 30 Monate

Handpuppenspiele

Nutze kleine **Fingerpuppen** aus Stoff, Waschhandschuhe oder Handpuppen für kleine Dialoge mit deinem Kind. Wenn du mit deiner Stimme arbeitest - mal lauter, mal leiser, höher oder tiefer -, entsteht schnell ein inniger und lebhafter Dialog. Kleine Geschichten kannst du mit diesen Hilfsmitteln sehr anschaulich erzählen.

ab 30 Monate

Musik machen mit selbst gebastelten Instrumenten

Bastele mit deinem Kind kleine Musikinstrumente und begleite so Lieder rhythmisch. Die meisten Kinder in diesem Alter lieben es, Klänge und Geräusche zu produzieren.

- Klingende Röhren, auch Regenmacher genannt, eignen sich für leise Klänge. Du nimmst dazu zum Beispiel die **Pappröhre** einer Haushaltsrolle, drückst ein paar **Nägel** hinein und befüllst das Rohr mit **Reiskörnern**. Danach verklebst du die Enden mit einem Stück **Pappe** und umwickelst das ganze Rohr mit buntem **Klebeband**. Die Reiskörner rieseln im Inneren über die Nägel und erzeugen ein schönes Geräusch, das an Meeresrauschen erinnert. Solch ein Instrument kannst du prima bei einer Gutenachtgeschichte oder einem Schlaflied einsetzen.

- Rasseln aus Joghurtbechern: Fülle zwei leere **Joghurtbecher** mit **Erbsen**, klebe sie mit den Öffnungen aufeinander und verziere sie bunt gemeinsam mit deinem Kind. Das macht nicht nur Spaß, sondern ist auch ein idealer Moment für einen Plausch über die Farben, Schnipsel und Weiteres.

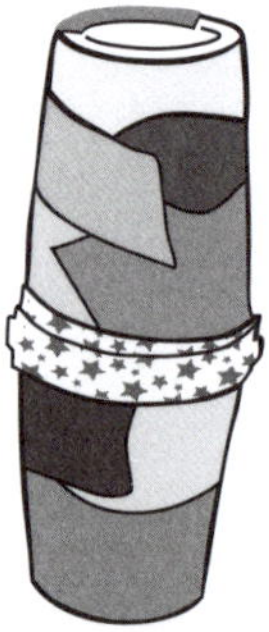

- Rassel aus Flaschen: Fülle in eine leere **Trinkflasche Büroklammern** hinein. Verschließe die Flasche mit einem Schraubverschluss und verklebe ihn.

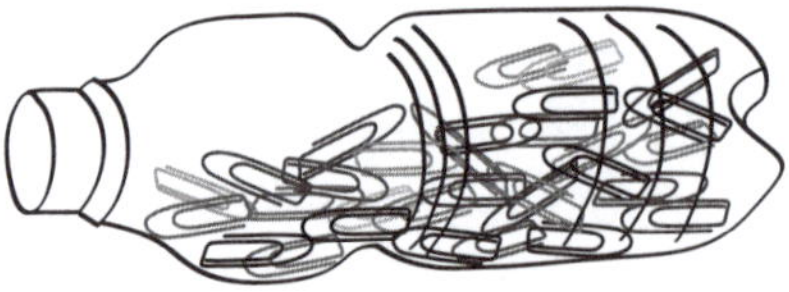

- Stabrassel oder Schleuderrassel: Bohre zwei Löcher in die Seitenwand einer **Blechdose mit Deckel**. Ziehe durch jedes Loch eine **Schnur** und verknote sie innen. Binde an das Ende der Schnüre je eine **Perle**. Stecke nun einen Stock durch die Dose. Um ihn zu fixieren, kannst du eine kleine **Schraube** oder einen **Korken** verwenden.

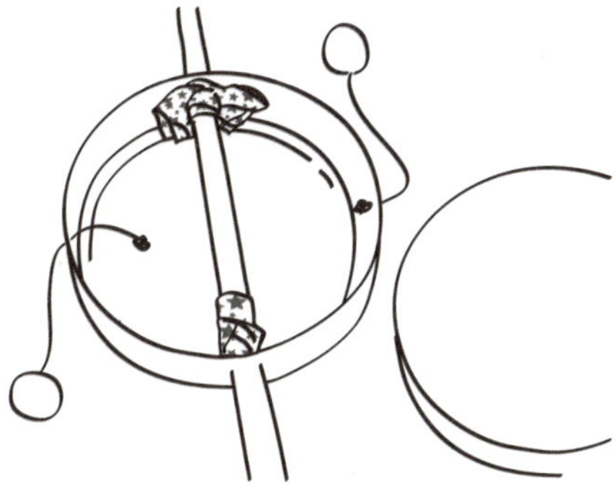

ab 30 Monate

Veranstaltet Hauskonzerte

Wenn du mit deinem Kind einige kleine Instrumente gebastelt hast, ist die Zeit reif für ein kleines Hauskonzert. Singt und musiziert gemeinsam. Lieder stimulieren die Motorik deines Kindes, da sie nicht nur zum Mitsingen (Mundmotorik), sondern auch zum Klatschen, Stampfen und Tanzen (Grobmotorik) einladen. Wenn dein Kind zudem ein kleines Musikinstrument einsetzt, wie zum Beispiel eine **Schleuderrassel**, wird gleichzeitig auch die Motorik der Hände (Feinmotorik) trainiert. Durch die Vielfalt der Lieder und damit auch der Wörter und Töne, die dein Kind wahrnimmt und beim Singen auch aktiv produziert, werden seine Zungen-, Lippen- und Kieferbewegungen trainiert. Das Singen unterstützt dein Kind zudem, seine Sprachmelodie auszubauen. Auch das Sprechtempo und die Betonung werden auf diese Weise positiv beeinflusst.

Singe mit deinem Kind auch „alte“ Kinderlieder, Klassiker wie „Häschen in der Grube“, „Es klappert die Mühle am rauschenden Bach“ und Ähnliches. Diese Lieder transportieren sehr gut das deutsche Sprachmuster.

ab 30 Monate

So tun, als ob

So-tun-als-ob-Spiele sind sehr gute Möglichkeiten, um gemeinsam mit deinem Kind in dessen Sprach- und Erlebniswelt einzutauchen, an seinen Gedanken teilzuhaben, mit ihm zu sprechen und in Dialog zu kommen. Hierbei kannst du aus dem Vollen schöpfen und alles nutzen, was dir oder deinem Kind in die Hände fällt. Ein Baustein wird zum Handy, und schon wird lostelefoniert; zwei, drei Plastiktöpfe werden zum Herd: „Mh, was gibt es Leckeres zu essen?“; eine alte Plastikschüssel wird zur Badewanne für die Puppe: „Ui, schau mal, wie das Baby planscht“.

Begleite deine Spielhandlungen und die deines Kindes sprachlich, nutze kleine Frage-Antwort-Sequenzen und Ähnliches. Die Hauptsache ist, es macht dir und deinem Kind Spaß.

ab 30 Monate

Lest gemeinsam Wimmelbücher

Wimmelbücher sind in diesem Alter für dein Kind besonders reizvoll. Du kannst sie auch sprachförderlich verwenden. Schau sie mit deinem Kind an und nutze sie für Sprachspiele wie „Ich sehe was, was du nicht siehst“ oder für Frage-Antwort-Spiele: „Siehst du den Bagger?“, „Zeig mal den Teddy?“, „Oh, was ist das denn?“ und Ähnliches.

ab 30 Monate

Malt gemeinsam

Malen eignet sich sehr zur Sprachförderung, weil du ganz unmittelbar auf das eingehen kannst, was dein Kind malt, auch wenn es noch ein bisschen unbeholfen ist. Frage es, was es da malt - vielleicht entsteht ja ein kleines Gespräch über Träume, Wünsche, neue Freunde oder Ähnliches daraus. Auch du selbst kannst natürlich malen. Auf diese Weise wirst du für dein Kind zum Ideenlieferanten: Es betrachtet, was du malst, benennt die verschiedenen Dinge und erzählt dir dazu vielleicht eine kleine Geschichte. Oder du erzählst anhand deines Bildes etwas.

Mehr wissen

Bücher:

- Helga und Kathrin Elsner: *Handpuppen für Kinder zum Spielen und Kuscheln*, Dietzenbach: ALS-Verlag 2000.
- Marty Allen: *Bekloppte Socken: 35 schräge Handpuppen ruckzuck selbst gemacht*, Igling: Edition Michael Fischer 2013.
- Doris Rübel: *Ängstlich, wütend, fröhlich sein*, Ravensburg: Ravensburger 2010.
- Doris Rübel: *Helfen, teilen, sich vertragen*, Ravensburg: Ravensburger 2019.
- Daniela Prusse: *Heute, morgen, jetzt und gleich*, Ravensburg: Ravensburger 2016.

Audio-CD:

- *30 tolle Kinderlieder. Die Klassiker*, Köln: Rough Trade, U16 2015.

Fragen: Spiegel des Sprachverständnisses

Mit dem Erwerb der Fragepronomen beziehungsweise Fragewörter wie, was, wer, warum wird die nächste Entwicklungsphase eingeläutet: Dein Kind kommt in das zweite Fragealter. Dies geschieht meistens im Alter zwischen 2½ und 3 Jahren. Dein Kind will jetzt nicht nur Gegenstände benennen können, sondern auch wissen, wie sie funktionieren. Sicher kennst du daher solche Dialoge zur Genüge:

„Machst du da?“
„Ich gieße die Blumen.“
„Warum?“

„Is das?“
„Das ist ein Lockenstab. Damit macht die Mami sich die Locken in die Haare.“
„Warum?“

Du schmunzelst? Ja, das kann ich gut verstehen. Und doch kann dieses „Warum, warum, warum?“ Eltern irgendwann zu viel werden. Doch diese ersten Warum-Fragen sind Einladungen an uns, weiterzuerzählen, und so sollten wir sie auch verstehen und damit umgehen. Es geht deinem Kind nicht um eine einfache Erklärung. Vielmehr möchte es mehr wissen. Es will den Phänomenen, Rätseln und Undurchschaubarkeiten seiner kleinen Welt auf den Grund gehen. Das macht es zunächst über das „Warum“. Es dauert sehr lange, bis dein Kind Fragewörter richtig einordnen und somit auch anwenden kann. Fragewörter richtig zu benutzen, somit Fragen zu stellen und im Gegenzug auch die dazugehörigen Antworten zu geben, gehört zu den schwierigsten Dingen, die dein Kind für die Verständigung mit anderen Menschen lernen muss.

Um eine Frage zu verstehen und beantworten zu können, braucht dein Kind die Fähigkeit der inneren Vorstellung und des zeitlichen Perspektivwechsels. Ein Beispiel: Bei der Frage „Wo ist der Ball" muss dein Kind zuerst an den Ball denken, sich also ein inneres Bild davon aufrufen, um sich dann zu erinnern (zeitlicher Rückblick), wann es wo mit dem Ball gespielt hat oder wo der Ball vielleicht hingerollt ist. Stellst du die Frage im Kontext einer Spielsituation, also unmittelbar, wenn der Ball gerade unter das Sofa gerollt ist, kann dein Kind diese Frage wahrscheinlich sehr leicht beantworten. Stellst du die Frage aber einen Tag später, weil ihr den Ball sucht, muss sich dein Kind an jene Spielsituation im Wohnzimmer erst erinnern. Es muss sich also ein inneres Bild von der Situation und dem Ball machen, um dann auf deine Frage zu antworten. Erschwerend wäre es, wenn ihr mehrere Bälle besitzt. Denn dann müsste dein Kind auch noch eine Differenzierung bei seiner Vorstellung vornehmen, da du allgemein gefragt hast: „Wo ist der Ball?" Für dein Kind wäre es leichter, sich zu erinnern und somit auch deine Frage zu beantworten, wenn du fragen würdest: „Wo ist der rote kleine Ball, mit dem wir gestern gespielt haben?"

Ähnlich geht es deinem Kind, wenn es an dich eine Frage richtet. Es muss sich erst ein inneres Bild von dem machen, was es wissen will, es muss also eine Vorstellung dazu entwickeln, um dann eine Frage dazu formulieren zu können. Eine Frage zu beantworten und eine Frage zu stellen ist beides sehr herausfordernd für dein Kind. Darum braucht es eine gewisse kognitive Reifung, der bestimmte neuronale Strukturen und Schaltungen im Gehirn zugrunde liegen, um das tun zu können. Fragen und auch der richtige Gebrauch der Fragewörter wie „was?", „wer?", „wo?", „warum?" erfordern von deinem Kind einen geistigen Entwicklungsschritt auf einem viel höheren Niveau als das bloße Benennen von Dingwörtern wie Auto, Ball oder Saft.

An der Art der Fragen, die dein Kind dir stellt, kannst du zudem erkennen, dass es sich weiterentwickelt hat. So fragt es dich jetzt nicht nur: „Was ist das?", sondern auch: „Was machst du da?" Daran erkennst du sein Interesse an deinem Tun, der Handlung oder dem Sachverhalt.

Hier zeigen sich die Neugierde deines Kindes und sein Kontaktangebot an dich. Bis dein Kind so weit ist, andere Fragewörter zu nutzen, nimmt das „Warum“ eine besondere Stellung ein. Der Pädagoge Werner Radigk geht davon aus, dass Warum-Fragen für Kinder unterschiedliche Bedeutungen haben und sich in zwei Kategorien einteilen lassen: Sie fragen entweder nach den Ursachen oder nach dem Zweck.[15]

In der Regel stellen Kinder im Alter von 2½ bis 3 Jahren Zweckfragen. Sie wollen wissen, was „das da“ ist, oder suchen nach einer einfachen Erklärung, wozu „das da“ da ist. Wenn dein Kind auf einen Handstaubsauger zeigt und fragt: „Was is das?“ und auf deine Antwort - „Ein Handstaubsauger“ - weiterfragt: „Warum saugt der?“, dann möchte es keine technische Erklärung, wie so ein Handstaubsauger genau funktioniert. Vielmehr geht es ihm um eine verständliche Erklärung, was der Zweck des Gegenstands ist, was der Sauger also tut: „Der saugt hier die ganzen Krümel von unserem Sofa, schau mal. Wenn ich hier drücke, dann saugt der die Krümel auf. Willst du das auch mal probieren?“

Während dein Kind zwar munter „Warum?“ fragt, kann es in diesem Alter selbst noch keine Warum-Fragen beantworten, da es sie noch nicht versteht. Wenn du zum Beispiel fragst: „Warum hast du dem Samy die Schippe weggenommen?“, dann wird dein Kind keinen Grund nennen können. Denn um diese Frage richtig und angemessen beantworten zu können, brauchte es die Fähigkeit der „Fremdperspektiv-Übernahme“, es müsste also gedanklich aus der Situation heraustreten können, um zu überdenken, was es wollte, um dies dann mit dem abzugleichen, wie es sich verhalten hat und wie es dem anderen Kind dabei ging. Ein derart komplexes Denken ist jedoch zwischen dem zweiten und dritten Lebensjahr noch nicht möglich. Noch ist dein Kind ichbezogen. Es kann zwar schon Zusammenhänge von Ursache und Wirkung erkennen, kann aber beides noch nicht wirklich voneinander unterscheiden. Ursache ist das, was geschieht - das sieht dein Kind in dem, was es selbst denkt und tut. Sein Denken bezieht sich dabei nur auf sich selbst. Dass andere Menschen, also du als Vater oder Mutter oder andere Kinder, die Welt anders sehen, kann dein Kind sich noch nicht vorstellen. Darum kann es sich noch nicht in andere hineinversetzen. Diese „Fremdperspektiv-Übernahme“ brauchte es aber, um die Warum-Frage angemessen zu beantworten.

Je besser sich dein Kind sprachlich ausdrücken kann, umso mehr ist es in der Lage, Gesetzmäßigkeiten zu erkennen, zu verallgemeinern und zu ordnen. Die „Fremdperspektiv-Übernahme“ gelingt ihm jedoch frühestens mit 5 Jahren. Darum solltest du deinem Kind bis zu diesem Alter möglichst keine Warum-Fragen stellen. Sprich stattdessen lieber deutlich aus, was du ihm sagen willst. Im Fall, dass dein Kind Samy die Schippe weggenommen hat, erkläre ihm also: „Gib Samy die Schippe zurück. Die darfst du ihm nicht einfach wegnehmen.“

Die vielen Fragen deines Kindes können aber auch einen anderen Grund haben, nämlich als Ausdruck des Bedürfnisses nach Nähe. Denn nicht jedes „Machst du da?“ ist eine Wissensfrage. Wie bei jeder menschlichen Äußerung geht es immer um zweierlei: um den Sachverhalt, also das Wissen, das dein Kind erwerben möchte, und um das Miteinander von Fragendem und Antwortendem, also um die Aufmerksamkeit, die dein Kind für die Frage bekommt. Dies bestätigt auch die Erziehungsberaterin Gertraud Finger:

„Kinder mögen es, ihren Eltern Fragen zu stellen und ernsthaft mit ihnen über vieles nachzudenken. Bei solchen Gesprächen sind sich beide nahe, die Kinder fühlen sich ernst genommen. Diese Situation gefällt ihnen. Sie möchten das sie lange anhält. Deshalb stellen sie auch Warum-Fragen, weil auf jede Antwort ein neues ‚Warum?‘ folgen kann.“[16]

Gertraud Finger

Schimpfwörter und Fäkalausdrücke: die besonderen Wörter

Wenn Kinder in die Kita kommen, bringen sie neben schönen bunten Bildern oder Gebasteltem auch das ein oder andere Schimpfwort mit nach Hause. Und das nicht immer zur Freude der Eltern. Schimpfwörter oder Fäkalausdrücke - wie viele andere Wörter auch- schnappen die Kleinen in einer Kita häufig von älteren Kindern auf, obwohl sie noch gar nicht wissen, was das Wort eigentlich bedeutet. Sie spüren jedoch an den Reaktionen der Erwachsenen, dass dieses Wort eine besondere Wirkung erzielt und Aufmerksamkeit nach sich zieht, und zwar nicht nur bei den Erzieherinnen und Erziehern oder bei den anderen Kindern, sondern vor allem auch bei den Eltern.

Erwachsene reagieren zumeist mit Betroffenheit, Scham, Belustigung oder Wut auf Schimpfwörter oder Fäkalausdrücke. Diese heftigen emotionalen Reaktionen geben dem Kind - ganz unabhängig von seinem Alter - eine gewisse Macht über uns Erwachsene. Am besten ist es darum, entsprechenden Ausdrücken mit Gelassenheit zu begegnen. Gib dem Schimpfwort, und somit auch deinem Kind, wenig oder keine Macht über dich. Ignoriere das unschöne Wort, geh darüber hinweg. Denn ein Verhalten, dem wenig Beachtung geschenkt wird, löst sich in der Regel wie von selbst auf.[17]

„Je heftiger die Reaktion der Erwachsenen, umso mehr ahnen Kinder, einen ‚Volltreffer' gelandet zu haben. Und jedes Kind wird versuchen, diesen Volltreffer zu wiederholen und die Grenzen der Erwachsenen zu testen."[18]

Jan-Uwe Rogge und Angelika Batram

Die Königsdisziplin: die Grammatik

Dein Kind erweitert zwischen 2 und 3 Jahren sein Wissen über seine Umgebung, es fragt nach dem Zweck von Gegenständen und probiert neue Verhaltensweisen aus, indem es die Erwachsenen imitiert. Damit geht auch eine Vergrößerung seines Wortschatzes einher, und gleichzeitig wachsen Kenntnisse über Satzbau sowie über die Beziehungen der Wörter zueinander. Sein Sprachverständnis entwickelt sich also deutlich weiter. Vielleicht hat es noch Schwierigkeiten mit feineren Abstufungen wie „klein" und „kleiner" oder mit komplexen Sätzen. Dafür kann es aber schon zusammengesetzte Wörter bilden wie „Blumentopf", „Lichtschalter" oder „Suppentopf".

Ganz nebenbei lernt es in dieser Zeit auch die Grundlagen der Grammatik. Grammatik regelt, wie aus Wörtern ein logischer Satz wird. Sie gibt die Stellung und Beziehungen der Wörter zueinander (Syntax) vor und wie sich die Wörter in ihrer Form dabei verändern (Morphologie). Das hört sich schwierig und komplex an. Und das ist es auch. Grammatische Regeln zu erklären kann ganz schön knifflig sein. Und doch gelingt es uns, die Regeln - zumindest meistens - anzuwenden, während wir reden, ohne dass wir uns besonders darauf konzentrieren müssen.

Woher aber kommt das? Und wie kann dein Kind das erlernen? Das Wichtigste ist dabei die permanente Praxis. Darum ist das Eintauchen ins Sprachbad, über das wir ja weiter oben schon gesprochen haben, so bedeutend. Im Alter zwischen 2 und 3 Jahren bilden Kinder die kognitiven Voraussetzungen für die Regel- und Analogiebildung aus. Eine Analogie besteht dann, wenn zwei Dinge oder Sachverhalte sich in einigen Merkmalen ähnlich sind. Im Alter zwischen 2 und 3 Jahren beginnen Kinder, solche Analogien zu erkennen. Wenn dein Kind also wiederkehrende Muster in deiner Sprache bemerkt, kann es daraus Regeln ableiten, ohne die eigentliche Regel zu kennen. Es kann aufgrund der Analogien Schlüsse ziehen, wie etwas ausgedrückt wird.

Für die Praxis bedeutet das konkret: Es muss von seinen Eltern als seinen Kommunikations- und Geprächspartnern viele grammatische Formen hören, um die Regeln zu finden, die es dann auf andere Situationen übertragen und entsprechend verändern und variieren kann.

Stell dir dafür einmal vor, du spielst mit deinem Kind auf dem Fußboden mit ein paar kleinen Stöckchen und Tieren. Du nimmst einen Stock und legst ihn vor dir ab, dann nimmst du einen Hund und führst folgenden Dialog mit deinem Kind:

Du: „Schau einmal, ein Stock und ein Hund. Soll der Hund einmal über den Stock springen?"

Kind: „Oh ja"

Du: „Okay, dann pass einmal auf. Schau, der Hund läuft an und - hopp - springt er über den Stock. ‚Wau-wau' macht der Hund. Er bellt ganz laut."

Kind: „Noch mal!"

Du: „Hast du gesehen, wie der Hund über den Stock gesprungen ist? Das war toll."

Kind: „Gesprungen, gesprungen."

Du: „Ja, er ist gesprungen. Und jetzt? Jetzt soll er noch einmal springen? Über den Stock?"

Kind: „Ja! Der soll noch mal springen."

Indem du unterschiedliche grammatische Formen nutzt, die dein Kind wiederholt, vertiefen sich seine Kenntnisse über Satzbau und Deklination. Sicherlich machst du vieles im sprachlichen Alltag intuitiv richtig, sodass dein Kind von dir viel lernen kann. Achte jedoch auf grammatische Vielfalt - und auch auf deren Richtigkeit. Denn Grammatik ist ein System, dessen Gesetzmäßigkeiten dein Kind erst lernen muss. Dies gelingt nicht nur über bloßes Nachsprechen, sondern indem es die Regeln in der Sprache entdeckt. Und dafür braucht es dich! Als Sprachpartnerin beziehungsweise Sprachpartner. Versuche deshalb immer wieder, in bestimmten (Spiel-)Situationen unterschiedliche grammatische Formen in deine Äußerungen einzubauen, zum Beispiel indem du bewusst Nebensätze bildest oder von der Gegenwart in die Vergangenheit und Zukunft springst und deine Verben entsprechend veränderst wie im Beispieldialog. Du musst dir aber dabei keinen besonderen Druck machen, es soll ja nicht aufgesetzt wirken. Sprich also einfach drauflos, vieles ergibt sich dann ohnehin von selbst, achte nur hin und wieder bewusst auf die Sprache. Ein gutes Mittel ist natürlich auch das Vorlesen von Geschichten: Dabei musst du dir keine Sorgen über die Grammatik machen, sondern kannst dich getrost den Autorinnen und Autoren überlassen, die das bereits getan haben.

Korrektives Feedback hilft immer

Dein Kind kann erst dann anfangen, grammatische Strukturen zu erlernen, wenn es bereits über einen ausreichend großen und aktiven Wortschatz verfügt. Das ist im dritten Lebensjahr der Fall. Auf diesem Fundament aufbauend wird es dann, dank deines Sprachangebots, intuitiv die grammatischen Regeln ableiten. Das kannst du hören, weil dein Kind dafür ganz eigenständig Übergänge schafft, wie zum Beispiel „ich bin gelauft“, „ich bin geschwizt“, „viele Treckers“. Diese Übergänge sind wichtig für die Entwicklung seiner Grammatik. Du solltest sie daher nicht belächeln (oder nachahmen, weil sie so lustig klingen) und auch nicht wortreich korrigieren. Viel wertvoller und hilfreicher für dein Kind ist es, wenn du seine Aussage noch einmal richtig wiederholst; wenn dein Kind zum Beispiel sagt: „Ich bin gelauft“, kannst du erwidern: „Ja, du bist ganz schnell gelaufen.“ Diese Art der Wiederholung nennen Fachleute: korrektives Feedback geben.

Mit dem Entdecken der grammatischen Regeln eröffnet sich deinem Kind eine Vielzahl von weiteren und neuen Möglichkeiten. Gleichzeitig erweitert sich sein Wortschatz ganz erheblich, sodass selbst schwierige Lautverbindungen in den nächsten Monaten gelernt werden.

Es kann vorkommen, dass dein Kind vor Kurzem schon korrekt zum Beispiel „gegangen" gesagt hat, jetzt jedoch plötzlich wieder „gegeht" sagt. Das ist kein Rückschritt, sondern im Gegenteil ein Fortschritt! Denn es zeigt, dass dein Kind die Regeln aus der Sprache ableitet und beginnt, sie konsequent anzuwenden. Diese Phase reguliert sich in der Regel von selbst, wenn du korrektives Feedback gibst.

Hellhörig musst du erst dann werden, wenn dein Kind grammatische Regeln nicht oder nicht richtig anwendet, indem es beispielsweise Wörter oder ganze Satzteile weglässt, die Mehrzahl („die Leiters") oder die Vergangenheitsformen („Ich gang zum Kindergarten") konsequent und über einen längeren Zeitraum falsch bildet, die männliche und die weibliche Form („der Tür") ständig verwechselt oder häufig falsche Wortendungen („du gehe in die Kita") benutzt oder die richtige Reihenfolge der Wörter im Satz selten beachtet („ich heute Pommes gegessen habe"). In diesem Fall solltest du dein Kind am besten in einer logopädischen Praxis vorstellen, da eventuell eine Sprachentwicklungsverzögerung vorliegt. In der Regel entdecken jedoch so gut wie alle Kinder bis zum Ende des dritten Lebensjahres die Gesetzmäßigkeiten der grammatische Regeln - selbst wenn sie kleine Umwege machen - und wenden diese auch intuitiv an, um immer tiefer in das Sprachbad ihrer Umgebungssprache einzutauchen.

Mit 3 Jahren beginnt dein Kind auch, Mehrwortsätze zu bilden und manchmal sogar Nebensätze beizufügen. Diese Weiterentwicklung hilft dir, dein Kind mit seinen rein sprachlichen Äußerungen viel leichter zu verstehen. Du kannst dich jetzt „richtig" mit ihm unterhalten. Für dein Kind ist das ein sehr entscheidender Entwicklungsschritt und die Voraussetzung für sein kompetentes Handeln mit Sprache. Das bedeutet, du wirst jetzt konkret miterleben können, wie dein Kind sich über seine Sprache die Welt erobert, indem es beginnt, sein Handeln

	Laute	Lautverbindungen
Ca. 4 Monate	Schmatz- und Zischlaute, Vokallaute /a/, /e/, /i/, /o/, /u/ Konsonantische Laute /m/, /n/, /b/, /d/	Kehl- bzw. Gurrlaute /gr-gr/
Ca. 6 Monate	Lippenverschlusslaute /m/, /b/	Silbenketten „bababa", „deidei", „dadada", „mamama", „memem", „rrrr"-Ketten
12–15 Monate	Konkrete Bildung der plosiven und nasalen Konsonanten /m/, /b/, /p/, /n/	„Wau-wau"
Ab 2 Jahre bis Ende 2 Jahre	Konkrete Bildung der plosiven und nasalen Konsonanten /t/, /d/, Reibelaute /f/, /w/ und weit hinten gebildeten Laute /g/, /k/, /h/. Ebenso /l/, /r/.	/ch/, /is/, /hei/, /tei/
Ab 3 Jahre bis Ende 3 Jahre		/bl/, /kn/, /kr/, /gr/, /pf/, /fr/, /kl/, /br/, /fl/, /gl/
Ab 4 Jahre bis Ende 4 Jahre	/ch/, /sch/	/dr/, /tr/, /kn/, /schl/, /schn/, /schp/
Ab 5 Jahre bis Anfang 6 Jahre	/s/, /z/	

Überblick über die Lautentwicklung von Kindern bis zum 6. Lebensjahr

und seine Spielumgebung fantasievoll und kreativ zu deuten. Es nutzt nun die Sprache ganz bewusst als „Werkzeug" oder Medium, um sich dir und anderen mitzuteilen und von sich und seinen Erlebnissen zu erzählen.

Ab jetzt ist das Lautsystem deines Kindes so gut wie komplett, der eigentliche Sprachaufbau ist so gut wie abgeschlossen. Und doch kann es auch jetzt noch manchmal vorkommen, dass nicht alle Lautverbindungen ganz korrekt sind. Denn manche Laute stellen eine Hürde für Kinder dar. Sie werden dann gerne ausgelassen, durch einen anderen Laut ersetzt: So sagen sie vielleicht „Krikiane“ statt „Christiane“ oder „Ankrea“ statt „Andrea“. Manche Laute werden auch fehlgebildet und somit verzögert erworben. Taucht diese Verwechselung nur hin und wieder auf, ist es nicht dramatisch. Verfestigt sich die fehlerhafte Lautkombination jedoch, solltest du zu einem Logopäden Kontakt aufnehmen. Dieser kann dir sagen, ob dein Kind eine Dyslalie, also eine Artikulationsstörung, aufweist. Diese kann vorliegen, wenn es über einen längeren Zeitraum einzelne oder mehrere Laute durch einen anderen Laut ersetzt oder einen Laut fehlbildet oder auslässt. Es kann sich aber auch einfach um ein zufälliges Vertauschen von Lauten handeln. Zudem sind die Laute /r/, /k/, /ch/, /sch/ und /s/ für viele Kinder schwer zu lernen. Ich weiß aus Erfahrung, dass sie häufig Gegenstand einer kurzfristigen logopädischen Behandlung sind. Die auf Seite 115 abgebildete Tabelle zeigt dir übersichtlich die normale Lautentwicklung.

Die Website der Sprachtherapeutin Birgit Lange[19] kann ich dir empfehlen, wenn du mehr zum Thema Sprachentwicklungsstörungen (SES) wissen willst.

Was in den nun folgenden Jahren noch geschieht, dient im Wesentlichen dem Ausreifen und Verfeinern der Sprache. Das eigentliche Grundgerüst ist fertig und verwendbar. Nach und nach wird in den nächsten Monaten der Satzbau deines Kindes auch bei komplexeren nebengeordneten Sätzen immer korrekter und sicherer. Zudem hat dein Kind inzwischen auch eine gewisse Vorstellung von Zeit (gestern, heute, gleich, morgen); das merkst du daran, dass es diese Zusammenhänge grammatisch mithilfe der Zeitformen ausdrücken will. Das gelingt ihm am Ende des dritten Lebensjahres noch nicht immer zuverlässig, aber dafür hat es ja auch noch in den nächsten Jahren - in der nächsten Sprachwelt - Zeit.

Du kannst zu diesem Zeitpunkt die Kommunikation und den Dialog mit deinem Kind befruchten, indem du deine Sprachlehrstrategien, beispielsweise die Satzlänge und die Auswahl deiner Wörter, im Gespräch mit deinem Kind immer weiter anpasst. Auch die Erweiterung ist eine gute Strategie: Dabei erweiterst du eine Aussage deines Kindes um neue Inhalte. Wenn dein Kind sagt: „Da, ein Feuerwehrauto“, kannst du zum Beispiel antworten: „Ja, da fährt ein Feuerwehrauto, das muss bestimmt einen Brand löschen.“ So baust du deinem Kind eine Brücke, um weiter mit dir im Gespräch zu bleiben, und erweiterst zugleich seinen Wortschatz.

Woran erkennt man besonders sprachbegabte Kinder?

Besonders sprachbegabte Kinder sprechen schon lange vor dem dritten Geburtstag grammatisch richtig, verwenden komplexe Satzgebilde und besitzen einen sehr großen Wortschatz. Sie zeigen Ehrgeiz, die Dinge richtig und allein bewältigen zu wollen, und interessieren sich für Fremdsprachen und Dialekte, wenn sie damit in Berührung kommen.

MEILENSTEINE 3 JAHRE

Äußern

Der Wortschatz wächst weiter (rund 1000 Wörter) und passt sich an. Das merkt man daran, dass die Anzahl der Eigenwortschöpfungen abnimmt. Kurze Sätze werden grammatisch richtig gebildet. Viele Kinder fangen an, Nebensätze zu bilden. Die Lautverbindungen werden weiterhin geübt und trainiert, oft richtig angewendet, nur hin und wieder noch falsch (Schokolade – „Schodolade", Andrea – „Andea").
Das zweite Fragealter mit Fragewörtern hat eingesetzt: Das Kind fragt zum Beispiel nicht nur: „Was ist ...?", sondern auch: „Was macht ...?"
Alle Laute sind angelegt, auch die Zischlaute wie /s/, /sch/, /ch/. Diese können aber manchmal noch falsch gebildet werden, was für dieses Alter jedoch noch ganz normal ist.

Verstehen

Das Kind liebt Geschichten (mit Bildern) im Hier und Jetzt (Beispiele bei den Spielideen weiter unten: Geschichten aus dem Karton, Säckchen oder Bilderbuch) und versteht diese inhaltlich auch. Es ist sehr wissbegierig; daher kommen zur Mitte des dritten Lebensjahres Warum-Fragen dazu. Es versteht Gegensätze wie laut – leise, hell – dunkel, schnell – langsam. Außerdem zeigt das Kind Interesse an Farben, Formen und Zeichnungen und es kennt Fingerspiele und Verse (beispielsweise Abzählverse).

Im Dialog

Das Kind fragt viel und fordert Antworten. Es fragt bei Erklärungen nach. Im Gespräch können Eltern den Dialog wachhalten und erweitern, indem sie die Äußerungen des Kindes um Inhalte ergänzen, zum Beispiel wenn das Kind sagt: „Die Puppe schläft", kann der Vater erwidern: „Ja, die Puppe schläft im Bett."

Spielideen

30 – 36 Monate

Bewegungsspiele

Jedes Kind hat vielfältige Möglichkeiten, sich auszudrücken und sich mitzuteilen. Die Sprache ist eine davon, die Bewegung mit dem eigenen Körper eine andere. Dein Kind nimmt zudem über seinen Körper die Umwelt in Besitz. Darum ist vom ersten Tag der Geburt an auch der Körper deines Kindes sein erster „Lernort". Deshalb haben Sprach-Bewegungsspiele für dein Kind von Anfang an eine besonders große Bedeutung. Nutze jede Art von Bewegungsspielen, um mit deinem Kind aktiv zu sein, Spaß zu haben, den Körper lustvoll auszuprobieren, auch mal schwungvoll auszupowern und gleichzeitig immer auch sprachlich aktiv zu sein.

30 – 36 Monate

Spielstraße auf dem Boden

Verwandle den Fußboden in eine Spielstraße. Dazu benötigst du einfache **Pappen** und eine Rolle **Klebeband**. Markiere mit dem Klebeband Straßen, baue aus Pappen Rampen. Dein Kind kann nun raumgreifend damit spielen und Autos mal über, mal unter, mal durch ein Regal fahren und schräge Rampen heruntersausen lassen, während es ihnen hinterherläuft. Du kannst das muntere Treiben durch aktives Mitspielen oder durch Sprache begleiten, indem du Präpositionen ins Spiel bringst und sprachlich hervorhebst.

30 – 36 Monate

Der „Flusssteinweg“ aus Kissen

Verwandle den Fußboden deines Flures oder Wohnzimmers in einen Fluss, in dem viele unterschiedliche „Steine“ liegen. Dazu benötigst du viele unterschiedliche Kissen, die du auf dem Boden verteilst. Der Abstand zwischen den Kissen ist so groß, dass dein Kind wie bei Steinen in einem Flussbett von einem Kissen zum anderen springen kann. Wenn du dazu noch eine kleine Geschichte erzählst und auch mitmachst, also vormachst, wie man ohne „nasse Füße zu bekommen“ durch den Fluss geht, kann eine Fantasiewelt entstehen, in der es dann auch noch „Berge“, zum Beispiel das Sofa oder den Sessel, zu erreichen gilt.

30 – 36 Monate

Der Kuscheltier-Weitwurf-Wettbewerb

Suche dir im Flur, Wohn- oder Kinderzimmer eine freie Fläche und baue mit deinem Kind eine Wurffläche, indem du zum Beispiel an der einen Seite des Raumes einen Wäschekorb oder einen Einkaufskorb oder leeren Papierkorb aufstellst. Auf der gegenüberliegenden Seite des Raumes sammelst du mit deinem Kind verschieden große, weiche Kuscheltiere zusammen. Und dann geht es los. Wer trifft in welches Gefäß? Wer wirft sein Kuscheltier am weitesten durch den Raum? Oder wer trifft mit dem Kuscheltier das Poster, welches du an die eine Wand geheftet hast?

Tipp: Du kannst den Kissen-Flusssteinweg auch mit diesem Spiel verknüpfen, indem dein Kind verschiedene Kuscheltiere „trocken“ über den Weg transportieren muss, zum Beispiel von A (Sofa) nach B (Wäschekorb) oder A (Kinderzimmer) nach B (Küche).

30 – 36 Monate

Luftballonspiele

Luftballons sind für jedes Kind interessant und bieten eine Fülle an Spielmöglichkeiten. Suche dir im Flur oder Wohnzimmer/Küche eine freie Fläche, und schon geht es los. Du kannst jetzt mit deinem Kind folgende Bewegungsspiele durchführen:

1. Luftballon mit den Handflächen nach oben prellen, dabei darf der Luftballon nicht zu Boden fallen.
2. Den Luftballon mit den Füßen nach oben prellen, dabei darf der Luftballon nicht zu Boden fallen.
3. Den Luftballon von einem Raum in den andern „tragen“, eingequetscht zwischen den Knien.
4. Den Luftballon mit dem Fuß von einem in den anderen Raum vor sich „hertreiben“.
5. Viele kleine aufgeblasene Luftballons auf ein Tuch oder eine Decke legen und die Decke hinter sich herziehen, ohne dass die Luftballons herrunterrutschen.
6. Viele aufgeblasene Luftballons in einen alten Bettbezug einfüllen, diesen dann verschließen und schon hat dein Kind ein „Luftballonbett“ und kann versuchen, sich darauf zu legen, sich damit zuzudecken, es zu transportieren usw.

Mehr wissen

Bücher:

- Renate Zimmer, Frederik Vahle: *Ping Pong Pinguin: Spiel- und Bewegungslieder zur psychomotorischen Förderung*, Freiburg i. Br.: Herder 2000.
- Eva Danner: *Mit Krippenkindern in Bewegung. Mitmachideen, Bewegungsspiele und Massagegeschichten für das ganze Jahr*, Mühlheim/Ruhr: Verlag an der Ruhr 2011.

Links:

- https://kindheitinbewegung.de/bewegungsspiele/.
- www.in-form.de/wissen/bewegungsspiele-fuer-zu-hause/.

30–36 Monate

Bildergeschichten

Eine gute Möglichkeit, die Sprachentwicklung von Kindern zu unterstützen, sind Bildergeschichten. Diese kannst du sehr leicht und unkompliziert mit deinem Kind selbst gestalten, indem du zum Beispiel aus einem **Tierkalender** oder einem **Spielzeugkatalog** Dinge ausschneidest und auf **Pappkärtchen** klebst. Mit drei oder vier Kärtchen, die ihr auswählt, kannst du zusammen mit deinem Kind eine kleine Geschichte ausdenken und erzählen.

Alternativ könnt ihr euch beim Erzählen auch abwechseln. Kinder um 3 Jahre kommen besser mit Bildergeschichten zurecht, wenn diese aufeinander aufbauen, zum Beispiel: erstes Foto: ein Kind geht zur Eisdiele, zweites Foto: das Kind kauft sich ein Eis, drittes Foto: das Kind isst das Eis. Durch solche Bildergeschichten holst du dein Kind in seiner Lebenswelt ab. Es gibt viele weitere Alltagsgeschehnisse, die du für eine Bildergeschichte nutzen kannst.

Solche aufeinander aufbauenden Fotogeschichten kannst du auch herstellen, indem du dein Kind oder andere Personen bei verschiedenen Begebenheiten mit dem Handy fotografierst und danach die Fotos ausdruckst. Auch mit **Holz**- oder **Plastiktieren, Spielfiguren** und Ähnlichem lassen sich tolle Geschichten selbst herstellen und abfotografieren. Oder du malst einfach eine Geschichte. So kannst du für dein Kind eine individuelle Sammlung an Bildergeschichten entstehen lassen, beispielsweise:

- das Schmücken des Weihnachtsbaums,
- das Decken des Tischs,
- Brötchen einkaufen,
- Möhren schälen,
- Zähne putzen.

Wer keine Lust zu basteln hat, kann auch fertige Bildergeschichten für Kinder ab 3 Jahren kaufen. Verschiedene Verlage halten ein breites Angebot an Bildergeschichten bereit.

30 – 36 Monate

Geschichten aus dem Karton

Beklebe einen alten **Schuhkarton** mit buntem **Papier** oder **Glitzerfolie** und befülle ihn mit **unterschiedlichen Gegenständen**. Dein Kind holt nun einen nach dem anderen heraus und benennt die unterschiedlichen Dinge, während du Fragen dazu stellst oder eine kleine Geschichte erzählst. Du kannst auch kleine **Pappbücher** hineinlegen, eine **Fingerpuppe** oder ein **Stofftierchen** - ganz nach Belieben, Hauptsache, dein Kind und du habt Lust dazu und Spaß mit den Sachen. Vielleicht erfindet ihr zusammen auch eine längere „Geschichte aus dem Karton" oder spielt einpacken und auspacken. Auch Versteck- und Suchspiele sind für 3-Jährige noch interessant. Und mit dem Spiel „Was ist im Karton?" wird zudem die Merkfähigkeit trainiert.

30 – 36 Monate

Bilderbuchgeschichten-Karton

Sammle gemeinsam mit deinem Kind Gegenstände zusammen, die an das Lieblingsbilderbuch deines Kindes erinnern. Steckt diese Gegenstände in einen **Karton**. Beim Vorlesen könnt ihr die Geschichte aus dem Bilderbuch lebendig werden lassen, indem dein Kind nach und nach die passenden Gegenstände aus dem Karton herausholt.

30 – 36 Monate

Foto-Leporellos

Gemeinsam mit deinem Kind hast du jeden Tag viele kleine Erlebnisse. Fotografiere doch einfach mal alltägliche Begebenheiten und fertige für dein Kind ein eigenes Büchlein oder Leporello an. Gemeinsam könnt ihr dann die Bilder immer wieder betrachten und kommt so schnell darüber ins Gespräch. Es kann auch ein schönes Zubettgehritual werden, sich am Ende des Tages noch einmal das Büchlein „Unser Zoobesuch“, „Im Supermarkt“ oder „Unsere Fahrt mit der U-Bahn“ anzusehen und darüber zu sprechen. So regst du auch die Gehirnentwicklung, insbesondere die Merkfähigkeit, sowie das Kurz- und das Langzeitgedächtnis deines Kindes an, da es über die zurückliegenden Ereignisse nachdenken muss.

30 – 36 Monate

Eure Lieblingslieder und die Fingerspielesammlung

Fertige gemeinsam mit deinem Kind ein kleines Büchlein mit seinen Lieblingsfingerspielen und -liedern an. Wenn du zum Text ein Symbol oder Foto klebst, kann dein Kind darauf zeigen, um zu bestimmen, was ihr heute Abend vor dem Zubettgehen, im Auto während der Fahrt oder in der Badewanne oder, oder, oder zusammen singen oder spielen wollt.

30–36 Monate

Themenwelten

Dein Kind hat sicherlich bestimmte Vorlieben oder Interessen, wie beispielsweise Dinos, Autos, Pferde oder Ähnliches. Sammle **Fotokarten** zu den Lieblingsthemen oder stelle sie selbst her, suche auch **Tierfiguren** aus Plastik, Holz oder Stoff und vielleicht ein passendes **Bilderbuch** und gestalte diese „Themenwelt" in seinem Kinderzimmer. So kannst du gemeinsam mit deinem Kind in viele unterschiedliche Spiel- und Sprachanlässe eintauchen.

Mehr wissen

Bücher:

- Julia Volmert, Susanne Szesny: *Clown Kallis fröhlicher Sprachzirkus: ein Mitmach-Bilderbuch zur Sprachförderung*, Haan: Albarello 2018.
- Andrea Weller-Essers: *Mein allererstes Duden-Bildwörterbuch*, ab 30 Monaten, Frankfurt: Fischer Duden Kinderbuch 2019.
- Ralf Butschkow: *Da stimmt doch was nicht! Ein Suchspaß-Wimmelbuch*, Köln: Baumhaus Verlag 2011.

Teil 2

SPRACHVERSTEHEN
SPRACHPRODUKTION
SPRECHFREUDE
1.
Weltentdecker und Fragensteller
Wiederholen und korrektives Feedback geben
Sprachfreude unterstützen
Sinnzusammenhänge und Sprachstrategien
2. Selbstgespräche als Wegbereiter
Bleibe am Ball: innere Monologe, gemeinsame Dialoge
Sowohl Erzählen als auch Zuhören ist wichtig
3.
Von Quasselstrippen und Abenteurern
Gemeinsam nachdenken, staunen und philosophieren
Fragen, Fragen, Fragen
4.
Von Dialekten und Mehrsprachigkeit
Weitere Sprachen entdecken, sprechen, Sprachen vermischen
2. Sprachwelt
Erdinneres

Die Sprachwelt der 3- bis 5-Jährigen

Weltentdecker und Fragensteller

Mit 3 Jahren hat dein Kind nun schon eine Menge geleistet, um hier in der dritten Sprachwelt anzukommen. In dieser ist dein Kind zunächst vor allem mit dem Erwerb von Wortbedeutungen und Satzdeutungen sowie mit dem weiteren Aufbau seines Wortschatzes beschäftigt. Dies konnte geschehen, weil du als Bezugsperson eine gute Sprachbereiterin und ein aktiver Sprachbegleiter warst. Und das wirst du auch weiterhin sein.

Bleibe am Ball: innere Monologe, gemeinsame Dialoge

Nach wie vor spielst du als Elternteil beim Sprachlernprozess deines Kindes eine sehr wichtige Rolle. Du bereicherst durch Fragen, Wiederholungen oder korrektives Feedback, also Rückmeldungen an dein Kind, die Sprechfreude deines Kindes und regst gleichzeitig zu neuen Sprachdialogen an, indem du die Äußerungen deines Kindes erweiterst. Sicherlich hast du dir schon die Frage gestellt, wie du dein Kind auch weiterhin sprachlich gut begleiten kannst. Mit 3 Jahren steht die Grammatikentwicklung, verknüpft mit einem weiteren Anstieg des Wortschatzes, im Mittelpunkt seiner sprachlichen Entwicklung. Zudem befindet sich dein Kind im zweiten Fragealter, was einen schnellen Wissenserwerb ermöglicht. Gut wäre es daher, wenn du es durch eine sprachförderliche Haltung unterstützt. Dazu zählt zum Beispiel:

- Halte Blickkontakt, wenn du mit deinem Kind sprichst.
- Sag deutlich und freundlich, was du möchtest.
- Lass deinem Kind Raum, seine Erfahrungen selbst zu machen.
- Warte ab und lass dein Kind ausreden.
- Frag interessiert nach und bleib im Dialog mit deinem Kind.
- Höre aufmerksam zu und motiviere es durch dein Nicken und dein Lächeln weiterzusprechen.
- Ermutige es.
- Nimm seine Fehler unbefangen auf. Die noch fehlerhaften Wörter, die es noch nicht korrekt nachspricht („Snecke"), korrigierst du, indem du sie in der richtigen Form wiederholst („Ja, richtig, das ist eine Schnecke").

Wenn du diese Grundsätze beherzigst, ist alles gut. Das ist eine ganze Menge, setze dich darum nicht unter Druck. Es geht nicht darum, was „richtig" oder „falsch" ist, oder darum, immer ein perfektes Sprachvorbild, eine perfekte Mutter oder ein perfekter Vater zu sein. Vielmehr geht es um die gemeinsame Sprechfreude, das gemeinsame Tun, den Spaß an der gemeinsamen Kommunikation, am Dialog. Achte einfach hin und wieder auf dein eigenes Sprachverhalten, denn die Kommunikationsfähigkeit deines Kindes entwickelt sich umso besser, je mehr Erfolg seine Sprechversuche haben. Wenn du dich um dein Kind bemühst und dich einlässt auf sein Bemühen, sich über Sprache mitzuteilen, es gar noch positiv verstärkst, indem du nachfragst oder seine (Warum-)Fragen geduldig beantwortest und so mit ihm im (Sprach-)Kontakt bleibst, ist alles gut. Der „Motor" und somit eine der wichtigsten Voraussetzungen für die Sprachentwicklung ist die Sprechfreude deines Kindes. Dies zeigt sich in Sprechspielen, Frage-Antwort-Experimenten oder kreativen Wort- und

Satzschöpfungen. Lass dich ein auf die spannenden Ideen deines Kindes und lass dir von ihm die Welt erklären. „Da vorne rückwärts“, ruft zum Beispiel Liam (3 Jahre), als er seinem Vater „hinten“ erklären will. Diese Zusammenstellung hat er so nie gehört, und trotzdem ist sie sinnvoll.[20] Es ist seine eigene Schöpfung, die gekennzeichnet ist von Sprachlust und Kreativität.

„Der Spracherwerb ist ein aktiver, schöpferischer Prozess. Damit er sich voll entfalten kann, ist eine sprechfreudige Umgebung erforderlich. Dazu gehören Menschen, die dem Kind zuhören und die sich aktiv auf die Sprache der Kinder einlassen, die ihnen auch aktive Rollen zugestehen.“[21]

Renate Zimmer

Checkliste: So kommuniziere ich mit meinem Kind

Wie ist es um dein eigenes Kommunikationsverhalten bestellt? Magst du den Austausch? Hörst du gern zu? Reflektiere einmal, wie es dir in den Gesprächssituationen mit deinem Kind geht. Das wird dir helfen, bewusster mit ihm zu kommunizieren.[22]

Hatte beziehungsweise habe ich selbst Freude am Sprechen und Kommunizieren?

....

Wie schaffe ich Sprachanlässe mit meinem Kind?

....

Wie gut nehme ich die Reaktionen meines Kindes im Gespräch wahr (Blickkontakt, Aufmerksamkeit, Zeigegesten)?

....

Wie ist mein Sprechtempo?

....

Wie groß ist mein Wortschatz?

....

Baue ich angemessene Pausen ein?

....

Wie hoch ist mein Redeanteil im Gespräch?

....

Gebe ich meinem Kind genügend Zeit, Wörter zu finden und sie auszusprechen?

Was denke ich in Gesprächssituationen über mein Kind?

Wie ist mein innerer Dialog in der Erzählsituation?

Wie gut beziehe ich mich auf das, was mein Kind sagt oder fragt?

Wie gut halte ich Blickkontakt?

Setze ich meine Gestik und Mimik ein?

Versteht mein Kind, was ich sage? Prüfe ich das durch Rückfragen?

Kann ich die Aussagen meines Kindes spiegeln?

Wie häufig und in welcher Art äußere ich Anweisungen?

Was interessierte mein Kind besonders? Habe ich sein Thema angemessen aufgegriffen?

Vervollständige ich die Sätze beziehungsweise Äußerungen meines Kindes variationsreich sowie grammatisch richtig?

Verwende ich einen differenzierten Wortschatz?

Achte ich auf Stimme, Klang und Betonung beim Sprechen?

Spreche ich die Wünsche, Gefühle und Erlebnisse meines Kindes an?

Sorge ich für Spaß? Rege ich auch Widerspruch an, indem ich auch mal Quatsch von mir gebe?

Frage ich nach gemeinsamen Erlebnissen (zum Beispiel einem Spielplatzbesuch, wenn mein Kind mich, zum Beispiel durch einen Fingerzeig auf ein Foto von einer Schaukel, darauf hinweist)?

Erkläre ich meinem Kind neue Begriffe, die es noch nicht kennt?

Wie wecke ich seine Neugier?

Spreche ich in vollständigen Sätzen?

Gebe ich korrektives Feedback und gelingt es mir dabei bereits, seine Fehler durch meine Wiederholung motivierend zu korrigieren?

Nehme ich die verbalen und auch die nonverbalen Kommunikationsformen meines Kindes wahr? Und wie reagiere ich darauf?

Diese Checkliste soll dir dabei helfen, dich in deiner eigenen Rolle im Gespräch mit deinem Kind zu spiegeln. Sie erleichtert es dir, über dein persönliches Kommunikationsverhalten nachzudenken, und kann dir vielleicht weitere Anregungen geben.

Mit 3 ½ Jahren wird dein Kind zunehmend zum Weltentdecker. Es interessiert sich für alles, möchte den Dingen auf den Grund gehen und herausfinden, wie etwas funktioniert. Es hat viel Spaß am Erzählen und Betrachten von Bilderbüchern und mag es sehr, wenn du ihm etwas erklärst oder Geschichten erzählst. Sein Wortschatz wächst weiter stark an, und die Grammatik verfeinert sich immer mehr. Zudem bildet es jetzt vermehrt Nebensätze, unterscheidet zwischen „deins“ und „meins“ und liebt es, Dinge zu zählen, zu sortieren und zu benennen, wie beispielsweise drei Becher, zwei Teddys, vier Igelbälle. Dein Kind entdeckt über seine Sprache so auch spielerisch die mathematische Welt, in der es lebt. Denn Mathematik umgibt uns überall.

Sprache und mathematische Erfahrungen gehen Hand in Hand

Vielleicht ist dir aufgefallen, dass dein Kind bereits ab dem zweiten Lebensjahr Zahlwörter wie „eins, zwei, drei“ benutzt hat. In jener ersten Phase der mathematischen Entwicklung hat sich sein Interesse allerdings vorrangig auf das Wahrnehmen von Mengen- beziehungsweise Größenunterschieden beschränkt, und erst in einem zweiten Schritt hat es Zahlwörter gesagt. Eigentlich hat es die Zahlen eher „aufgesagt“, denn es konnte zu diesem Zeitpunkt noch keinerlei Beziehung zwischen dem Zahlwort und dem Gegenstand herstellen. Mit anderen Worten: Es hat zwar „eins, zwei, drei“ gesagt, wollte damit jedoch nichts abzählen. Es hat vielmehr das nachgesprochen, was du vorgesagt hast, als du die drei Äpfel abgezählt hast. In diesem Alter musste dein Kind erst einmal den Begriff „Apfel“ lernen.

Erst jetzt mit 3½ Jahren bringt dein Kind Zahlen nach und nach mit Mengen in Verbindung und entwickelt ein „Anzahlkonzept“, wird sich somit der Anzahl und Menge von Dingen bewusst. Dabei nimmt dein Kind zunächst sehr grobe und unpräzise Zuordnungen von Zahlwörtern zu Mengen und Größenbegriffen vor, wie „wenig“, „viel“, „sehr viel“, „gleich viel“, bis es irgendwann (beim Zählen) von ganz allein feststellt, dass es bei verschiedenen Mengen unterschiedlich lange zählen muss. Auf diese Art und Weise werden die Zahlen von ihm aufgrund der aufzubringenden Zähldauer voneinander unterschieden und in Kategorien durch Wörter wie „viel“ oder „wenig“ geordnet. Eine genaue Unterscheidung der Anzahl gelingt deinem Kind erst später mit 4 bis 4½ Jahren, wenn es eine Menge exakt auszählen und mit einer Eins-zu-eins-Zuordnung in die Zahlenfolge (1, 2, 3, 4, 5 …) einordnen kann.

Die Stiftung „Haus der kleinen Forscher“, die sich für eine gute Bildung einsetzt, erklärt in diesem Zusammenhang: „Grundlage des Zählens ist der Gedanke der Reihenfolge, die Tätigkeit, Reihen zu bilden. Dabei vergleichen und ordnen wir. Um eine Anzahl zu bestimmen, wird gezählt. Die Kinder lernen die Zahlwortreihe oder Teile dieser als Wörter kennen, die in immer gleicher Reihenfolge in verschiedenen Zusammenhängen fallen. Ihnen begegnet die Zahlwortreihe außerdem in verschiedenen Liedern und Reimen.“[23]

Spielerisch erobert sich dein Kind die Welt der Mathematik über seine Sprache. Es lernt Begriffe, ihre Bedeutung und ihre Zuordnung wie zum Beispiel:

- Größe: klein, groß, kurz, lang, dick, dünn
- Menge: wenig, viel, weniger, mehr, gleich viel, nichts
- Gewicht: leicht, schwer
- Form: rund, eckig, viereckig, oval
- Geschwindigkeit: schnell, langsam, Stillstand
- Raumlage: unten, oben, vorn, hinten, neben, zwischen, durch, links, rechts
- Reihenfolge: jetzt, später, danach, vorher, zuerst

- Relationen: weiter, höher, schneller, tiefer, kleiner, leichter, weniger, mehr

Durch das Spielen und deine sprachliche Begleitung werden sie entdeckt, geübt und gefestigt. Du kannst das fördern durch einen täglichen Abzählvers beim Mittagessen oder ein gemeinsames Tischdecken, bei dem du mit deinem Kind abzählst, wie viele Teller, Tassen, Messer und Löffel ihr benötigt. Auch Fingerspiele - gereimte und gesungene Verse, die von den Bewegungen der Hände begleitet werden - regen die Aufmerksamkeit deines Kindes an und locken es zum Mitmachen und Mitsingen, zum Entdecken der Zahlen heraus. Wenn du mit deinem Kind zum Beispiel Türme in unterschiedlicher Höhe baust, unterstützt du seine Mengenvorstellung von Zahlen auch visuell: Es kann auf diese Weise sehen, welcher Turm höher ist, ohne abzählen zu müssen.

Spielideen

ab 36 Monate

Von jeder Sorte zwei

Für dieses Zuordnungsspiel brauchst du verschiedene kleine Alltagsgegenstände oder Spielmaterialien. Nimm immer zwei identische Gegenstände, die ein Paar bilden, wie zum Beispiel 2 Löffel, 2 Lockenwickler, 2 Bürsten, 2 Holzklötze, 2 Tannenzapfen, 2 Kastanien, 2 Fingerpüppchen, 2 Autos, 2 Teesiebe usw. Alles gibst du in einen Schuhkarton oder einen

Korb, und dann wird gespielt. Du beginnst, indem du ein beliebiges Teil aus dem Korb nimmst und es benennst, zum Beispiel: „Schau ich habe eine Bürste, ganz schön stachelig. Fühl einmal." Dann ist dein Kind an der Reihe und muss den gleichen Gegenstand aus dem Korb heraussuchen. Beides wird nebeneinander abgelegt. Dein Kind lernt so neue Begriffe und zudem nimmt es über das Fühlen der Gegenstände auch noch Oberflächenstrukturen wahr und macht haptische (spürbare) Erfahrungen. Eine interessante Ergänzung zu diesem Spiel wäre folgende: Du legst jeweils einen der beiden Gegenstände unter ein Tuch, während die anderen sichtbar neben dem Tuch liegen. Jetzt soll sich dein Kind einen der sichtbaren Gegenstände aussuchen. Du fragst, wie es heißt, zum Beispiel Teesieb, fragst, wie es sich anfühlt, und beschreibst den Gegenstand für dein Kind sprachlich. Danach soll dein Kind unter das Tuch greifen und den gleichen Gegenstand mit den Händen (also ohne unter das Tuch zu gucken) „suchen". Kann es nur über das Befühlen der Gegenstände den passenden wiederfinden? Eine dritte Variation wäre folgende: Du suchst mit deinem Kind 4 oder 5 Paare heraus und legst alle Gegenstände bunt verteilt neben das Tuch. Nun macht dein Kind kurz seine Augen zu, und du versteckst eines der Teile unter dem Tuch. Nachdem dein Kind seine Augen wieder geöffnet hat, soll es sich die restlichen Gegenstände anschauen und überlegen, von welchem Paar ein Teil fehlt. Ob es den richtigen Gegenstand benannt hat, verrät ein Blick unter das Tuch.

ab 36 Monate

Unterschiede erkennen und Gegensätze benennen

Ordne **verschiedene Gefäße** - Flaschen, Dosen, Schachteln und Ähnliches - auf der einen, die dazugehörigen **Deckel** auf der anderen Seite des Tisches an. Lass nun dein Kind gemeinsam mit dir die passenden

Deckel zum Gefäß suchen. Das ist ein sehr vielseitiges Spiel, das zu vielen Aha-Erlebnissen führt, viele Sprachanlässe schafft und zudem die Handgeschicklichkeit deines Kindes trainiert.

ab 36 Monate

Sachen raten

Schneide in einen **Schuhkarton** seitlich zwei Löcher, durch die dein Kind seine Hände stecken kann. Im Inneren des Kartons (für dein Kind nicht sichtbar) liegen verschiedene Gegenstände: zum Beispiel ein **Bauklotz**, ein **Löffel**, ein **Auto**, eine **Feder**. Dein Kind soll nun durch Fühlen erraten, was sich in dem Karton befindet. Es macht dabei viele sinnliche Erfahrungen: Es spürt, ob die Gegenstände weich, hart, flauschig, rau oder anderes sind. Du kannst es durch Fragen unterstützen.

Du: „Es ist kratzig, wir brauchen es, um deine Füße in der Badewanne zu schrubben. Weißt du, was ich meine?“
Kind: „Ja, die Bürste“.
Du: „Ja, richtig. Fühl einmal, ob die Bürste im Karton liegt.“

Du kannst deinem Kind auch ein **Gefäß** und einen **Deckel** anreichen, damit es nun versucht, den Deckel auf das Gefäß zu bekommen, ohne hinzusehen.

ab 36 Monate

Räumliche Erfahrung mit Materialien

Viele Spielideen für 3-Jährige sind multifunktional. Du kannst mit ihnen gleichzeitig mehrere Fertig- und Fähigkeiten fördern. Hier einige Ideen mit einem **Dosenset**, erhältlich zum Beispiel in einem Schreibwarengeschäft. Lass dein Kind zunächst einfach mit den Dosen hantieren. Beobachte, was ihm besonderen Spaß macht. Rege es dann sprachlich an, indem du **verschiedene Gegenstände** in die Dosen gibst. Dein Kind kann diese nun entdecken, wenn es die Dosen öffnet. Das zusätzliche Benennen der Gegenstände festigt und erweitert den Wortschatz.

Dein Kind kann die Dosen auch zu einem Turm stapeln, während du als sprachliche Erweiterung Steigerungsformen verwendest, indem du zum Beispiel sagst: „Schau, mein Turm hier ist hoch, und schau mal, dein Turm ist höher und der da ist am höchsten." Oder: „Schau einmal, diese Dose ist klein, diese hier kleiner, und die da ist die kleinste." Oder du fragst dein Kind, welches die kleinste Dose ist. Oder du forderst dein Kind auf: „Gib mir mal die größte und die kleinste Dose." Dein Kind muss dann abmessen, vergleichen, ordnen, und du kannst das Tun sprachlich begleiten, dein Kind motivieren, unterstützen und loben.

Mithilfe der Dosen lassen sich auch die Präpositionen festigen: „Die rote Dose kommt *auf* die gelbe, die grüne legen wir *unter* die blaue." Oder du kombinierst dieses Spiel mit einem Tier oder einer Figur, die sich mal *unter* einer Dose versteckt, mal *um* eine Dose herumläuft, sich *hinter* die Dose stellt oder *in* der Dose verschwindet. Wenn du das in eine kleine Geschichte einbettest, wird dein Kind viel Freude an eurem Spiel haben.

Eine weitere Möglichkeit besteht darin, anhand der Dosen die Farben oder das Abzählen zu üben. Mit deinem Kind herauszufinden, was mehr und was weniger bedeutet, wann gleich viele Dinge in zwei Stapeln liegen, oder die Aufteilung „eins für dich, eins für mich" durchzuführen, sind kleine mathematische Spiele, die du mit deinem Kind in diesem Alter sehr gut spielen kannst.

ab 36 Monate

Die Überraschungskiste

Mit diesem Spiel trainierst du die Merkfähigkeit, also das Kurz- und auch das Langzeitgedächtnis deines Kindes, indem es sich an die Gegenstände und deren Bezeichnungen erinnern muss. Du brauchst dafür eine kleine **Geschenkkiste** oder eine besonders schöne **Schachtel**.

Um die Schachtel werden **fünf bis sechs Gegenstände** platziert. Nachdem dein Kind alle Gegenstände betrachtet, angefasst und „begriffen“ hat, indem es die Gegenstände benannt hat, muss es die Augen verschließen, während du einen Gegenstand in der Schachtel versteckst. Nun soll dein Kind erraten, was fehlt. Wenn es ihm nicht gelingt, kannst du ihm sprachlich helfen, indem du zum Beispiel sagst: „Das Ding war gelb, macht Quak-quak und kann auf dem See schwimmen.“ Vielleicht schafft es dein Kind nun, durch deine Beschreibungen ein inneres Bild vom Gegenstand entstehen zu lassen und sich an die Ente zu erinnern. Wenn nicht, darf es in die Schachtel schauen und den Gegenstand beim Namen nennen. Dann geht es wieder von vorn los.

ab 36 Monate

Eine Wickelgeschichte erzählen

Für dieses sprachanregende Spiel benötigst du ein **Tuch** und kleine **Gegenstände aus Stoff, Bilderkarten**, kleine **Alltagsgegenstände, Spielsachen, Figuren** oder Ähnliches. Lege das Tuch der Länge nach aus und wickele nun deine Auswahl ein. Danach kann es losgehen: Dein Kind wickelt das kleine Tuchpaket Stück für Stück auf, sodass die Gegenstände sichtbar werden. Du erzählst dazu eine Geschichte: Jedes Teil, das erscheint, baust du darin ein. Auf diese Weise entsteht vor den Augen deines Kindes eine kleine Wickelgeschichte.

Danach wechselt ihr die Rollen, und dein Kind erzählt eine Geschichte anhand der ausgewickelten Gegenstände.

Eine Variante besteht darin, deinem Kind nicht vorher zu zeigen, was du eingewickelt hast. So steht das Überraschungsmoment im Vordergrund. Immer wenn ein Tierchen oder ein Gegenstand sichtbar wird, sagt dein Kind, was es ist. Ihr könnt euch dann über den Gegenstand unterhalten, oder du stellst Fragen dazu. Dieses Vorgehen regt die Fantasie an, erweitert den Wortschatz deines Kindes und unterstützt den schnellen Abruf der Wörter aus dem Langzeitgedächtnis.

ab 36 Monate

Das Fliegenklatschen-Wörterklatschen-Spiel

Für dieses lustige und sprachanregende Spiel benötigt ihr für jeden Mitspieler eine **Fliegenklatsche** und verschiedene **Stoffgegenstände** oder alternativ **Bildkarten** (von einem Bildkartenspiel oder Ausdrucke von Tieren oder Gegenständen). Nun legt ihr die Gegenstände in die Mitte des Tisches. Dein Kind benennt alle Gegenstände, Tiere oder Personen. Danach bekommt jeder eine Fliegenklatsche. Nun sagst du „Giraffe“, und dein Kind muss so schnell wie möglich auf den passenden Gegenstand schlagen. Hat es den richtigen getroffen, darf es den Gegenstand aus der

Mitte nehmen. Danach ist der Nächste dran und sagt einen Begriff, auf den die anderen dann schlagen und so fort.

Wenn mehrere Spieler mitmachen, kann man dieses Spiel auch als Wettspiel gestalten, in dem es darum geht, wer am schnellsten ist.

Mit diesem Spiel werden die Hand-Augen-Koordination, das Reaktionsvermögen und natürlich auch die Sprache gefördert.

Wenn du schon ältere Kinder hast, kann dieses Spiel auch sehr gut zum Lernen von Vokabeln genutzt werden. Du sagst dann den Begriff auf Englisch, und dein Kind muss schnell darauf schlagen und die deutsche Übersetzung sagen oder umgekehrt.

ab 36 Monate

„Wie heißt das noch mal?“

Für dieses Spiel brauchst du nicht viel mehr als ein **blickdichtes Tuch** und ein paar **Spielsachen** oder **Alltagsgegenstände**. Lege die Gegenstände offen aus. Dein Kind benennt nun zuerst alle Gegenstände. Ihr könnt euch auch darüber unterhalten: Weiß dein Kind, wozu man das Teil benutzt oder was man damit macht? Schon dies ist sehr sprachintensiv und fördert neben dem Wortschatz auch die Fantasie und die Gedächtnisleistung deines Kindes. Danach wird es dann richtig herausfordernd. Du verdeckst alle Gegenstände mit dem Tuch. Frage nun dein Kind, ob es aufzählen kann, was unter dem Tuch liegt. Benennt es einen Gegenstand, holst du diesen unter dem Tuch hervor. Wenn dein Kind nicht darauf kommt, kannst du Tipps geben, indem du den Gegenstand beschreibst. Eine weitere Möglichkeit ist, dass du von den Gegenständen etwas unter dem Tuch „herblitzen“ lässt. Anhand des kleinen Details oder Miniausschnitts versucht dein Kind, den Gegenstand wiederzuerkennen. Na, wer weiß noch, was es war? Wer kann alle Gegenstände aufzählen, die unter dem Tuch versteckt liegen?

ab 36 Monate

Farbenrausch

Für dieses Spiel brauchst du **vier farbige Schalen oder Schachteln** und **Gegenstände in vergleichbaren Farbtönen**. Zunächst legst du alle Gegenstände aus, sodass dein Kind diese sehen, anfassen, befühlen und benennen kann. Danach stellst du die vier Schalen dazu. Lass dein Kind eine erste farbige Zuordnung vornehmen, indem es die Gegenstände zu der entsprechenden Schale legt. Auf diese Weise kannst du erkennen, ob dein Kind die Aufgabe verstanden hat. Danach geht es los. Diesmal liegt der Fokus auf dem Benennen der Farben. Du sagst jetzt zum Beispiel: „Ich nehme die rote Schale. Mal sehen, was ich in die rote Schale legen kann. Ich lege ein rotes Herz in die rote Schale. Und jetzt lege ich den roten Schraubendreher in die rote Schale und als Nächstes eine kleines rotes Kästchen." Nun ist dein Kind an der Reihe. Du unterstützt es, indem du die Farbe ergänzt oder benennst oder auf einen Gegenstand hinweist, den dein Kind vielleicht vergessen hat. Sind alle Schalen befüllt, kann dein Kind sie entleeren und nun allein befüllen. Oder ihr versteckt die Dinge unter den Schalen und versucht euch zu erinnern, was darunterliegt. Oder, oder, oder ...

Ergänzende Spielidee: Du kannst auch Gegenstände heraussuchen, die bestimmte Eigenschaften haben - rau, weich, eckig, rund, lang, kurz, dick, dünn -, und dann mit deinem Kind die Schalen nach diesen Merkmalen befüllen.

ab 36 Monate

Such mich

Für dieses Spiel brauchst du **fünf bis sechs Schalen** und **einen kleinen Gegenstand**. Die Schalen werden verkehrt herum auf den Tisch gestellt, sodass du einen Gegenstand darunter verstecken kannst. Nun hast du verschiedene Möglichkeiten: Nimm zum Beispiel einen Gegenstand und verbirg ihn nun unter einer Schale. Danach soll dein Kind auf die Schale zeigen, unter der es den Gegenstand vermutet. Haben alle Schalen eine andere Farbe, ist dies sehr leicht. Schwieriger wird es, wenn du einfarbige Schalen verwendest oder drei grüne und drei blaue. Dann muss sich dein Kind auch noch die Anordnung der Schalen merken, um den Gegenstand wiederzufinden. Noch schwieriger wird es, wenn du die Positionen der Schalen vertauschst, nachdem du den Gegenstand darunter versteckt hast.

Alternativ kannst du auch mehrere Gegenstände verstecken oder zwei gleiche, sodass dein Kind die beiden Paare wiederfinden muss, sich also merken muss, unter welchen zwei Schalen sie versteckt liegen. Wenn ihr dafür Schalen in unterschiedlichen Farben nehmt, wird es leichter.

Mehr wissen

Bücher:

- Regina Schwarz, Jutta Timm: *1-2-3 Zahlenhexerei*, Freiburg i. Br.: Herder 2019.
- *Die Praxismappe: Mathe entdecken. Kleinstkinder in Kita und Tagespflege: Ideen für Kinder unter 3*, Freiburg i. Br.: Herder 2019.
- Caryad: *Wimmelbuch: Mein Tag*, Berlin: Wimmelbuchverlag 2018.
- Nico Sternbaum: *Schüttel den Apfelbaum – Ein Mitmachbuch. Für Kinder von 2 bis 4 Jahren: Zum Schütteln, Schaukeln, Pusten, Klopfen und Sehen, was dann passiert*, Bassermann 2017.

Selbstgespräche als Wegbereiter

Wenn du dein Kind beim Spielen beobachtest, bemerkst du vielleicht, dass es beim Hantieren mit den Gegenständen spricht. Es erzählt sich etwas und führt vielleicht sogar intensive Selbstgespräche. Auf diese Weise begleitet es seine Handlungen mit Sprache. Diese Selbstgespräche sind oft zwischen dem zweiten und vierten Lebensjahr zu beobachten. Entwicklungsforscher gehen davon aus, dass diese Monologe das „innere Denken" der Kinder vorbereiten.

Auch wir Erwachsene „denken" manchmal laut und zeigen sogenanntes Sprechhandeln, indem wir unser Tun mit Sprache begleiten, wenn wir zum Beispiel ein neues Rezept ausprobieren und uns die einzelnen Schritte laut vorsagen; oder wenn es gerade sehr hektisch ist und wir vier Aufgaben zur gleichen Zeit erledigen müssen. Auf diese Weise ordnen wir unsere Gedanken, machen uns klar, was als Nächstes getan werden muss und in welcher Reihenfolge etwas zu erledigen ist. Bei uns Erwachsenen ist das jedoch eher die Ausnahme. Bei kleinen Kindern ist es am Anfang hingegen eher die Regel. Ihr Tun ist noch an Sprache gebunden. Erst wenn dein Kind älter wird, geht das laute sprachliche Begleiten in Nuscheln, Flüstern oder Wispern über, bis es irgendwann ganz verschwindet und dein Kind nur noch denkt. Sein Tun ist dann ausschließlich mit innerer Sprache begleitet, die es dann auch nur noch selbst „hört". Die Psychologin und Erziehungsberaterin Gertraud Finger erklärt: „Selbstgespräche stehen zwischen der Sprache, die sich an ein Gegenüber richtet, und der inneren Sprache, die uns beim Denken hilft."[24]

Selbstgespräche sind wichtig und haben für dein Kind eine doppelte Funktion. Zum einen helfen sie ihm, die Dinge, die es gerade erlebt oder bereits erlebt hat, zu verarbeiten, und zum anderen ebnen sie ihm den Weg fürs Erzählen. Denn im Gegensatz zu den Selbstgesprächen, die meistens handlungsbegleitendes Sprechen während einer Aktion sind, möchte dir dein Kind beim Erzählen etwas mitteilen; es muss sich somit auf dich als Zuhörer einstellen. Das bedeutet, dein Kind muss fast wie ein Gedankenleser wissen, was du schon weißt oder wissen könntest, um dann sein Erlebnis oder Geschehnis in Worte zu fassen, sodass du es verstehst. Das ist eine kognitive Höchstleistung, die nicht einfach so vom Himmel fällt. Dein Kind braucht dafür einen gut angelegten Wortschatz, Übung und geistige Klarheit, doch zuallererst braucht es dich als Erzählvorbild und Erzählbegleiterin.

Wie groß der Wortschatz deines Kindes schon ist, kannst du sehr gut erleben, wenn du mit ihm über ein Thema oder einen Sachverhalt sprichst, der ihm wichtig ist, wenn du dir von ihm Dinge erklären lässt oder Interesse an dem zeigst, was es tut. In solchen Situationen wirst du feststellen, dass dein Kind jetzt im Alter von 4 Jahren Sätze mit Nebensätzen bildet und sehr ausschmückend erzählt. In der Regel sind seine Sätze inzwischen grammatisch richtig aufgebaut, anders noch als vor rund einem halben Jahr. Ebenso verfeinern sich seine Formulierungen, es sagt zum Beispiel: „Schau mal die farbenfrohe Hose, das sieht schön aus."

Wenn du dich mit deinem Kind für ein Spiel oder zum Betrachten eines Buches zusammensetzt, wirst du feststellen, dass es sehr wissbegierig und neugierig ist. Es hinterfragt Sachverhalte, will Erklärungen finden und zeigt großes Interesse an Phänomenen und Experimenten, also an Ursache und Wirkung. Die Wissbegierde deines Kindes kannst du unterstützen, indem du mit ihm kleine Experimente durchführst oder Koch- und Backrezepte ausprobierst. Interessante und einfache Ideen für Experimente findest du auf der Seite: https://www.geo.de/geolino/basteln/15225-thma-experimente oder auf dem YouTube-Kanal: https://www.youtube.com/c/Schule-und-familieDe/videos.

Sowohl Erzählen als auch Zuhören ist wichtig

Wenn dein Kind dir ein Geschehnis oder Erlebnis erzählen möchte, braucht es dich als guten und aufmerksamen Erzählbegleiter, da du an der einen oder anderen Stelle seine Erzählungen oder Schilderungen ergänzen musst, damit sie einen Sinn ergeben und nachvollziehbar werden. Es gibt nichts Schlimmeres, als unverstanden zu sein. Das frustriert und macht wenig Lust auf mehr. Deshalb braucht dein Kind dich. Frage nach, hilf mit Wörtern aus, ergänze, führe zusammen, aber übernimm nicht das Erzählen. Dein Kind ist der „Erzähler", der Hauptakteur, der den Inhalt bestimmt und den Ablauf vorgibt. Nur wenn du lernst, gut zuzuhören, lernt dein Kind, gut zu erzählen. Eins bedingt immer das andere.

Wenn du als Mutter oder Vater, als Bezugsperson aktiv zuhörst, also am Erzählen deines Kindes aufmerksam teilnimmst, vermittelst du deinem Kind, dass es wichtig ist, was es zu sagen hat. Du zeigst ihm so auch, dass du wirklich an seinen Erzählungen interessiert bist und verstanden hast, was es sagt. Gut zuzuhören, muss man üben. Denn auch das schaut sich dein Kind von dir ab und macht es so oder so nach. Dein gutes Zuhören regt an, weiterzuerzählen, bündelt die Aufmerksamkeit und fördert die Fantasie deines Kindes. Zudem bedeutet gutes Zuhören auch mitfühlen und mitfiebern, sich mitfreuen oder Trost spenden können. Das stärkt dein Kind in der Wahrnehmung seiner eigenen Gefühle und signalisiert ihm gleichsam: Meine Mutter und mein Vater haben mich verstanden und können nachfühlen, wie es mir in dieser Situation ging.

Genauso ergeht es deinem Kind auch umgekehrt, wenn du ihm Geschichten erzählst. Es hört zu, fühlt sich hinein, „denkt" mit und lässt das Geschehnis vor seinem inneren Auge, mittels seiner Fantasie und Erfahrung, auferstehen. Ab einem Alter von 3½ bis 4 Jahren können die Geschichten gern etwas spannender ausfallen. Dein Kind ist jetzt bereit für die magische Welt der Fantasie oder lebt vielleicht schon in ihr, es hat Interesse an Hexen, Drachen und Gespenstern.

In der kindlichen Vorstellung ist alles möglich, sehr Schönes wie auch sehr Schreckliches, und neben dem Osterhasen und dem Weihnachtsmann existieren nun mal auch Geister und Monster „wirklich“. Besonders wichtig ist daher, dass die Hauptfigur deiner Geschichten eine „gute“ Hauptfigur ist, also eine die nett, stark, liebenswert und nachahmenswert ist und alle Probleme meistern kann. Vielleicht hat sie sogar magische Kräfte oder besondere Ideen und kennt für jedes Problem einen Trick. Sie sollte einfach unwiderstehlich sein. Denn so kann sich dein Kind leicht und gern mit der Hauptfigur identifizieren und gewinnt dadurch unter anderem an Mut, um alterstypische Ängste und Befürchtungen zu überwinden oder freudige Überraschungen oder besondere Ereignisse (wie beispielsweise einen Zahnarztbesuch) zu bestehen. Denk dir auch ruhig eigene Geschichten aus. Es lohnt sich. Und wenn dir gar nichts einfällt, nun, dann schnapp dir ein Buch und lies vor.

Mehr wissen

Bücher:

- Cornelia Funke: *Der Mondscheindrache*, Bindlach: Loewe Verlag 2015.
- Monika Spang: *Zauberwelt im Zirkuszelt*, Zürich: Atlantis Verlag 2017.
- Rachel Bright: *Die Streithörnchen*, Bamberg: Magellan Verlag 2018.
- Marie Voigt: *Ein Funkeln im Dunkeln: Eine Geschichte über Mut und Vertrauen.* Bilderbuch ab 4 Jahren, München: cbj Verlag 2019.
- Guido Wandrey, *Carola von Kessel: Das große Wimmelwissen*, Ravensburg: Ravensburger 2019.

Die Tücken der Konsonantenbildung

Die deutsche Sprache hält wie andere Sprachen auch bestimmte Tücken beziehungsweise Herausforderungen bereit, die es beim Erlernen der Sprache zu meistern gilt. Im Deutschen sind es zum Beispiel die Konsonantenanhäufungen, die sehr verwirrend sein können. Denn Wörter wie „Strolch", „Strumpf" oder „ernst" wären in Sprachen wie dem Italienischen oder Spanischen undenkbar. Zudem haben diese Wörter einen harten Klang. Für Japaner beispielsweise kann die deutsche Sprache zu einer großen Herausforderung werden, da im Japanischen viele Wörter nicht mit einem Konsonanten, sondern mit einem Vokal enden.[25] Kinder, die mit der deutschen Sprache aufwachsen, tauchen jedoch in dieses Sprachbad von Anfang an ein, durchschwimmen es und kommen mit einem wunderbar reichhaltigen Wortschatz als „Fang" wieder an Land.

Die Konsonanten jedoch machen auch ihnen oft zu schaffen, da sie eine feinmotorische Ausbildung der Zungen- und Mundmuskulatur voraussetzen. Daher kommen im Laufe der Sprach- und somit feinmotorischen Entwicklung immer mehr und neue Konsonanten und Konsonantenverbindungen hinzu.[26] Jetzt mit 4 Jahren beherrscht dein Kind auch sehr schwierige Konsonantenkombinationen wie „bl", „kn", „kr", „ng", „nk", „gr".

Kleiner Test: Forme doch mal bewusst mit deinen Lippen die Kombination „ng" oder „gr" und spüre, wie du sie bilden musst, also wo sich deine Zunge befindet und was sie machen muss, um den Laut zu formen. Du merkst sehr schnell, dass dies ganz schön schwierig ist. Darum brauchen Kinder Zeit und Übung beim Bilden der Lautkombinationen, manche ein bisschen länger als andere. Auch über das vierte Lebensjahr hinaus werden noch weitere Konsonantenverknüpfungen und Lautkombinationen angelegt, und erst zum Ende des sechsten Lebensjahres ist dieser Prozess abgeschlossen. Erst dann sind die Laute vollständig und gefestigt.

Eine weitere Eigenart unserer Sprache sind die sogenannten Knacklaute. Sie entstehen bei sehr vielen Wörtern, die im Anlaut einen Vokal haben, wie zum Beispiel „Akt". Nicole Richter, Sprachwissenschaftlerin an der Europa-Universität Viadrina, beschreibt die Bildung der Knacklaute so: „Beim Knacklaut öffnen sich die Stimmbänder sehr plötzlich, und die angestaute Luft entweicht auf einmal. In den romanischen Sprachen (etwa Spanisch, Italienisch) oder slawischen Sprachen (etwa Russisch, Polnisch) taucht dieser Laut nicht auf, denn hier haben wir einen weichen Stimmeinsatz, der eher gehaucht klingt."[27] Dies ist ein weiterer Grund, warum viele Menschen die deutsche Sprache als hart bezeichnen.

Wenn wir mit der Sprache aufwachsen, ist sie für uns jedoch vertraut und liebevoll, so empfindet es auch dein Kind. Es sei denn du schimpfst mit ihm, brüllst es an oder betonst bewusst einzelne Wörter hart, laut und herabwürdigend. In solchen Momenten ist deine Sprache nicht nur hart, sondern verletzend und kann wie ein Faustschlag wirken. Jörg Maywald formuliert es noch eindeutiger: „Anschreien ist eine Form verbaler seelischer Gewalt"[28], da dein Kind mit deiner Wut ungefiltert konfrontiert wird. Diese kann es aufgrund seines Alters jedoch in der Regel nicht einordnen, darum macht ihm dein Verhalten Angst. Es ist dir schutzlos ausgeliefert, denn du bist ihm als Erwachsener immer überlegen. „Gewalt als Mittel der Erziehung erzeugt keinen Respekt, sondern immer Angst"[29], erklärt der dänische Familientherapeut Jesper Juul. In Deutschland ist gewaltvolle Erziehung - Kinder zu schlagen, zu demütigen, zu fixieren und Vergleichbares - verboten.

Jesper Juul bringt die Beziehung von Eltern und Kindern in seinem Buch *Grenzen, Nähe, Respekt* sehr passend auf den Punkt: „In allen Beziehungen zwischen Erwachsenen und Kindern sind ausschließlich die Erwachsenen für die Qualität des wechselseitigen Umgangs miteinander verantwortlich."[30] Achte darum immer auf deine Sprache und auch auf dein Handeln im Umgang mit deinem Kind. Mit deiner Sprache kannst du es trösten, liebkosen, streicheln, und manchmal musst du auch Klartext mit ihm reden. Dein Kind braucht auch (sprachliche) Grenzen - doch dies muss nicht in gewaltsamer Weise geschehen. Dennoch muss dein Kind wissen, was dir wichtig ist und wo du persönliche Grenzen setzt, um dich oder dein Kind zu schützen. Kinder brauchen Orientierung und Führung. Mit Kindern respektvoll umzugehen und zur gleichen Zeit die Verantwortung als Mutter oder Vater nicht aus der Hand zu geben, also sie konkret und wissentlich zu übernehmen, ist die zentrale Aufgabe des Elternseins. Statt zu erziehen, im Sinne von: „Mein Kind ist ein Gefäß, das ich mit Wissen füllen, oder ein Klumpen Ton, den ich formen muss", solltest du als Mutter beziehungsweise Vater deinem Kind auf Augenhöhe begegnen und durch dein eigenes Verhalten ein Vorbild sein. Auf Augenhöhe sein bedeutet hier gleichwertig oder würdig sein, nach dem Motto: „Was du nicht willst, das man dir tut, das füg auch deinem Kind nicht zu." Denn du als Mutter oder Vater hast nun mal immer einen deutlichen Erfahrungs- und Wissensvorsprung. Und da Erziehung zum größten Teil dadurch geschieht, dass euer Kind sich instinktiv an euch als Eltern orientiert und sich von euch abschaut, wie ihr miteinander umgeht, wie ihr diskutiert, euch ernährt, anzieht, mit- und zueinander sprecht oder Konflikte löst, ist es immer auch gleichsam Lernender und schaut sich ab, wie es geht. Elternsein ist daher nicht nur Erziehung der Kinder, sondern auch Selbsterziehung. Das ist anstrengend und herausfordernd und setzt die Fähigkeit zur Selbstreflexion voraus, da die Ansprüche ans Elternsein heutzutage sehr komplex sind.

Wichtig ist jedoch, dass dein Kind spürt, dass du echt und authentisch bist, ihm durch liebevolle Gesten und wertschätzende Worte zeigst, dass du es liebst, und ihm auf der anderen Seite ebenso deutlich und authentisch, zum Beispiel durch ein „Halt, bis hierher und nicht weiter", signalisierst, wenn eine Grenze erreicht ist. Denn „unsere Sprache wird nicht dadurch persönlich, dass wir *du* und *man* durch *ich* ersetzen. Es gehört mehr dazu, zum Beispiel, dass wir *meinen*, was wir sagen. Es muss zu spüren sein, dass wir *selbst* sprechen."[31]

Ich bin ein Junge, und ich bin ein Mädchen! Die Geschlechtsidentifikation im vierten Lebensjahr

Besonders wichtig ist im vierten Lebensjahr auch die Geschlechtsidentifikation, die dein Kind nun vollzieht. Im zweiten und dritten Lebensjahr hatte sich dies sprachlich angebahnt. Im zweiten Lebensjahr entdecken Kinder ihr eigenes Ich: Sie erkennen sich im Spiegel wieder und wechseln beim Sprechen aus der dritten in die erste Person, sie verwenden also das Personalpronomen „ich“. Die Logopädin Barbara Zollinger erklärt: „Diese Phase wird als Höhepunkt der Individuationsentwicklung bezeichnet und bildet die Voraussetzung für den Blick in die Welt hinaus.“[32]

Im dritten Lebensjahr rückt dieser Blick auf die Welt, auf die „anderen Dritten“ ins Zentrum des Interesses deines Kindes. Meist ist dies jemand aus dem näheren Umkreis wie die ältere Schwester, der Großvater, die Nachbarin oder der Erzieher aus der Kita. Dieser andere Dritte ist unter anderem darum interessant für dein Kind, weil er nicht immer da ist, sondern zwischendrin immer wieder weg ist, also „verschwindet“, weil du beispielsweise dein Kind am Nachmittag aus der Kita abholst. Damit verkörpert dieser andere Dritte die Dimensionen Raum und Zeit und bildet sozusagen den Transfer, die Brücke in die Welt hinaus.[33] Gleichzeitig stellt sich für dein Kind im Zusammenhang mit dem Dritten auch eine ganz neue Frage, nämlich die des Geschlechts: Bin ich wie der Papa, Opa, der große Bruder, der Erzieher oder wie die Mama, Oma, die Nachbarin, die Erzieherin? Bin ich also ein Junge oder ein Mädchen?[34]

Zu Beginn des vierten Lebensjahres erlebt sich dein Kind nicht mehr nur mit dir als Mutter oder Vater, sondern versteht sich als gemeinsam mit dir und deinem Partner oder deiner Partnerin. Diese Erfahrung und das bewusste Erleben von zwei Elternteilen als Paar bildet nicht nur eine wichtige Voraussetzung für die geistige Dezentrierung (einem wesentlichen Schritt in der Überwindung des kindlichen Egozentrismus), sondern auch für die Entwicklung der eigenen Persönlichkeit und der Sozialisierung in der Gruppe der Gleichaltrigen. Das bedeutet konkret, dass dein Sohn sich nun im Kindergarten zur Gruppe der Jungen zugehörig fühlen und dort seine Rolle suchen wird, während deine Tochter sich als Teil der Gruppe der Mädchen versteht. Spätestens jetzt wird es den ein oder anderen Disput um Kleidung geben, denn jetzt wird dein Mädchen „Mädchenfarben" und dein Junge „Jungenfarben" anziehen wollen. Dein Kind wird dir nun sehr deutlich sagen, was cool ist und was es künftig nicht mehr anziehen will. Reagiere tolerant und mach deinem Kind auch Mut, die Kleidung anzuziehen, in der es sich wohlfühlt, ganz gleich, was veraltete Rollenbilder und Genderklischees behaupten.

Es gibt auch Kinder, die sich nicht eindeutig mit einem Geschlecht identifizieren oder sich nicht zuordnen lassen (wollen). Doch nur weil ein Mädchen eine Zeitlang ein Junge sein oder bewusst nur Jungenkleidung anziehen will, muss es noch lange nicht trans sein. Dennoch stoßen Kinder, die gegen solche Konventionen aufbegehren, häufig auf Unverständnis. Die Psychiaterin Dagmar Pauli stellt zum Beispiel fest, dass Jungen es in diesem Zusammenhang schwerer haben: Wenn ein Junge einen Rock im Kindergarten anziehen möchte, sei das bereits schwierig: „Meist finden die Eltern, dass das gar nicht gehe, und die Kindergärtnerin befürchtet, dass ihn die anderen Kinder auslachen würden. Als Mädchen kann man burschikos rumlaufen, aber umgekehrt geht nicht."[35] Aber warum soll ein Junge nicht auch mal im Rock oder Kleid in den Kindergarten gehen? In Schottland tragen Männer ganz selbstverständlich und mit Stolz einen Kilt. Für Mädchen und Frauen sind Hosen schließlich auch längst eine Selbstverständlichkeit. Sei darum im Umgang mit deinem Kind sensibel und tolerant. Je unverkrampfter wir mit dem Thema Geschlechteridentifikation und Kleidungsstile umgehen, desto einfacher wird es für unsere Kinder.

MEILENSTEINE 4 JAHRE

Äußern

Der Wortschatz wächst weiter, Sätze und Nebensätze werden zum großen Teil grammatisch korrekt gebildet. Schwierigere Konsonantenverbindungen wie „bl", „kn", „kr", „ng", "nk", gr" können gebildet werden. Das Kind kann Farben richtig benennen und einfache Vergangenheitsformen bilden. Vergangenheit, Gegenwart und Zukunft werden grammatisch ausgedrückt. Nomen, Verben und Adjektive werden angemessen genutzt.

Verstehen

Das Kind hört auch Geschichten ohne Bilder interessiert und über einen längeren Zeitraum zu und versteht diese inhaltlich. Es ist sehr wissbegierig und erzählfreudig. Es kann auf Nachfrage Farben, Formen und Größen (kleiner, größer) sowie Mengen (mehr, weniger, gleich viel) benennen.

Im Dialog

Das Kind fragt viel und möchte gern von eigenen Erlebnissen berichten. Es hat Spaß an Liedern und kann diese auch wiedergeben. Es fragt bei Erklärungen nach und stellt Warum-Fragen.

Spielideen

3 – 4 Jahre

Taschenlampen-Bilderbuch-Spaß

In diesem Alter lieben Kinder es, Bilderbücher und Poster zu betrachten, diese gemeinsam mit dir zu entdecken, zu staunen und Geschichten dazu zu erzählen. Besonders schön und einfach geht dies mit einem **Poster** und zwei **Taschenlampen**. Klebe ein Wimmel- oder Tierposter an die Zimmertür oder nimm ein großes Wimmelbuch, dunkle den Raum ab und setz dich mit deinem Kind mit ein wenig Abstand davor. Jeder hat eine Taschenlampe in der Hand. Such zuerst du mit dem Lichtkegel der Taschenlampe etwas auf dem Bild und erzähl eine kleine Geschichte dazu. Danach ist dein Kind dran, oder ihr macht es beide zusammen. Es gibt vieles zu entdecken und zu erzählen.

3 – 4 Jahre

Bilderbuchkino

Der Carlsen Verlag bietet zu vielen Bilderbüchern in Form von PDF-Dateien Reproduktionen der Originalbilder unter folgendem Link an: https://www.carlsen.de/bilderbuchkino. Du kannst passend zu deinem Bilderbuch die Dateien kostenfrei herunterladen und gemeinsam mit deinem Kind das Bilderbuch auch als Bilderabfolge ansehen, quasi als „Kinofilm“. Da nur die Bilder zu sehen sind, müsst ihr nun entweder euch gegenseitig erzählen, was da geschieht, oder du liest das Buch vor.

3–4 Jahre

Tellerrand-Geschichten

Kopiere aus einem **Bilderbuch** deiner Wahl ein paar Seiten. Oder fotografiere sie und drucke sie aus. Nachdem du mit deinem Kind das Bilderbuch angeschaut oder die Geschichte vorgelesen hast, schneidet dein Kind zwei, drei Fotos oder die Hauptfigur aus den kopierten Seiten aus und klebt sie auf einen **Pappteller**. Dazu erzählt dir dein Kind seine Geschichte, und du schreibst diese auf dem Rand des Tellers auf. So entstehen individuelle Tellerrand-Geschichten.

Natürlich kannst du solche Tellerrand-Geschichten auch ohne Bilderbuch herstellen: Lass einfach dein Kind etwas auf den Teller malen, oder ihr verwendet ein Foto von einer bestimmten Situation, zum Beispiel vom Plätzchenbacken oder Spielplatzbesuch. Während dein Kind erzählt, schreibst du auf, was es erlebt hat. So könnt ihr eine kleine Tellerrand-Geschichtensammlung erstellen, und am Abend, vor dem Zubettgehen, sucht sich jeder einen Teller daraus aus und lässt die Geschichte noch einmal aufleben. Das ist ein toller und vor allem individueller Erzählspaß, der so gut wie nichts kostet.

3 – 4 Jahre

Der Wortschatz-Sack - gemeinsam neue Wörter entdecken

Aus einem Stück **Pappkarton** oder **Tonkartonbogen** schneidest du oder dein Kind einen großen Sack aus. Befestigt diesen an der Kinderzimmer- oder Küchentür. Sammelt pro Monat nun zehn bis zwölf neue **Wörter**, die zusammen mit einem entsprechenden **Foto** auf dem Sack befestigt werden. So werdet ihr gemeinsam zu Wortfindern und füllt den Wortschatz-Sack. Gleichzeitig erweitert sich der Wortschatz deines Kindes.

Jedes neue Wort wird zuvor besprochen oder erklärt, damit dein Kind auch weiß, worum es sich dabei handelt. Die Wörter können zur Jahreszeit passen oder zu einem Fest, das in diesem Monat ansteht, zu einem Ereignis oder anderen Dingen. Wenn ihr die Fotos nicht aufklebt, sondern mit **Kreppband** anheftet, braucht ihr nicht jeden Monat einen neuen Sack zu basteln, sondern könnt einfach die Fotos austauschen. Bewahrt die Fotos sortiert nach Monaten auf.

Der Sack an der Tür motiviert dein Kind zudem bei jedem Blick auf die Fotos, die Wörter stumm oder auch laut zu wiederholen. Am Jahresende könnt ihr euch einen Spaß daraus machen, die zwölf prallvollen Wörtersäcke noch einmal anzuschauen und zu besprechen. „Weißt du noch, wie der Gegenstand auf dem Foto heißt?“

3–4 Jahre

Ein kleines Erzähltheater

Aus einer alten **Schuhschachtel** oder **zwei Deckeln** lässt sich schnell und unkompliziert ein kleines Erzähltheater basteln. Überlege zusammen mit deinem Kind ein Thema für eine Aufführung (beispielsweise Wald, Strand oder Dinos) und sucht dann **Spielzeug** oder andere passende **Gegenstände** zusammen. Bemalt die Pappdeckel entsprechend dem Thema und legt den Deckel für den Boden vielleicht mit **Sand** (Strand) oder **Moos** aus. Dafür könnt ihr auch **Vogelsand** oder **Stoff** nehmen. Befüllt ihn nun noch mit den Gegenständen. Danach wird draufloserzählt. Spielt euch jeden Tag eine neue Geschichte vor. Dein Kind kann das kleine Theater auch allein bespielen (und dabei Selbstgespräche führen).

3–4 Jahre

Wortdetektive

Für dieses sprachförderliche Denk- und Ratespiel brauchst du nichts weiter als ein **großes leeres Glasgefäß**, wie zum Beispiel ein altes Aquarium oder eine Vase. Die ganze Familie kann mitmachen. An einem bestimmten Tag - vielleicht immer sonntags - legt einer von euch einen **Gegenstand** in das Glas. Keiner darf den Gegenstand berühren oder ihn benennen. Aber jeder darf einen Tipp abgeben, um was es sich dabei handeln könnte und wofür man das „Ding im Glas“ wohl braucht. Alle Meinungen, Ideen und Gedanken werden aufgeschrieben. Bis zum kommenden Sonntag kann jeder über den Gegenstand nachdenken. Dadurch ergeben sich spannende, witzige und interessante Gespräche.

Am nächsten Sonntag kommt dann die ganze Familie zusammen. Zuerst äußert jeder seine Vermutungen oder stellt Fragen dazu. Danach erklärt dann derjenige, der den Gegenstand ausgewählt hat, was das ist und wozu er genutzt wird.

Anschließend kommt ein neuer geheimnisvoller Gegenstand ins Glas, und alles beginnt von vorn. Je nach Alter der Kinder können die Gegenstände im Laufe der Zeit anspruchsvoller werden. Auf diese Weise werden viele neue Begriffe entdeckt.

3–4 Jahre

Erzählsteine: kleine Geschichten selbst erzählen

Sammle mit deinem Kind kleine **Kieselsteine**. Bemalt sie anschließend gemeinsam mit eindeutigen Motiven: Pilz, Blume, Schlange, Eis, Fisch und so weiter. Darüber kommt ihr ins Erzählen und Plaudern, es werden

Begriffe benannt und auch auf die Steine gemalt. Der gemeinsame Malspaß ist damit schon ein wunderbarer Erzählmoment, der nach dem Trocknen der Steine wieder aufgenommen werden kann. Nun sucht sich jeder von euch drei bis vier Steine aus und erzählt damit eine kleine Geschichte. Oder ihr gebt alle Steine in ein Säckchen, und jeder zieht drei Steine, zu denen er dann eine kleine Geschichte erfindet. Oder jeder zieht sich zwei Steine, und zusammen versucht ihr nun, nacheinander eine Geschichte zu erzählen. So kann zum Beispiel dein Kind beginnen, und du setzt die Geschichte mit deinen Steinen fort.

3 – 4 Jahre

Klammertiere erzählen eine Geschichte

Hierfür brauchst du **Pappe** und ein paar **Wäscheklammern aus Holz**. Male auf Pappe Tiere auf, die ein Maul haben, zum Beispiel einen Fisch, einen Frosch, eine Katze, einen Hund, eine Ente und so weiter. Dein Kind - oder du - schneidet die Tiere im Anschluss aus, danach werden sie angemalt. Klebe die Klammer auf die Rückseite des Mauls, sodass sich Ober- und Unterkiefer beim Zusammendrücken der Klammer auseinanderbewegen. Das Tier kann jetzt sprechen und eine Geschichte erzählen. Ein schöner Erzählspaß beginnt.

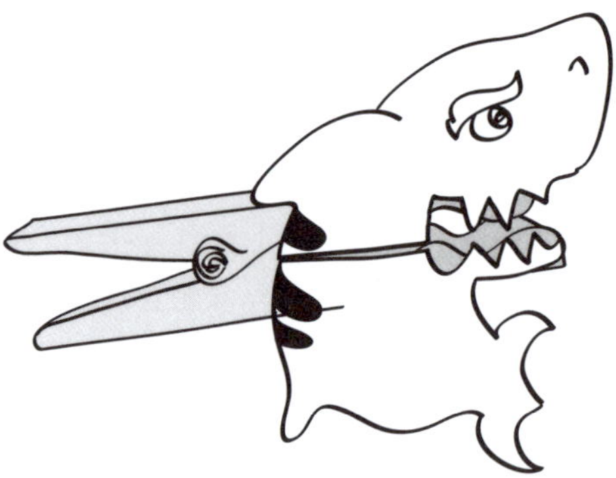

3 – 4 Jahre

Fingertiere und -männchen

Eine einfache und kostengünstige Möglichkeit für das Erzählen und Nachspielen von Geschichten sind Pappfiguren für die Finger. Ob Tiere, Märchenfiguren oder Personen, alles ist denkbar und bespielbar. Malt einfach ein Motiv auf **Pappe** auf, schneidet es aus und malt es an. Und schon kann es losgehen. Bastele gemeinsam mit deinem Kind einen ganzen Fundus an Spielfiguren, um viele unterschiedliche Geschichten erzählen zu können. Im Internet findet ihr viele verschiedene Vorlagen.

3 – 4 Jahre

Sprachrohrgeschichten

Bastelt aus den Papprollen von Haushaltspapier oder Ähnlichem „Sprachrohre“. Gemeinsam könnt ihr diese bunt anmalen oder bekleben. Stellt euch dann im Flur oder in einem Zimmer etwas voneinander entfernt auf und flüstert euch Geschichten zu oder erzählt, was ihr am Tag erlebt habt.

Von Quasselstrippen und Abenteurern

Mit rund 4½ Jahren hat sich der Wortschatz deines Kindes gut weiterentwickelt. Dein Kind kennt nun circa 1500 bis 2000 unterschiedliche Wörter, die es aktiv nutzt. Natürlich kommen in den nächsten Jahren noch viele weitere Wörter hinzu, gleichwohl nutzt dein Kind sein Repertoire nun vielfältig und ist daher eine echte Quasselstrippe, die dir alles erklären will und Alltagsgeschehnisse auch immer häufiger (ungefragt) kommentiert. Seine verfeinerte und gut ausgebaute Sprechfertigkeit zeigt sich deutlich, indem es fließend spricht, gerne und viel erzählt, mühelos mit seiner Omi telefonieren kann und von seinen Erlebnissen zusammenhängend und ausschmückend berichtet. Auch Gehörtes, zum Beispiel aus einer Geschichte, kann es nacherzählen, und es hat Spaß an Liedern und Reimen. Und vielleicht ist dir auch schon aufgefallen, dass dein Kind jetzt sogar schon ein Wort in seine einzelnen Silben zerlegen und dazu rhythmisch klatschen kann.

Besonders hervorzuheben ist, dass dein Kind inzwischen komplexe Sätze verwendet, die Zeitformen richtig einsetzt und du mit ihm sogar über abstrakte Zusammenhänge reden kannst, da es anfängt, Dinge in Beziehung zu setzen. Die Sprachentwicklung deines Kindes wird noch durch viele Eindrücke und Erlebnisse, Projekte und Themen befeuert, die ihm in der Kita begegnen, sodass sein aktiver Wortschatz bis zum Ende seiner Kindergartenzeit auf rund 5000 bis 6000 Wörter anwächst, während sein passiver Wortschatz ungefähr 20 000 bis 30 000 Wörter umfasst. Was für eine Leistung!

Im Laufe des vierten Lebensjahres wächst das Interesse des Kindes an Buchstaben, Schriftzeichen und Zahlen zunehmend. Es weiß um Farben und setzt diese in seinen Bildern bewusst ein. Es zählt gern Gegenstände, zum Beispiel die Sitzplätze im Morgenkreis der Kita, um zu überprüfen, ob für alle Kinder genügend Stühle aufgestellt wurden. Auch kann es bereits mit einem Blick erfassen, ob am Frühstückstisch genügend Teller und Tassen aufgedeckt wurden. Dies gelingt deinem Kind, weil es inzwischen kleinere Mengen im Nu mit den Augen erfassen kann. Das wirst du auch feststellen, wenn dein Kind einen Würfel rollen lässt: Mit einem Blick darauf ruft es dann „fünf" oder „drei", ohne nachzählen zu müssen.

Zudem kann dein Kind nun selbstständig Handlungsaufträge umsetzen, selbst wenn diese dreigeteilt sind. Wenn du zum Beispiel sagst: „Enja, geh bitte ins Wohnzimmer [erster Auftrag] und hol die beiden Tassen, die dort stehen [zweiter Auftrag], und bring bitte auch aus deinem Zimmer den Teller mit [dritter Auftrag]", wird dein Kind dies ausführen können. Um dies zu bewältigen, bedarf es einer komplexen geistigen Reifung, auf die dein Kind jetzt zurückgreifen kann: Es kann den Auftrag hören, ihn verstehen, abspeichern und dann in der richtigen Reihenfolge umsetzen, ohne sich ablenken zu lassen. Das setzt voraus, dass es weiß, was vorher und was nachher bedeutet, also zeitliche Verhältnismäßigkeiten verinnerlicht hat, und sich zudem selbst organisieren kann. Und das setzt wiederum voraus, dass sein Arbeitsgedächtnis gut funktioniert.

Das Arbeitsgedächtnis kannst du mit einer Art innerem Notizbuch vergleichen, das dein Kind nutzt, um sich einen Auftrag zu merken. Es hilft ihm, die Informationen zu speichern und zu verarbeiten. Du nutzt es ebenfalls, wenn du dir eine Telefonnummer merken oder nur drei, vier Dinge beim Bäcker einkaufen willst. Diese Dinge schreibst du nicht auf, sondern merkst sie dir. Erwachsene können sich ungefähr sieben bis neun Elemente - Wörter, Zahlen, Objekte - für einen kurzen Zeitraum merken.[36] Nach dem Einkaufen sind sie sofort wieder vergessen, da das Arbeitsgedächtnis kein Langzeitgedächtnis, sondern ein Kurzzeitspeicher ist. Bei deinem Kind funktioniert der Kurzzeitspeicher genauso. Allerdings sind es in diesem Alter ungefähr drei Elemente, die es sich kurzfristig merken kann. Ebenso kann es simultan, also auf einen Blick, Mengen bis drei erfassen. Im Verlauf seiner Entwicklung wird sich diese Fähigkeit weiter ausbauen, sodass es bis zum Ende der Kindergartenzeit Mengen bis fünf (teilweise auch sechs) simultan erfassen, zudem Mengen vergleichen und strukturieren kann.

Gemeinsam nachdenken, staunen und philosophieren

Auch als Kindergartenkind braucht dich dein Kind als Ansprechpartner beziehungsweise Gesprächspartnerin, zum Vorlesen, Erzählen, Singen, Reden, Kuscheln und Philosophieren. Gerade jetzt mit 4½ Jahren stellt dein Kind viele und auch tiefgründige Fragen, die nicht immer leicht zu beantworten sind: „Ist der Mond die Sonne der Nacht?", „Warum können wir den Menschen in Afrika nicht Geld schicken, dann können sie sich Brot kaufen und brauchen nicht zu hungern?", „Wenn Oma im Sarg unten in der Erde liegt, wie kommt sie dann in den Himmel?" Die Komplexität seiner Fragen hängt mit der kognitiven Weiterentwicklung deines Kindes und seinem Erfahrungswissen zusammen. Sein kausales Denken ermöglicht ihm inzwischen, Ursachen und Folgen zu erkennen sowie Begründungen und Argumente zu verstehen. Auch hat sich seine Vorstellungskraft weiterentwickelt, sodass sein Sinnhorizont sich erweitert hat und es nun nicht nur die Bedeutung von Dingen erkennt, sondern auch selbst nach dem Sinn von Begebenheiten oder Phänomenen fragt. Daher hinterfragt es nun viele Situationen und stellt Fragen zu Begebenheiten, die es noch nicht versteht, die es aber interessant findet. Es will jetzt mehr wissen und braucht darum auch fundierte Antworten auf seine Fragen und Gedanken, um sich ein Bild von der Welt zu machen. Wenn du dich auf diese anspruchsvollen und nachdenklichen Gespräche mit deinem Kind einlassen willst, ist es wichtig, dass du dein Kind als gleichwertigen Gesprächspartner anerkennst. Und ob im Dialog mit deinem Kind oder im Gespräch in größerer Runde am Frühstückstisch: Es geht nie darum, eine abschließende Antwort zu finden oder ein Problem konkret zu lösen. Viel wichtiger ist, das Offene, Besondere und Ungelöste einer Frage zum Anlass des gemeinsamen Gedankenaustausches zu machen. Denn wichtig ist hierbei die Einnahme von Distanz: Im Zentrum dieser Gespräche steht, dass du und dein Kind sich über etwas unterhalten und jeder seinen eigenen Standpunkt erkennt, damit ihr euch gedanklich und sprachlich aufeinander zubewegen könnt.

Nutze diese Chance, mit deinem Kind gemeinsam nachzudenken und zu staunen, sie kommt nicht wieder. Das klingt vielleicht etwas melodramatisch, ist jedoch nur zu wahr: Die Zeit vergeht wie im Fluge. Zudem hilft das gemeinsame Philosophieren deinem Kind dabei, zu lernen, sich zu artikulieren und auch komplexe Zusammenhänge und Gedanken zu formulieren.

Eine gute Möglichkeit, in einem intensiven Austausch zu bleiben oder in einen zu kommen, ist das gemeinsame Betrachten von Bilderbüchern und das Vorlesen von Büchern. Indem ihr euch darüber unterhaltet, erfährst du auch, was dein Kind derzeit bewegt und worüber es sich Gedanken macht. Echtes Interesse, aktives Zuhören, Blickkontakt, ein freundliches, zustimmendes Lächeln sind unterstützende nonverbale Signale, die dein Kind ermutigen, auch Ungewöhnliches oder Angstmachendes zu äußern.

Dialoge beruhen immer auf einer Dreieckssituation, das bedeutet, dein Kind und du seid involviert und euer Gespräch bezieht sich auf etwas Drittes, etwas, das ihr gemeinsam habt, die Erfahrung von nur einem von euch, auf einen Gegenstand oder auf ein Thema. Um zu kommunizieren, ist es deshalb wichtig, dass dein Kind dieses Dreieck herstellen kann, also die Welt der Dinge mit der Welt der Personen zu verknüpfen lernt. Bei solch innigen Gesprächen oder philosophischen Dialogen begibst du dich gemeinsam mit deinem Kind auf eine (Gedanken-)Reise. Denn bei einem solchen Austausch geht es nicht darum, dass dein Kind etwas nachplappert, sondern dass es eigene Worte findet, die zu seinen Gedanken und Gefühlen passen. Dazu musst du als Bezugsperson gut zuhören, mitdenken und auch gezielt nachfragen.

Bilder- oder Fotobilderbücher betrachten

Wenn du mit deinem Kind Bilder- oder Fotobilderbücher betrachtest und dabei über das Abgebildete ins Gespräch kommst - ohne etwas vorzulesen -, dann handelt es sich um das sogenannte dialogische Erzählen. Dies bedeutet, dass du als Vater oder Mutter dich vom Text löst und das Buch kontextualisierst, während dein Kind in den Mittelpunkt eures Dialogs rückt. Lenkst du dabei seine Aufmerksamkeit, indem du Fragen stellst oder Impulse gibst, so wird es zum Erzähler. Anders als beim Philosophieren, wo dein Kind das Thema vorgibt, geben hierbei die Bilder im Buch das Thema vor.

Bei einer dialogischen Bilderbuchbetrachtung kann dein Kind über die Fotos in Kontakt mit sich selbst, seinen Erfahrungen, Vorstellungen oder Ideen kommen. Es erprobt sich im Beschreiben von Eindrücken, im zusammenhängenden Denken, im Wahrnehmen der eigenen Gefühle und lernt diese und auch sich selbst auszudrücken. Zudem trainiert der Dialog auch seine Fähigkeit zuzuhören, auf Fragen Antworten zu finden und seinen Standpunkt zu erklären. Das hilft ihm, seine Gedanken zu sortieren, und fördert zudem sein ganzheitliches Denken. Auf diese Weise wirkt sich sowohl das dialogische Erzählen wie das Philosophieren und Argumentieren auf die Sprachentwicklung sehr förderlich aus.

Mehr wissen

Bücher:

- Aaron Becker: *Die Reise*, Hildesheim: Gerstenberg 2015.
- Agnès de Lestrade: *Der Bär und das Wörterglitzern*, München: Mixtvision 2015.
- Jutta Bauer: *Opas Engel*, Hamburg: Carlsen 2018.
- Ursula Günster-Schöning: *Von Häusern, Fenstern und Türen: Ein dialogisches Fotobuch. Mit Begleitheft*, Freiburg i. Br.: Herder 2018.

Spielideen

ab 4 ½ Jahre

Fotoalben im Vergleich

Fotoalben laden zum Entdecken, Philosophieren, Staunen und Fragen ein und bieten so vielfältige Sprachanlässe, bei denen wie nebenbei auch grammatische Schwierigkeiten geübt werden, wie zum Beispiel der Gebrauch der Vergangenheitsform. Suche ein Fotoalbum von dir aus deiner

Kindheit und eines von deinem Kind heraus. Setzt euch dann zusammen, vergleicht die Bilder und erzählt euch etwas dazu. Wie war es früher bei dir? Wie ist es heute bei deinem Kind? Was hast du gespielt, erlebt, getan und was dein Kind? Was war dir wichtig? Was ist deinem Kind wichtig? Noch spannender wird es, wenn auch andere wie die Oma, der große Bruder, die Tante ihre Fotoalben holen und ihr nun viele unterschiedliche Fotos und Erfahrungen vergleicht.

Fragen, Fragen, Fragen

Mit 4 Jahren sind Kinder immer mehr in der Lage, komplexe oder tiefgründige Fragen zu beantworten. Dies lässt sich zum Beispiel an Warum-Fragen erkennen. Das korrekte beziehungsweise sinnhafte Beantworten von Fragen nach dem Warum setzt eine gewisse kognitive Reifung voraus, die auf eigenen Erfahrungen und einem inneren Bild von der Welt basiert. Kinder müssen hierbei auf kausale Zusammenhänge (Wenn-dann-Erfahrungen), Bedürfnisse und Beweggründe zurückgreifen sowie Rückschlüsse auf Verhaltensweisen ziehen können und die Fähigkeit zur Perspektivübernahme besitzen. Diese Fähigkeit ist jetzt im Ansatz vorhanden; sie entwickelt sich jedoch bis zum Ende der Kindergartenzeit weiter, sodass 6-Jährige Warum-Fragen noch angemessener und vielschichtiger beantworten können als 4-jährige Kinder. Fragt man 4-Jährige beim Spiel „Schere, Stein, Papier", warum sie sich für ein bestimmtes Symbol entschieden haben, lauten die Antworten häufig: „Weil ich dachte, du nimmst jetzt …" oder: „Weil du eben … genommen hast, dachte ich, du nimmst jetzt …" Bei 6-Jährigen kann es hingegen schon vorkommen, dass das Kind sagt: „Ich habe gedacht, dass du denken würdest, ich würde noch mal Papier nehmen." Der Denkvorgang ist hier ganz anders und zeigt einen immensen Entwicklungsfortschritt. Zum einen wird die Perspektivübernahme deutlich, das Hineindenken in das Gegenüber (was denkt der jetzt, das ich denke), und zum andern wird der sogenannte „Rekursivitätsgewinn“ - die Problemlösungsstrategie, komplexe Sachverhalte mit rekursiv formulierten Regeln zu erfassen - sichtbar. Das bedeutet, das 6-jährige Kind zieht nun in Betracht, wie seine vorangegangene Entscheidung (für Papier) auf den Spielpartner gewirkt hat und welche Entscheidung dieser auf der Grundlage seiner Verarbeitung des vorangegangenen Spielzugs treffen könnte.[37] Du siehst, dies ist wirklich sehr komplex.

Diese Entwicklungsschritte sind für die Beantwortung von Warum-Fragen wichtig und relevant. Hinzu kommt, dass Kinder sich eine eigene Innenwelt aufbauen, die ihre Außenwelt repräsentiert. Auf Basis dieser Innenwelt erklären sie sich Sachverhalte und beantworten Fragen. So können 4-Jährige schon zwischen Schein und Wirklichkeit unterscheiden, zum Beispiel wissen sie, dass eine Kerze, die wie eine Birne aussieht und sich so auch anfühlt, dennoch eine Kerze ist. Ein 2-jähriges Kind wäre sich da nicht so sicher. 5-Jährige hingegen können zwischen Absicht, Versehen und Zufall unterscheiden, da sie in immer differenzierterer Weise ihr eigenes Wissen, den aktuellen Informationsstand und auch ihre persönlichen Motive in Betracht ziehen, wenn sie zum Beispiel nach dem Grund des Handelns einer Person befragt werden. Daher sind sie meistens in der Lage anzugeben, ob eine Handlung absichtlich, versehentlich oder zufällig erfolgte. Sie können zudem zwischen ihrem Vorwissen und den Dingen, die sie gerade erst gelernt haben, unterscheiden. Auf diese Weise können sie ihre Erlebnisse und Erfahrungen im Gedächtnis in korrekter zeitlicher Reihenfolge abspeichern. Das können 3- und 4-Jährige noch nicht.[38] Um ihr Wissen zu erweitern und zu festigen, fragen 5-Jährige darum viel und gehen den Dingen gern auf den Grund. Um ihre Problemlösungskompetenz zu bereichern, solltest du sie an Handlungen, kleinen Reparaturen, handwerklichen Tätigkeiten und Aktionen aktiv teilhaben lassen. Dadurch entwickeln sie eine Vorstellung dazu und bauen zudem ihre sprachlichen Kompetenzen weiter aus. So sind sie in wachsendem Maße in der Lage, deine Warum-Fragen angemessen zu beantworten.

Du siehst, Fragen und auch gerade Warum-Fragen sind für die geistige wie sprachliche Entwicklung deines Kindes wichtig. Aber auch für dich als Mutter oder Vater sind sie bedeutsam, weil du durch sie Zugang zur Gedankenwelt deines Kindes bekommst - und zwar sowohl durch die Fragen, die du deinem Kind stellst, also auch durch die Fragen, die dein Kind dir stellt. Du erfährst so, was dein Kind über sich selbst, seine Umwelt und vor allem über ein Ereignis oder Problem denkt und wie es ihm damit geht. Darum möchte ich dir ein paar Fragenarten vorstellen, damit du abwägen kannst, wann welche Frage angebracht ist beziehungsweise deinem Kind hilft, mit dir im Gespräch zu bleiben.

Offene Fragen

Das sind Fragen, auf die man nicht einfach mit Ja oder Nein antworten kann, sondern etwas weiter ausholen muss. Solche Fragen laden dein Kind zu längeren Antworten ein, bei denen es seine sprachlichen Fähigkeiten ausprobieren kann. Zudem regen sie die Fantasie an, wie beispielsweise: „Was würdest du an seiner Stelle machen?“ oder: „Was glaubst du, warum schaut das Mädchen jetzt so?“

W-Fragen

Einfache W-Fragen („Wer?“, „Was?“, „Wo?“) dienen in erster Linie der Wortschatzerweiterung. Im Alltag oder auch bei einer gemeinsamen Bilderbuchbetrachtung solltest du sie allerdings nur sparsam verwenden, da sie häufig nur Ein-Wort-Antworten hervorbringen, wie zum Beispiel: „Was hat das Auto für eine Farbe?“ - Kind: „Grün!“ Oder: „Wo ist der Junge mit der gelben Jacke?“ - Kind: „Da!“

Erweiterte W-Fragen

Fragen, die mit warum, weshalb und ähnlichen offenen Fragewörtern beginnen, dienen der Bedeutungsgebung. Sie laden ein zum gemeinsamen Konstruieren und Weiterspinnen wie: „Warum schmilzt denn jetzt der Schnee?“, „Weshalb hat der Briefkasten solch einen langen Schlitz, was meinst du?“, „Wieso hängt da nur eine Socke an der Leine, komisch oder?“ Solche erweiterten W-Fragen verfolgen das Ziel, Kausalschlüsse (Wenn-dann-Zusammenhänge) zu ziehen, die Perspektive zu teilen oder zu übernehmen und interpretative Kompetenz auszubilden. Sie unterstützen das analytische Denken deines Kindes. Für Kinder unter 4 Jahren sind solche Fragestellungen in der Regel noch nicht passend, da sie sie nur schwer oder gar nicht verstehen.

Geschlossene Fragen

Darunter versteht man Fragen, bei denen die Antwortmöglichkeiten vorgegeben sind: ja, nein, da, hier und Ähnliches. Du kannst sie nutzen, wenn du dich vergewissern willst, ob dein Kind deine Frage verstanden hat: „Siehst du die Fische dort im Teich?“ - Kind: „Ja.“ „Hast du Durst?“ - Kind: „Nein.“ Geschlossene Fragen wirken eher einschränkend und bieten wenig Möglichkeit, sich aktiv zu äußern. Sie lassen keinen Raum für Fantasie, Denken und differenzierten Sprachausdruck.

Alternativfragen

Hierbei handelt es sich um Fragen, bei denen sich der Gefragte zwischen angebotenen Antwortmöglichkeiten entscheiden soll: „Ist der Junge traurig oder glücklich?“, „Willst du umblättern oder noch schauen?“, „Möchtest du Apfelsaft oder Milch?“ Sie sind sinnvolle Ergänzungen zu einfachen Ja- und Nein-Fragen. Auf Antworten deines Kindes hin kannst du aktiv nachfragen, auch so kann ein Dialog entstehen. Allerdings verleiten Alternativfragen zu Ein-Wort-Antworten und motivieren wenig zu ausschmückenden Erwiderungen.

Erinnerungs- oder Rückfragen

Fragen zu bereits absolvierten Tätigkeiten oder Aktionen zielen ebenfalls darauf ab, Kausalschlüsse (wenn …, dann …) zu ziehen. Zudem dienen sie dazu, Bezüge herzustellen, das Erinnerungsvermögen zu stimulieren („Erinnerst du dich noch, als wir gestern den Kuchen gebacken haben, da ist doch …?“) und an das Erfahrungswissen des Kindes anzudocken.

Verständnisfragen

Sie dienen im Allgemeinen dazu, zu überprüfen, ob dein Kind den Ablauf und Sinn einer Geschichte, einer Erklärung oder eines Sachverhalts, einer Anweisung verstanden hat.

Quatschfragen und Widerspruchsprovokationen

Sogenannte Quatschfragen oder Widerspruchsprovokationen können den Dialog mit deinem Kind bereichern. Kinder lieben es, wenn sie auch mal etwas besser wissen als Mama oder Papa. Wenn du dich also dumm stellst, indem du etwas offensichtlich Falsches behauptest, oder einen absurden Zusammenhang herstellst und dann so tust, als ob du es nicht besser wüsstest, wie zum Beispiel: „Oh, schau mal dort, der Elefant, der hat aber eine lange Nase." Dein Kind kann jetzt auf diese „Provokation" hin dagegen argumentieren, sein eigenes Wissen zeigen sowie sich selbst als kompetent und wissend erleben, indem es antwortet: „Aber Papa, das ist ein Rüssel, keine Nase." Indirekt wird so das kindliche Fachwissen gefestigt und bestätigt. Der Entwicklungsstand deines Kindes muss hier auch wieder beachtet werden. Um Quatschfragen oder Widerspruchsprovokationen zu durchschauen, braucht dein Kind Erfahrungswissen und ausreichende Sprachkenntnisse. Mit fast 5 Jahren kann es diese Fragen verstehen und damit umgehen. Für jüngere Kinder sind solche Fragen nicht geeignet.

Scherz- und Quizfragen

Sie fordern dein Kind auf, genau zu überlegen und „um die Ecke zu denken", damit es auf die Lösung kommt. Diese Fragen sind erst ab 4½ Jahren möglich, da ein gewisses Abstraktionsvermögen dafür Voraussetzung ist. Du kennst sicher Quizfragen wie diese:[39]

- Wer hat einen Bart, muss sich jedoch nicht rasieren? (Schlüssel)
- Welche Birne leuchtet? (Glühbirne)
- Welches Tier trägt sein Haus mit sich herum? (Schnecke)
- Was hängt an der Wand und gibt dir morgens nach dem Waschen die Hand? (Handtuch)

Spielideen

ab 4 Jahre

Das Frageplakat

Gemeinsam überlegt ihr euch einige Fragen - zum Beispiel: „Was isst du gern?“, „Was spielst du gern?“, „Wohin möchtest du gern einmal fahren?“, „Was ist deine Lieblingsfarbe?“ und so weiter. Jeder erstellt für sich nun auf einem **großen Bogen Papier** ein Plakat mit seinen Antworten (gemalt, geklebt oder geschrieben). Diese Plakate werden bis zum nächsten gemeinsamen Spielenachmittag, für eine längere Autofahrt, den Sonntagmorgen im Bett, das Wochenende ... aufgehoben und dann reihum den anderen vorgestellt.

ab 4 Jahre

Die Fotocollage

Alte **Kataloge** oder **Zeitschriften** laden zum Stöbern und Entdecken ein. Gemeinsam mit deinem Kind kannst du Personen, Tiere, Motive oder Gegenstände ausschneiden. Daraus fertigt dann jeder eine Collage. Wenn alle fertig sind, kann jeder zum Plakat des anderen Fragen stellen. Es ist bestimmt sehr spannend zu erfahren, wer sich was beim Ausschneiden und Aufkleben der Fotos gedacht hat.

ab 4½ Jahre

Der Frage-Ast

Für jedes Kind, Mutter und Vater wird ein kleiner **Ast** ins Fenster oder an die Wand gehängt. Ihr könnt auch einen einzelnen **Stock** oder eine **Wäscheleine** nehmen. Von Montag bis Samstag dürfen alle Fragen auf einen Zettel schreiben und mithilfe von **Wäscheklammern** an den Ast oder die Leine hängen. Da dein Kind in diesem Alter noch nicht

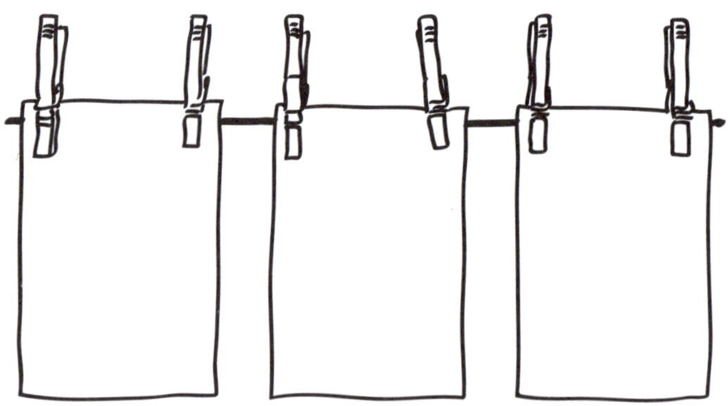

schreiben kann, schreibst du seine Frage auf. Es erlebt so, dass seine Gedanken, seine Fragen so wichtig sind, dass ein Erwachsener sie aufschreibt. Am Sonntag werden die Fragen dann vorgetragen und gemeinsam beantwortet. Denkt zusammen nach, philosophiert, hört zu, was andere über eure Frage denken - das ist ein großartiges Spracherlebnis. Und wenn ihr viel Platz habt, könnt ihr auch einen Fragebaum im Flur, auf der Terrasse oder im Wohnzimmer aufstellen.

ab 4½ Jahre

Ratekarten herstellen

Bastele zusammen mit deinem Kind „Ratekarten“. Dafür schneidet ihr Personen, Tiere oder Gegenstände aus **Katalogen** oder **Zeitschriften** aus und klebt sie auf **Pappkarten**, die ihr einfach aus alten Pappresten oder Schuhkartons schneidet. Diese gebt ihr dann in eine **Schachtel** oder hängt sie verdeckt an eine **Wäscheleine** an einer Wand auf. Abends vor dem Zubettgehen oder beim gemeinsamen Spielen zieht dann jeder eine Karte aus der Schachtel oder wählt eine von der Leine aus, ohne sie den anderen zu zeigen. Dann müssen alle anderen Fragen zur Karte stellen, um herauszufinden, was auf die Karte aufgeklebt wurde.

Et kütt, wie et kütt: von Dialekten und Mehrsprachigkeit

Häufig fragen mich Erzieherinnen und Erzieher, ob sie Eltern, die mit ihren Kindern Dialekt sprechen, raten sollten, nur Hochdeutsch zu sprechen, da sich der Dialekt womöglich ungünstig auf die Sprachentwicklung auswirken könnte. Besonders häufen sich diese Fragen, wenn die Einschulung in greifbare Nähe rückt. Wäre es nicht besser, für die Schule richtig gut Hochdeutsch zu sprechen? Wenn wir in Sprache nur ein System aus Lauten, Wörtern und Regeln für die Bildung von Sätzen sehen, müsste ich den Erziehern und Erzieherinnen raten, sie sollen die Eltern auffordern, mit den Kindern ausschließlich Hochdeutsch zu sprechen, damit diese die Laute und Wörter „richtig" hören, so wie man sie im Hochdeutschen auch ausspricht.

Sprache ist aber auch Interaktion und eng verwoben mit sozialen Situationen, über Sprache werden auch Gefühle und Geborgenheit transportiert. Dies gelingt uns Menschen am mühelosesten in unserer Muttersprache und in unserem Dialekt. Meist geht dies besser als in einem angestrengt kontrollierten Hochdeutsch. Dialekte sind ein Teil der kulturellen Persönlichkeit und darum wichtig und wertvoll. Wenn du also in Stuttgart lebst und Schwäbisch, in München Bayerisch oder in Köln Kölsch sprichst, erwirbt dein Kind diesen Dialekt als Muttersprache - als Erstsprache -, die ihm Sicherheit, Liebe und Zugehörigkeit vermittelt.

In der Regel wird es das Hochdeutsche als seine „Zweitsprache“ ebenfalls ohne Schwierigkeiten lernen, wenn es genug andere Möglichkeiten bekommt sie kennenzulernen, zum Beispiel durch den Besuch einer Krippe, einer Kita, durch Kinderfernsehen und das Vorlesen aus Büchern. Es muss nur die hochdeutsche Sprache schon früh hören und mit ihr in Berührung kommen, um sie später ebenfalls zu sprechen.

Genauso wie beim Erwerb einer zweiten (völlig anderen) Sprache kann es sein, dass dein Kind Dialekt und Hochdeutsch am Anfang vermehrt vermischt, bis es weiß und gelernt hat, wann welche Sprache wo wie genutzt werden kann. Es „switcht“ dann automatisch von Gesprächspartner zu Gesprächspartner in die jeweilige Sprache um, um mit ihm zu kommunizieren.

Das Vermischen von Sprachen

Das Vermischen der Sprachen bedeutet nicht, dass dein Kind die Sprachen nicht voneinander trennen kann, sondern stellt vielmehr eine wichtige Strategie im (kognitiven) Spracherwerbsprozess dar.

Sprachexperten vermuten, dass Kinder immer dann die Sprachen beziehungsweise Dialekte mischen oder wechseln, wenn ihnen ein Wort in der jeweils anderen Sprache fehlt.[40] Sie mischen also Sprachen, um ihre lexikalischen Lücken zu füllen: „Kannst du please help mich?“ Das ist allerdings ein Übergangsphänomen und keineswegs eine „Sprachstörung“ oder „Sprachverwirrung“. Vielmehr zeugt das „Switchen“ zwischen den beiden Sprachen von hoher sprachlicher Sensibilität.

Auch kann es vorkommen, dass sich ein Kind an der Grammatik der einen Sprache orientiert und dies auf die zweite Sprache überträgt: „I was hoffing, äh hoping …“ Dies zeigt die grammatische Kompetenz des Kindes deutlich, auch wenn es noch ein bisschen durcheinandergeht. Aber generell erlernen Kinder, die mehrsprachig aufwachsen, ihre

Sprachen in der gleichen Reihenfolge und mit den gleichen Strategien wie einsprachig aufwachsende Kinder.

Mit zunehmendem Alter können mehrsprachige Kinder immer besser ihre Sprachen trennen, wenn die Situation es erfordert. So ist es in der Regel auch bei Kindern, die mit einem Dialekt als Erstsprache aufwachsen. Wichtig ist in beiden Fällen lediglich, dass die Kinder schon in den ersten Jahren viel Berührung mit der hochdeutschen Sprache haben, um diese flüssig zu lernen.

Dialekte und Mehrsprachigkeit als Gewinn

Allein in Deutschland gibt es mehr als zwanzig Dialekte. Sie alle haben die Grundform der deutschen Sprache gemeinsam, unterscheiden sich jedoch im Klang, der Aussprache und der Wortvielfalt enorm. Wir begegnen diesen Unterschieden im Alltag oft; überleg nur, wie viele verschiedene Bezeichnungen es für ein einfaches Brötchen gibt: Semmel, Weck(en), Schrippe sind nur ein paar Beispiele.

Inzwischen gibt es in Deutschland immer mehr bilinguale Kindergärten, in denen oft Deutsch und Englisch, Deutsch und Französisch oder gar Deutsch und Chinesisch gesprochen wird. Auch für Dialekte gibt es welche: Bereits im Jahr 1997 gab es in Ostfriesland den Modellversuch „Zweisprachigkeit im Kindergarten - Tweesprakigheid in d' Kinnergaarn". Das Plattdeutsche sollte so als offizielle Zweitsprache in den Kindergartenalltag eingeführt und wertgeschätzt werden. Der bilinguale Spracherwerb gewinnt so immer mehr an Bedeutung. Ein Grund dafür ist sicherlich die Tatsache, dass auch in Deutschland die Mehrsprachigkeit sehr häufig ist. Es gibt zwar keine offiziellen Statistiken, wie viele unterschiedliche Sprachen in Deutschland von wie vielen Menschen gesprochen werden; jedoch sagt Ingrid Gogolin, Professorin für International Vergleichende und Interkulturelle Bildungsforschung an der Universität Hamburg, dass Deutschland schon immer ein Einwanderungsland war und somit mehrsprachig ist. Rund 19,3 Millionen Einwohner Deutschlands haben einen sogenannten Migrationshintergrund, also fast jede beziehungsweise jeder fünfte Deutsche.[41] Sie stammen aus rund 190 verschiedenen Nationen. Viele Kinder wachsen darum mehrsprachig auf. So gaben zum Beispiel in Hamburg 40 Prozent aller Kinder (im Alter von 4½ Jahren) bei den Schuleingangsuntersuchungen im Jahr 2019 an, neben der deutschen auch eine andere Sprache zu sprechen.

Wächst ein Kind von Beginn an mit zwei Sprachen - oder Hochdeutsch und Dialekt - auf, ist das ein Gewinn für das Kind. Der gleichzeitige Erwerb mehrerer Sprachen wird als „bilingualer Erstspracherwerb" oder „simultane Zweisprachigkeit" bezeichnet. Die Hirnforschung konnte dank der Computertomografie aufzeigen, dass Kinder, die in den ersten drei Jahren mehrsprachig aufwachsen, nur ein einziges neuronales Netz für die Sprachen bilden. Dies gilt auch für Dialekte.

Wird eine zweite Sprache erst dann gelernt, wenn das Grundgerüst der ersten Sprache schon gefestigt ist - also ab rund 3 Jahren -, muss in Teilen des Sprachzentrums im Gehirn ein neues neuronales Netzwerk für die zweite Sprache ausgebildet werden. Das Erlernen der zweiten Sprache ist also mit mehr Mühe und Anstrengung verbunden. Diese Form des Spracherwerbs wird als „sukzessive Zweisprachigkeit" oder „Zweitspracherwerb" bezeichnet. Und je älter wir werden, umso schwerer fällt uns dies und umso länger dauert es.[42] Zweisprachigkeit oder Bilingualität ist somit die Fähigkeit, zwei (oder mehr) Sprachen nebeneinander zu beherrschen.

„Für mich ist eine Person zweisprachig, wenn sie über die Fähigkeiten verfügt, sich ohne größere Schwierigkeiten in zwei Sprachen mündlich oder auch schriftlich ausdrücken zu können. Diese Fähigkeit muss sich aufgrund ihrer eigenen psychischen, emotionalen und soziokulturellen Voraussetzungen sowie durch den ständigen und intensiven Kontakt mit einer zweisprachigen Umgebung entwickelt haben.“[43]

Vassilia Triarchi-Herrmann

Das bedeutet nun aber nicht, dass du dein Kind unbedingt mehrsprachig erziehen musst. In den letzten Jahren ist ein regelrechter Hype um die Mehrsprachigkeit ausgebrochen. Doch das Lernen allein um des Lernen willens hilft deinem Kind wenig. Eine zusätzliche Sprache muss für das Kind sinnvoll sein, ihm einen eindeutigen Vorteil bringen oder zumindest im unmittelbaren Leben eine Rolle spielen. Setze darum dein Kind keinem unnötigen Stress und Zwang aus. Menschen können grundsätzlich zu jeder Zeit und mit jedem Alter neue Sprachen lernen.

MEILENSTEINE 5 JAHRE

Äußern

Wortschatz umfasst nun circa 1500 bis 2000 unterschiedliche Wörter, die das Kind aktiv nutzt. Alle Laute werden richtig ausgesprochen und im Wort eingesetzt. Auch die schwierigen Laute /s/, /z/, /x/, /sch/ sollten jetzt korrekt ausgesprochen werden. Alle Sätze werden grammatisch richtig gebildet. Das Kind kann bis 10 zählen und die Zahlen bis 5 auch einer entsprechenden Menge zuordnen. Zudem benennt es alle Farben (auch Mischfarben) sicher.

Verstehen

Das Kind versteht einen dreiteiligen Handlungsauftrag und führt ihn in korrekter Reihenfolge aus. Es spielt mit seiner Sprache, kann Wörter in Silben klatschen und Quatschreime erfinden. Es interessiert sich für Geschriebenes, für Buchstaben, Zahlen und Symbole. Es kann Gehörtes zum Beispiel aus einer Geschichte nacherzählen, und es hat Spaß an Liedern und Reimen. Es kann auch einfache Reime ergänzen, wie beispielsweise „In meinem Haus wohnt eine kleine ...“ (Maus).

Im Dialog

Es will Alltagsgeschehnisse erklären und kommentiert diese auch immer häufiger und teilweise auch ungefragt. Satzäußerungen und das Sprachverständnis sind nun komplexer, Sinnzusammenhänge werden daher mehr und mehr erfasst. Die Sprechfertigkeit ist verfeinert und gut ausgebaut.

Spielideen

ab 4½ Jahre

Dialekte entdecken - mit Dialekt sprechen

Geht mit eurem Kind auf Entdeckungsreise und seid Dialektdetektive. Wenn dein Kind keinen Dialekt spricht, kannst du es durch dieses Spiel auf Dialekte aufmerksam machen und es so für sie sensibilisieren. Sprecht ihr selbst einen Dialekt oder eine andere Sprache als Deutsch, kannst du das Spiel auch zwei- oder mehrsprachig nutzen. Deinem Kind wird durch das Spiel zudem der Unterschied zwischen Dialekt und Hochdeutsch oder seiner Muttersprache und Deutsch bewusst gemacht. Und so gehts: Suche 10 bis 15 Wörter und die dazugehörigen Dialektwörter heraus (zum Beispiel „herzlich willkommen", „guten Tag", Brötchen, Kartoffel ...). Wähle zusätzlich je Begriff die dazu passenden Dialekt- oder Zweitsprachwörter aus. Klebe dann je ein **Foto**, das für einen Begriff steht, auf eine **Pappkarte**. Lege alle Bildkarten offen auf dem Tisch aus. Lies nun die Begriffe in den verschiedenen Dialekten oder Sprachen vor. Dein Kind versucht nun zu erraten, was damit gemeint ist, indem es auf das entsprechende Foto zeigt.

Wenn du deinen Dialekt an einem Tag einmal besonders hervorheben willst, kannst du deinem Kind ein einfaches Bilderbuch zuerst in Hochdeutsch und dann in deinem Dialekt oder deiner Sprache vorlesen - das wird sehr lustig, kann ich dir versprechen.

ab 4½ Jahre

Alte Klatschspiele neu entdecken

Der Begriff Klatschspiel ist ein Oberbegriff für viele Arten von Kinderspielen, die durch das Klatschen der eigenen oder der Hände eines Partners gespielt werden. Vielleicht kennst du aus deiner Kindheit noch Spiele wie „Bei Müller hats gebrannt“. Beim Spielen werden Reime aufgesagt oder Spiellieder gesungen. Darum eignen sie sich großartig zur Förderung der Sprache, der Hand-Augen-Koordination und der Körpergeschicklichkeit, von Ausdauer und Konzentration. Sie sind also wahre Alleskönner. Meist werden Klatschspiele zu zweit gespielt, indem sich die Partner gegenüberstehen und in verschiedenen Variationen, je nach Geschicklichkeit, in die Hände klatschen. Ist man ein geübter Klaschspieler, kann man auch auf die Oberschenkel, die Wange, über dem Kopf oder wechselseitig links und rechts oder gleichzeitig, über Kreuz und so weiter klatschen.

Die schönsten Klatschspiel-Videos findest du auf YouTube unter: https://www.youtube.com/playlist?list=PLbN-pWQBg0zwz-KJthm_3rsRnT78w5_dx.

ab 5 Jahre

Telefonieren

„Ruf doch mal die Oma an.“ Das klingt einfach, ist jedoch für Kinder gar nicht so leicht, da ihnen beim Sprechen das Gegenüber fehlt: Sie sehen es nicht und können sich nicht an Gestik und Mimik des anderen orientieren. Sie müssen ohne visuellen Abgleich reden und sich ausschließlich auf das Gehörte konzentrieren. Hinzu kommt, dass man beim Telefonieren sehr deutlich sprechen, hinhören und zudem eigene Fragen stellen muss, um das Gespräch in Gang zu halten. Auch gilt es mitunter, gezielt nachzufragen oder ausschmückender zu erzählen, damit der andere versteht, was man sagen will. All das sind große Herausforderungen für Kinder. Daher ist das Telefonierenspielen und auch das echte Telefonieren mit der Oma, dem Kitafreund oder der Mama im Büro eine sehr gute Übungsmöglichkeit und Sprachförderung in einem.

Baut gemeinsam verschiedene Telefone, etwa ein Dosentelefon aus **zwei Blechdosen** oder **Joghurtbechern** mit einer Schnur dazwischen, oder bastelt ein Schlauchtelefon aus einem Stück altem **Gartenschlauch** oder einem **Heulschlauch**, schiebt je einen **Trichter** an die Enden. Wichtig ist vor allem, dass der Schlauch oder die Schnur so lang sind, dass ihr von Raum zu Raum telefonieren könnt, euch also nicht seht. Auch echte Telefongespräche sollte dein Kind führen dürfen. Lass es doch einmal in deinem Beisein die Pizzabestellung aufgeben, sich mit einem Freund telefonisch zum Spielen verabreden oder den Opa zum Kuchenessen einladen.

Kennt dein Kind auch schon wichtige Telefonnummern und wie man sie benutzt, etwa den Notruf 112 oder die Handynummer von Mama und Papa? Auch darüber kannst und solltest du mit deinem Kind sprechen, denn es ist sehr wichtig, solche Nummern zu kennen.

ab 5 Jahre

Sprach- und Gedächtnisspiele

Spiele wie „Ich sehe was, was du nicht siehst“ oder „Kofferpacken“ sind ebenso kurzweilige wie kreative Spiele für eine längere Autofahrt oder an einem verregneten Sonntag.

Mehr wissen

Bücher:

- Ulrike Holzwarth-Raether: *Weltenfänger: Dahin, dorthin, wohin? Konzentration stärken*, Berlin: Duden 2019.
- Bärbel Oftring: *Weltenfänger: Braucht der Maulwurf eine Brille? Entdecke die Welt der heimischen Tiere!*, Berlin: Duden 2019.
- Steffi Korda: *Paul klaut blaue Prickelbrause – Superfreche Zungenbrecher* – ab 5 Jahren, Berlin: Duden 2020.
- Andrea Weller-Essers: *Von Alpakakacka bis Zotteltrottel – Das voll verbotene Abc*, Berlin: Duden 2019.
- Axel Scheffler, Julia Donaldson: *Der Grüffelo*, Weinheim: Beltz & Gelberg 1999.
- Axel Scheffler, Julia Donaldson: *Für Hund und Katz ist auch noch Platz*, Weinheim: Beltz & Gelberg 2010.

Teil 3

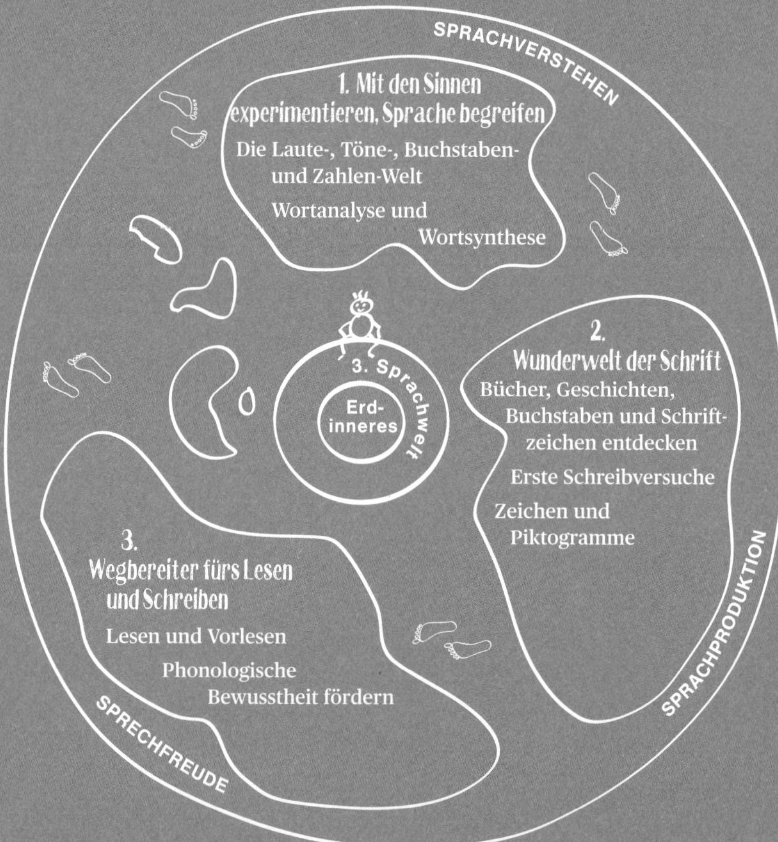
SPRACHVERSTEHEN
1. Mit den Sinnen experimentieren, Sprache begreifen
Die Laute-, Töne-, Buchstaben- und Zahlen-Welt
Wortanalyse und Wortsynthese
2. Wunderwelt der Schrift
Bücher, Geschichten, Buchstaben und Schriftzeichen entdecken
Erste Schreibversuche
Zeichen und Piktogramme
3. Sprachwelt
Erdinneres
3. Wegbereiter fürs Lesen und Schreiben
Lesen und Vorlesen
Phonologische Bewusstheit fördern
SPRECHFREUDE
SPRACHPRODUKTION

Die Sprachwelt der 5- bis 6-Jährigen

Lernen dank abenteuerlicher Experimente

Hinter deinem Kind liegen fünf Jahre Sprachentwicklung. Es wechselt nun vom Kindergartenkind in die Rolle des Vorschulkindes und bereitet sich auf einen wichtigen nächsten biografischen Meilenstein vor: den Wechsel in die Grundschule und den Übergang in das nächste Bildungssystem. Sprachlich wie schriftsprachlich kommen noch einmal entscheidende Entwicklungen hinzu, die es auf seinen nächsten Lebensabschnitt vorbereiten.

Der aktive Wortschatz deines Kindes ist mit 5 Jahren stark angewachsen, sodass er rund 2500 bis 3000 Wörter umfasst. Wenn es auch nicht alle Wörter benutzt, versteht es diese jedoch ganz eindeutig, da sein passiver Wortschatz, also sein Lexikon im Kopf, um ein Vielfaches größer ist. Hier sind circa 13 000 Wörter gespeichert. Dies ist einer der Gründe, warum dein Kind Geschichten inzwischen nicht nur zusammenhängend erzählen kann, sondern die Erzählungen zudem sprachlich ausschmückt. Es nutzt dabei auch abstrakte Wörter und kann Begriffe bestimmten Oberbegriffen zuordnen, wie zum Beispiel: Bananen, Äpfel und Birnen sind Obst, die Hose, Jacke, Strümpfe sind Kleidung. Dein Kind kann jetzt auch alle Laute richtig aussprechen, sogar die schwierigen Zischlaute wie /s/ oder /sch/. Vielleicht kommt es vor, dass dein Kind mitunter noch lispelt. Mach dir deswegen keine Sorgen, denn bis zu seinem sechsten

Geburtstag sollte das verschwunden sein. Wenn du dir jedoch unsicher bist, solltest du das logopädisch abklären lassen.

Zudem kann dein Kind jetzt alle Sätze grammatisch richtig bilden und beherrscht auch die Syntax, also die Wortstellung im Satz. Das ist ein wichtiger Schritt, denn die Grammatik ist die Königsdisziplin der Sprache. Sie ermöglicht uns, Wörter zu sinnvollen Sätzen zu kombinieren, und erlaubt uns, über Dinge, Personen und Erlebnisse zu sprechen, auch wenn sie längst vergangen oder erst zukünftig geplant sind.

Um mit fast 6 Jahren Sätze korrekt und grammatisch richtig bilden zu können, waren die fünf Jahre davor wichtig, da die Wortschatzentwicklung der Grammatikentwicklung immer vorausgeht. Zudem ist für die grammatische Entwicklung auch die kognitive Reifung deines Kindes wichtig, da es die Regeln der Sprache nur schrittweise erfassen und anwenden kann, bis es sie vollkommen beherrscht. So verfügte dein Kind mit 4 Jahren zwar bereits über ein hohes Maß an grammatischen Fähigkeiten, die es jetzt und auch bis ins Schulalter noch weiter verfeinern wird. Aber erst jetzt mit fast 6 Jahren ist es bei der korrekten Nutzung der Grammatik angekommen.

Auch seine Fähigkeit, Wörter zu kombinieren, hat sich stetig weiterentwickelt, sodass es jetzt den richtigen Plural von Wörtern bilden kann, obwohl das gar nicht so einfach ist. Denn in der deutschen Sprache gibt es vier verschiedene Endungen, die die Mehrzahl von Wörtern anzeigen: das „e" wie in Fisch / Fische, das „s" wie in Auto / Autos, das „er" wie in Kind/Kinder und das „n" wie bei Kirsche / Kirschen. Zudem kann ein Wort im Plural identisch sein mit dem Singular wie bei Lehrer, Igel, Fenster - hier ändert sich lediglich der Artikel: das Fenster / die Fenster. Und zu guter Letzt kommt es auch vor, dass bei der Mehrzahlbildung die Vokale a, o, u zu den Umlauten ä, ö, ü werden wie in Blatt / Blätter, Floh / Flöhe, Strumpf / Strümpfe. Das ist alles ganz schön kompliziert, und dennoch meistert dein 5½-jähriges Kind dies ganz mühelos, wenn es spricht, sich mit der Oma am Telefon unterhält oder dir eine Geschichte erzählt.
Um dein Kind auch weiterhin bei der Grammatikentwicklung zu unterstützen, solltest du auf jeden Fall mit ihm regelmäßig Bilderbücher

betrachten, ihm Geschichten vorlesen, dich mit ihm austauschen und vor allem auch spielen. Beispielsweise kannst du Rollenspiele oder Gesellschaftsspiele, Gedächtnis- oder Quartettspiele durch Äußerungen, die die Pluralbildung hervorheben, sprachlich und „grammatikfreundlich" begleiten. Bei Gedächtnisspielen mit Bildkarten kannst du zum Beispiel sagen: „Oh, hier ist eine *Melone* und hier die andere *Melone*. Jetzt habe ich zwei *Melonen*."

Beim Spiel mit Tierfiguren, Puppen oder Männchen kannst du sagen: „Hier *der Ritter*, der *kämpft* gleich." „Oh wow, hast du gesehen, wie *die beiden Ritter gekämpft* haben? Der graue Ritter hat *gesiegt*. Und nun ein neuer Kampf, gegen den Drachen. Yes, wir haben gewonnen, der Drache ist *besiegt*."

Mit den Sinnen experimentieren, Sprache begreifen

Bislang hat dein Kind Sprache spielerisch und stark handlungsorientiert erfahren und erlernt. Es hat sich die Welt sinnlich erobert, es hat Dinge angefasst, an ihnen gerochen und in den Mund genommen, um auszuprobieren, wie sie schmecken. Nun ist dein Kind fast 6 Jahre alt und geht anders an neue Erfahrungen heran. Dennoch sind seine Sinneskanäle nach wie vor wichtige Informationslieferanten. Darum macht ihm weiterhin das Experimentieren Spaß.

Die kindliche Neugierde deines Kindes kannst du darum gut nutzen, um mit ihm den Dingen auf den Grund zu gehen. Über leicht verstehbare Experimente kannst du nicht nur sinnliches Erleben ermöglichen und kausale Zusammenhänge erfahrbar machen, sondern seinen Wortschatz um bestimmte Fachbegriffe erweitern. Nimmst du bei eurem gemeinsamen Tun eine eher abwartende und doch neugierige Rolle ein, wirst auch du zum Entdecker und Forscher. Dein Kind findet durch deine Zurückhaltung den nötigen Raum für Spekulationen. Dadurch wird sein „Kapiertrieb“ herausgefordert und sein „Fantasiemuskel“ trainiert, da es sich Gedanken macht, wie was funktioniert. Eine fragende Haltung fördert zudem sein vorausschauendes Denken und hilft ihm, seine Gedanken in Worte zu fassen. Unterstützende Fragen wie „Was glaubst du, wie das passieren konnte?“ oder „Was meinst du, was passiert jetzt als Nächstes?“ lassen dein Kind Vorwegnahmen imaginieren und mithilfe seiner Ideen Lösungen finden. Anders als jüngere Kinder stellt dein Kind mit fast 6 Jahren ganz andere Thesen zum Hergang auf und kann sein Erfahrungswissen einbringen, wenn es Sachverhalte erklärt. Es kann auch gezielte Wenn-dann-Fragen sinnerfassend beantworten und anschließend von dem durchgeführten Experiment ausschmückend und detailreich erzählen. Das gemeinsame Durchführen des Experiments liefert ihm zudem den Beweis, wie sich etwas wirklich verhält, und gibt ihm die Möglichkeit, mit dir zu reflektieren. In dieser Reflexion zeigt sich, ob dein Kind das Experiment verstanden hat. Du gewinnst zudem Einblicke in seine Sprachkompetenz. Geh also gemeinsam mit deinem Kind auf Entdeckungsreise, es lohnt sich. Da es wichtig ist, dass die Experimente wirklich funktionieren, leicht umsetzbar und kostengünstig sind, solltest du dich jedoch ein wenig einlesen und vorbereiten. Sehr gute Tipps findest du zum Beispiel hier: https://www.haus-der-kleinen-forscher.de/de/praxisanregungen/experimente-fuer-kinder. Dabei handelt es sich um eine Initiative, die vom Bundesministerium für Bildung und Forschung unterstützt wird. Zudem lege ich dir die Weltenfänger-Reihe des Dudenverlags ans Herz. Das Besondere an diesen Büchern ist, dass die vielen unterschiedlichen Experimente in Geschichten eingebunden sind. Während des Experimentierens kommt ihr somit ins Geschichtenerzählen, die wohl älteste Form der Menschen, Informationen und Wissen weiterzugeben. Bei allen Spielen und Experimenten, die du gemeinsam mit deinem Kind durchführst, gibst du auch immer dein eigenes Wissen weiter und eroberst dir darüber hinaus auch neues Wissen. Darum ist es generell wichtig und klug, wenn du eure Experimente in kleine Geschichten einbettest.

Ähnlich wie beim gemeinsamen Experimentieren, schaut sich dein Kind auch beim Geschichtenerzählen viel von dir ab. Nicht nur, dass Erzählen für dich „wichtig" ist, sondern auch, dass es großen Spaß macht, sich eigene „innere Bilder" zu den Geschichten vorzustellen und darüber zu sprechen. Das ist ganz anders und das komplette Gegenteil zum gemeinsamen Fernsehen oder Filmeschauen. Denn da sind alle Bilder schon vorgegeben und fertig. Beim Erzählen lässt dein Kind die inneren Bilder erst mithilfe seiner Vorstellungskraft und Fantasie entstehen. Und je lebhafter oder spannender du erzählst, umso lebendiger wird der Film im Kopf, sogar aufregend und manchmal auch gruselig. Kein Wunder also, dass du durch solch frühe, lustvolle und schöne Erfahrungen die Lese-, Erzähl- und Experimentierlust deines Kindes weckst. Auch Mathematik und die Naturwissenschaften, die uns aus der Schule eher als trockene Themen in Erinnerung geblieben sind, können durch Experimentiergeschichten neu erlebt werden. Wenn du selbst Spaß und Freude an den Experimenten, am Lesen oder Erzählen hast, wird der Funke auf dein Kind überspringen. Es wird spüren, wie es ist, von der Geschichte in den Bann gezogen zu werden. So wird sie zu seiner Geschichte, und dank seiner Fantasie geht es beim Zuhören auf Reisen – in andere Zeiten, Erfahrungs- und Gefühlswelten. Ähnliches passiert auch beim Experimentieren, da der Spannungsbogen von „Ob es wohl klappen wird?" bis zum „Yeah, das war toll, noch mal!" geschlagen wird. So hilfst du deinem Kind nicht nur, einen Zugang zu neuen Welten zu finden, sondern förderst zugleich auch sein abstraktes, vorausschauendes und zusammenhängendes Denken, seine Kreativität und vor allem auch seine Vorstellungskraft und Fantasie.

Wie gut das Sprachverständnis und die Sprechfähigkeit deines Kindes sich zudem weiterentwickelt haben, kannst du darüber hinaus auch erleben, wenn du mit ihm reimst, Wörter in Silben segmentierst, mit ihm Rätsel und kleine Denkaufgaben löst.

Mehr wissen

Bücher:

- Karolin Küntzel, Antje Hagemann: *Weltenfänger: Heute erforsche ich den Weltraum*, Berlin: Duden 2020.
- Svenja Ernsten, Meike Töpperwien: *Weltenfänger: Heute erforsche ich den Wald*, Berlin: Duden 2019.
- Ulrike Holzwarth-Raether, Constanze Guhr: *Weltenfänger: Dahin, dorthin, wohin*, Berlin: Duden 2019.

Wörter in Silben zerteilen (Wortanalyse) und sie wieder zum Wort verbinden (Wortsynthese)

Du sagst zu deinem Kind: „Klatsch doch mal: Sonnenblume." Und dein Kind sagt: „Son-nen-blu-me." Was für eine Leistung. Es kann auch seinen Namen in Silben zerlegen oder weiß beim Spiel „Das Silbenboot", wie viele Schritte es vorwärts gehen darf, wenn es die Bildkarte Tomate umdreht. Dein Kind hat durch die Erweiterung seines phonologischen Wissens und durch den vielfältigen und spielerischen Umgang mit Sprache sowie durch die intensive Auseinandersetzung mit Lautmerkmalen, Wortstrukturen und sprachrhythmischen Besonderheiten gelernt, einzelne Laute und Strukturen zu differenzieren. Es erkennt somit deren Funktion im sprachlichen Kontext. Dein Kind hat auch seine auditive Wahrnehmungsfähigkeit verbessert und erkennt zudem dank seines zunehmenden Wissens über lautliche Sprachstrukturierung, dass bestimmte Wörter ähnlich klingen, wie zum Beispiel Haus, Maus, raus, und dass es Wörter in Silben zerlegen kann, wie beispielsweise Son-ne, Was-ser oder Ha-se. Das ist ein wichtiger Entwicklungsschritt auch mit Bick auf den späteren Erwerb der Schriftsprache. Jetzt kannst du mit deinem Kind Bilderbücher in Versform anschauen, wie zum Beispiel *Mit Ottern stottern, mit Drachen lachen* von Schreiber-Wicke und Holland, im Esslinger Verlag 2006 erschienen, denn in diesem Bilderbuch kann dein Kind alle Verse von A bis Z mit dem fehlenden Reimwort beenden. Die Bilder verdeutlichen zudem den Versinhalt, und der Reim selbst enthält unterschiedliche Wortarten. Auch kann dein Kind den Laut mit zugehörigem Zeichen, den Buchstaben und dessen Schreibweise entdecken. Reim- und Silbenspiele sind jetzt interessant und spannend, da dein Kind immer erfolgreicher wird, die feinen Lautunterscheidungen zu erkennen. Unterstützen kannst du dein Kind beim Ausbau seiner Fähigkeiten, wenn du das Zerlegen der Wörter über möglichst viele Wahrnehmungs-, also Sinneskanäle verdeutlichst, indem du beim Silbensprechen die einzelnen Silben zum Beispiel durch Klatschen, Trommeln, Schnipsen, Gehen oder Hüpfen begleiten lässt. Durch die Koordination von Sprechen und Klatschen beziehungsweise Sprechen und Hüpfen kann dein Kind die Silben und den Wortrhythmus ganz bewusst erleben, und zudem wird so seine Hirnaktivität sehr stark angeregt. Das führt bei mehrfacher Wiederholung zu einer Verfestigung der Verknüpfungen im Gehirn, sodass das Gelernte dauerhaft aufgenommen und gespeichert wird. Auch kannst du die Anzahl der Silben visuell verdeutlichen, indem du dein Kind aufforderst, z. B. für jede Silbe eine Kastanie, einen Bauklotz oder kleinen Stein unter die jeweilige Bildkarte oder den Gegenstand zu legen, den es spricht. Denn so kann dein Kind die Silben des Wortes nicht nur hören, sondern auch sehen, wie viele Silben es sind (Beispiel: Bildkarte von der ☼, dann zweimal klatschen: Son-ne, dann zwei ◯◯ Steinchen unter die Bildkarte legen). Durch diese Erweiterung förderst du auch gleichsam das simultane Erfassen von Mengen und das Abzählen. Achte darauf, dass du bei solchen Silbenspielen anfangs Bildmotive oder Gegenstände aussuchst, die dein Kind in zwei Silben segmentieren kann, da Drei- und Mehrsilber schwieriger sind. Je sicherer dein Kind wird, umso leichter wird es ihm fallen, auch mehrsilbige Wörter in Silben zu klatschen. Die Fähigkeit zu reimen und Wörter in Silben zu segmentieren sind die elementaren Bausteine, um den Sprachrhythmus und die Struktur der deutschen Wörter zu erfassen. Kinder, die am Ende ihrer Kindergartenzeit in der Lage sind, einzelne Silben spontan zu erfassen, können in der Regel schneller flüssig lesen und haben auch meistens keine größeren Rechtschreibprobleme.

Auch kann dein Kind jetzt alle Laute korrekt unterscheiden und sprechen, da sich neben der Sprechfertigkeit auch seine auditive Wahrnehmung verfeinert hat. Die auditive Wahrnehmung umfasst eigentlich gleich eine Vielzahl an recht komplexen Vorgängen, wie die auditive Aufmerksamkeit (zu- und hinhören können, lauschen), die auditive Lokalisation (zu erkennen, aus welcher Richtung das Geräusch beziehungsweise das Gesagte kommt) und die auditive Figur-Grund-Unterscheidung, das ist die Fähigkeit, „wichtige" von „unwichtigen" Hörreizen zu unterscheiden. Diese Fähigkeit ist dann auch später in der Schule relevant, denn da muss dein Kind beispielsweise in einer unruhigen Stunde, in der der Geräuschpegel besonders hoch ist, der Stimme der Lehrerin Beachtung schenken und nicht dem Stimmenwirrwarr der anderen Mitschüler. Auch die Fähigkeit, unterschiedliche Laute erkennen und unterscheiden zu können, wird durch die auditive Wahrnehmung ermöglicht, was zum Beispiel wichtig ist, um einzelne (An-)Laute in einem Wort herauszuhören, wie beispielsweise **B**anane oder **I**gel. Der Laut wird übrigens als kleinste sprachliche Einheit und in der Schriftsprache als Buchstabe bezeichnet. Somit beginnt die Schriftsprachbildung mit Buchstaben und die Sprachentwicklung nicht mit dem ersten Wort, sondern dem Erkennen von Lauten, die dein Kind schon ganz früh über das Lallen, Brabbeln und Plappern äußert. Neben all den bereits benannten Fähigkeiten muss dein Kind auch noch Gehörtes erinnern und inhaltlich einordnen können.

Damit ist gemeint, dass ein Geräusch, Ton, Klang oder Laut nicht automatisch gespeichert wird, sondern dein Kind sich an das Gehörte erinnern muss. Und da helfen deinem Kind wieder die Reime sehr, um das zu ermöglichen. Denn um Gehörtes wie Wörter oder Geräusche inhaltlich richtig einordnen, also verstehen zu können, muss es ihnen einen Sinn zuordnen, wie zum Beispiel der Türglocke, die durch ihren „Ding-Dong-Ton" vermittelt, dass draußen jemand steht, der hineinmöchte.

Auch benutzt dein Kind jetzt Oberbegriffe und weiß daher, dass Äpfel, Bananen, Birnen und Kiwis OBST sind. Es setzt auch abstraktere Begriffe ein, wie beispielsweise „Schau mal, Mama, draußen ist es nebelig", um dir einen Sachverhalt zu schildern oder zu erklären. Es ist erstaunlich, wie komplex dein Kind jetzt zu denken und zu sprechen in der Lage ist. Dies kannst du auch bemerken, wenn du dich mit ihm über einen Streit unterhältst, den es zum Beispiel mit einer Freundin in der Kita hatte. Es kann jetzt den Konflikt aus beiden Perspektiven „anschauen", also dazu Stellung nehmen, wenn du es fragst: „Warum hat Mia das gemacht, was meinst du?" Solche wirklich anspruchsvollen Warum-Fragen sinnerfassend zu beantworten ist eine enorme kognitive Leistung, da es einen gedanklichen Perspektivwechsel voraussetzt. Dein Kind hat jetzt einen gewaltigen Entwicklungsschritt nach vorn gemacht.

Dies siehst du auch an seinem großen Interesse an Buchstaben, Wörtern und Schrift. Es hat Freude daran, erste Buchstaben und Wörter zu verschriftlichen, also abzumalen, und trainiert dabei seine Hand-Augen-Koordination, Feinmotorik und Stifthaltung. Auch der Schreibdruck wird „eingestellt", da dein Kind sich ausprobiert und feststellt, dass die Bleistiftspitze abbricht, wenn es zu stark drückt, also zu viel Druck auf den Bleistift ausübt. Bei diesem Prozess des „Schreibenübens" trainiert es auch den Umgang mit der Raum-Lage-Beziehung einzelner Buchstaben, geht also der Frage nach: Wo befindet sich der Buchstabe, auf oder unter der Linie, sind die „Buckel" vom B rechts oder links vom Strich, ist der waagerechte Strich vom H oben, unten oder in der Mitte der beiden senkrechten Striche? Bei all diesen Überlegungen und dem spielerischen Ausprobieren kann es gut sein, dass dein Kind einige Buchstaben spiegelbildlich oder seitenverkehrt abmalt, Striche hinzufügt (zum Beispiel ein E mit vier waagerechten Strichen) oder Dinge weglässt (zum Beispiel nur einen waagerechten Strich beim F). Auch lässt es vielleicht Wortzwischenräume weg, wenn es MAMAISTLIEB auf sein gemaltes Bild schreibt oder Buchstaben auslässt, wie zum Beispiel LIB. All dieses solltest du unaufgeregt annehmen, denn zum Üben und Trainieren neuer Fertigkeiten gehören nun mal Fehler mit dazu. Von daher wäre eine fehlerfreundliche Herangehensweise genau richtig, um die Motivation deines Kindes und seine Freude an Schriftsprache zu erhalten. Eine positive Fehlerkultur wäre übrigens auch für die Begleitung deines Kindes in der Schule wünschenswert. Ich kann sie dir nur empfehlen und ans Herz legen. Damit schaffst du einen guten Nährboden und erhältst zudem den Selbstlernwillen deines Kindes. Ich habe meinen Kindern damals beim Eintritt in die Schule immer gesagt: „Der Fehler ist ein Helfer im Lernprozess. Heiße ihn willkommen, er weist dich auf etwas hin, das du <u>noch nicht</u> kannst, aber <u>sicherlich bald</u> lernst." Ach, und wusstest du, dass das Wort Fehler die gleichen Buchstaben hat wie das Wort Helfer? Du kannst also aus einem Fehler einen Helfer machen.

Und noch ein wichtiger Hinweis, achte spätestens jetzt bei den ersten Schreibversuchen deines Kindes auf die Händigkeit, also mit welcher Hand schreibt, malt oder schneidet dein Kind? Ob dein Kind nämlich Rechts- oder Linkshänder ist, wird von seinem Gehirn schon vor der Geburt festgelegt, ohne dass es gleich von Geburt an sichtbar ist. Von daher nützt es auch nichts, dein Kind „umerziehen" zu wollen. Die Zeiten, in denen man linkshändigen Kindern gesagt hat, sie sollen das „böse Händchen" nicht zum Malen und Schreiben benutzen, oder ihnen gar auf die Hand geschlagen hat, wenn sie es doch taten, sind zum Glück lange vorbei. Heute ist durch die Hirnforschung hinlänglich belegt, dass die natürliche Linkshändigkeit genetischen Ursprungs ist und daher auch nicht durch frühzeitiges Üben und Trainieren, beispielsweise im Kleinkindalter, aberzogen werden kann. Du solltest sie also annehmen, falls sie da ist, und dein Kind unterstützen, indem du entsprechend seinen Interessen, zum Beispiel am Schnippeln von Papier, eine Schere gemäß seiner Händigkeit besorgst. Sei ein guter Begleiter deines Kindes und achte zugleich darauf, dass es nicht von anderen für sein Tun oder seine Art und Weise, Dinge zu tun, beschämt wird.

Spielideen

ab 5 Jahre

Silbenspiele

Silben hüpfen

Du nimmst einige Bildkarten oder Gegenstände und legst sie auf eine Decke. Dann legst du zum Beispiel mit einem Band oder Seil einen Kreis auf dem Boden aus. Dein Kind soll sich nun einen Gegenstand oder eine Bildkarte aussuchen und das Wort in Silben aussprechen, indem es dazu klatscht. Danach geht es zum Kreis und hüpft entsprechend der Silbenanzahl in den Kreis hinein und heraus.

Achtung: Achte darauf, dass du keine einsilbigen Wörter am Anfang verwendest, dass bereitet vielen Kindern sehr oft Schwierigkeiten, da sie aus Einsilbern gerne Zweisilber machen, wie zum Beispiel „Ti-hisch“ statt „Tisch“ oder „Stu-huhl“ statt „Stuhl“. Deshalb solltest du zuerst nur Bildkarten mit zweisilbigen Wörtern verwenden, diese dann um Drei- und Viersilber erweitern und erst ganz zum Schluss Einsilber einbeziehen.

Silben werfen

Du brauchst für dieses Spiel kleine Bälle, am besten Knautsch- oder Softbälle. Du nimmst wieder einige Bildkarten oder Gegenstände und legst sie auf einer Decke am Boden aus. Dann stellst du einen Karton auf. Dein Kind soll sich nun wieder einen Gegenstand oder eine Bildkarte aussuchen und das Wort in Silben aussprechen, indem es dazu klatscht. Danach nimmt es Bälle entsprechend der Silbenanzahl und wirft diese beim Sprechen in den Karton. Danach geht es zum Karton und schaut hinein. Zwei Bälle = „Sup-pe“. Alternativ stellst du ihm mehrere Kartons auf den Boden oder Tisch. Auf die Vorderseite jedes Kartons malst du mit schwarzem Stift entsprechende Punkte, 2, 3, 4 … Dein Kind soll nun entweder die Bildkarten oder die Gegenstände entsprechend der Silbenanzahl in die Kartons legen. Sind alle Gegenstände beziehungsweise Bildkarten zugeordnet, wird gemeinsam überprüft, ob alles richtig einsortiert wurde, indem das Kind einen Karton nimmt und Bildkarte für Bildkarte nachforscht, ob sie dem richtigen Karton zugeordnet wurde.

Silben fressen

Gemeinsam mit deinem Kind bastelst du aus einem Schuhkarton ein „Silbenmonsterchen“. Einfach in den Deckel des Kartons einen circa 1 Zentimeter breiten und 10 Zentimeter langen Schlitz schneiden und den Karton mit Wollhaaren, Wackelaugen und Farbe zu einem Monster herrichten beziehungsweise in ein Monster verwandeln. Darüber hinaus brauchst du Fotokarten oder Bildmotive mit Abbildungen von Nahrungsmitteln, die als „Futter“ für das Monster dienen. Und dann geht es los. Dein Kind klatscht die Nahrungsmittel in Silben und „füttert“ danach das Monster, indem es die Fotokarten der Lebensmitteln in den „Mund“, also Schlitz schiebt. Wenn ihr gleich mehrere Silbenmonsterchen bastelt, könnt ihr diesen Zahlen von 2 bis 5 geben. Dann muss dein Kind jedes Mal vorher überlegen, welchem Monster was schmeckt. Denn das Monsterchen mit der Zahl Drei frisst dann nur Nahrungsmittel, die man dreimal klatschen kann, also drei Silben haben.

Silben würfeln

Für diese Spielvariation brauchst du einen Zahlenwürfel und Bildkarten oder Gegenstände. Diese werden in der Mitte des Tisches ausgelegt. Danach geht's auch schon los. Dein Kind würfelt, und nun gibt die Augenzahl vor, wie viele Silben der Gegenstand auf der Bildkarte oder der reale Gegenstand haben darf. Dein Kind versucht jetzt einen Gegenstand entsprechend der gewürftelten Zahl zu finden, benennt diesen und zerteilt ihn dann durch klatschen und sprechen in Silben.

Silbenstraße

Du legst auf dem Flur oder im Wohnzimmer zwei Seile (Bänder) parallel zueinander aus, welche eine Straße symbolisieren. Auf der Straße werden die Bildkarten oder Gegenstände ausgelegt. Und schon gehts los. Dein Kind beginnt an einem Ende der Straße und geht die Straße ab. Immer wenn es auf einen Gegenstand trifft, muss es diesen in Silben klatschen und dazu sprechen.

Robotersprache

Bei diesem Spiel werden die Wörter nicht in Silben zerlegt, stattdessen setzt ihr aus Silben das Wort wieder zusammen. Dafür braucht ihr nur die Bildkarten oder die echten Gegenstände. Diese werden auf dem Tisch oder am Boden auf einer Decke ausgebreitet. Du setzt dich mit deinem Kind an den Tisch / auf die Decke und sagst ihm, dass du dich jetzt in einen Roboter verwandelst (gegebenenfalls witzigen Hut aufsetzen, den du aus Aluminiumfolie gebastelt hast). Und als Roboter wirst du nun anders als sonst sprechen. Die Aufgabe deines Kindes ist es herauszufinden, was du sagst (als visuelle Hilfe hat es die Gegenstände auf dem Tisch beziehungsweise der Decke liegen). Dann beginnt das Roboterspiel. Du beginnst und sagst zum Beispiel: „Zi---tro---nen---pres---se." Wenn dein Kind weiß, was der Roboter gesagt hat, wiederholt es das Wort als Ganzes, indem es die Silben zum Wort verbindet. Es sagt dann: „Zitronenpresse." Nach ein paar anderen Begriffen tauscht ihr die Rollen, und dein Kind wird nun zum Roboter.

ab 5 Jahre

Mit unsichtbarer Tinte schreiben

Kinder lieben Magie. Mit deinem Kind kannst du einen magischen Moment erschaffen, indem ihr mit „unsichtbarer Tinte“ schreibt und später die Schrift sichtbar macht. Das geht ganz einfach mit Milch. Ihr braucht dafür einen **Pinsel**, ein Blatt **Papier** und etwas **Milch**. Ausnahmsweise darf dein Kind nun den Pinsel in die Milch tunken und Wörter schreiben und gern auch etwas malen. Das Spannende daran ist, dass dein Kind nicht sieht, was es schreibt. Wenn alle Blätter mit Wörtern und Bildern gefüllt sind, lasst ihr sie trocknen. Um sichtbar zu machen, was darauf ist, fährst du mit dem (nicht zu heißen) **Bügeleisen** darüber. Durch die Wärme werden die Wörter und Bilder sichtbar, und sie bleiben es auch. Alternativ könnt ihr auch **Essig** oder **Zitronensaft** verwenden.

ab 5 Jahre

Experimente mit Strom

Kausale Zusammenhänge begeistern dein Kind in diesem Alter besonders, darum liebt es Experimente. Nutze seine Neugierde, um ihm Technik und Elektrizität nahezubringen.

Stromkreis aus Kupfer-Tape

Kupfer-Tape gibt es als Meterware günstig im Handel. Man kann viel damit machen, darum lohnt sich die Anschaffung. Außerdem braucht ihr eine **Leuchtdiode** und eine **Knopfzellenbatterie**. Zeichnet nun auf einem Blatt **Papier** ein Rechteck auf, außerdem je ein Symbol für eine Leuchtdiode und eine Knopfzellenbatterie. Danach klebt ihr das Kupfer-Tape auf das aufgemalte Rechteck und verklebt die Leuchtdiode damit. Zum Schluss wird die Knopfzellenbatterie dann mit dem Kupfer-Tape verbunden, sodass sich der Stromkreis schließt. Tipp: Die Knopfzellenbatterie so in eine Papierecke platzieren, dass sie erst beim Umlegen den Stromkreis schließt.

Leuchtende Namensschilder

Schneidet aus **Pappe** oder **Papier** ein Namensschildchen aus und schreibt, druckt oder stempelt darauf eure Namen. Wenn ihr wollt, könnt ihr es auch mit Zeichnungen, Glitzersteinchen oder Ähnlichem verzieren. Nun stecht ihr eine **Leuchtdiode** von der Vorderseite aus durch, die ihr auf der Rückseite mit einer **Knopfzellenbatterie** verbindet und mit **Klebeband** fixiert. Mit einer **Sicherheitsnadel** könnt ihr nun das leuchtende Namensschild an der Kleidung befestigen. Tipp: Lasst abends mal das Licht aus und geistert als Leuchtkäfer durch eure Wohnung.

Ein einfacher Stromkreis

Das braucht ihr dafür: vier **Krokodilklemmen**, eine **Blockbatterie** und eine **Glühbirne**. Und so gehts: Dein Kind verbindet nun mittels einer Krokodilklemme einen Pol der Batterie mit der Glühbirne. Die zweite Krokodilklemme befestigt es am anderen Pol der Batterie - und dann kommt der spannende Moment, wenn es das andere Ende an die Glühbirne hält. Na, ob sie wohl leuchtet?

Probiert nun einmal aus, was Strom leitet und was nicht (mithilfe einer dritten Krokodilklemme). Leuchtet die Glühbirne, wenn man einen Kronkorken oder eine Feder dazwischenschaltet?

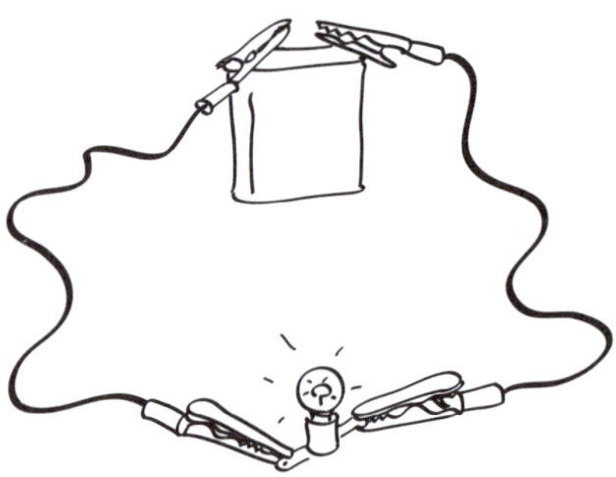

ab 5 Jahre

Das Bilderkästchen

Schneide mit deinem Kind Motive aus **Katalogen** oder **Prospekten** aus und klebe je ein Bildmotiv auf ein kleines **Pappkärtchen**. Ihr könnt die Motive auf die Pappkärtchen aufmalen. Danach gebt ihr alle Bildkärtchen in eine kleine **Schachtel** (die ihr auch schön gestalten und bekleben könnt). Nun zieht einer von euch ein Kärtchen aus der Schachtel, zum Beispiel ein Kärtchen mit einem Bären darauf. Damit beginnt nun die Geschichte: „Bruno, der Bär, wollte Fische fangen.“ Jetzt ist der Nächste an der Reihe, zieht ebenfalls ein Bildkärtchen und legt es neben das erste. Vielleicht ist ein Apfel darauf. Wer jetzt an der Reihe ist, muss sich überlegen, wie die Geschichte von Bruno, dem Bären, der eigentlich Fische fangen wollte, mit dem Apfel weitergehen könnte.

ab 5 Jahre

Ein Geschichtenbild entsteht

Bei diesem Spiel können alle Familienmitglieder mitmachen. Einer von euch beginnt und erzählt eine Geschichte. Alle anderen hören aufmerksam zu. Danach malt jeder ein Bild zur Geschichte. Sind alle fertig, wird verglichen, wer was gemalt hat. Nun ist der nächste Geschichtenerzähler an der Reihe, und die anderen malen danach ein Bild. Am Ende werden alle Bilder verdeckt auf den Tisch gelegt. Einer dreht nun eines der Bilder um und versucht, die Geschichte, zu der das Bild gemalt wurde, nachzuerzählen.

ab 5 Jahre

Fantasiegeschichten in den Sand gemalt

Hierfür braucht ihr einen großen **Schuhkartondeckel**, am besten von einer Stiefelschachtel. Der Deckel wird mit **Maismehl** (das staubt nicht) oder **Vogelsand** befüllt. Ihr könnt auch kleine **Schmucksteine, Glasnuggets** oder **Kieselsteinchen** bereitstellen. Nun erzählst du deinem Kind eine Geschichte, die es parallel dazu in den Sand malen kann.

Du kannst eine Geschichte aus einem Buch nehmen, dir selbst eine ausdenken, oder vielleicht denkt sich auch dein Kind eine Geschichte aus.

ab 5 ½ Jahre

Die Bandwurm-Geschichte

Eine gute Möglichkeit, die Fantasie deines Kindes anzuregen, ist, gemeinsam mit ihm Geschichten zu erfinden. Um einen leichten Einstieg zu finden, bietet sich die „Bandwurm-Methode" an. Du machst den Anfang und sagst den ersten Satz, zum Beispiel: „An einem schönen warmen Tag gingen Till und Maja zum See." Jetzt muss dein Kind das Ende des Satzes aufgreifen und den nächsten Satz bilden, beispielsweise: „Nachdem sie am See angekommen waren, sind sie schwimmen gegangen." Danach nimmst du den Gedanken und das Satzende auf und erzählst weiter: „Nachdem sie geschwommen sind, hatten sie Hunger und gingen zum Kiosk." Dann ist wieder dein Kind an der Reihe: „Beim Kiosk haben sie sich Eis gekauft." Und so weiter. So gleicht eure Geschichte einem Bandwurm, der immer länger wird und sich fantasievoll dahinschlängelt.

Mehr wissen

Bücher:

- Cornelia Fabricius, Georges A. Feldmann: *Mit Kindern Formen zeichnen. Freude am Schreibenlernen. Anleitung für Eltern und Erzieher zur Graphomotorik*, Schaffhausen: Novalis Verlag 2011.
- Marielle Seitz: *Schreib es in den Sand: Spielerisches Zeichnen zur Förderung von Konzentration, Feinmotorik und Bewegungskoordination*, Schorndorf: Dusyma GmbH 2006.
- Bille Weidenbach, Meike Töpperwien u. a.: *Mein kunterbuntes Buch über mich*, Berlin: Duden 2019.
- Felix Walk: *Die kleine Eins*, Blumenholz: Spica 2015.
- Ulrike Holzwarth-Raether: *Mein Vorschulwörterbuch: Die Reise durch das Abc-Universum*, Berlin: Duden 2019.

Wunderwelt der Schrift

Geschichten zu erzählen oder vorzulesen ist einer der schönsten und emotionalsten Wege, um Kinder zum Lesen zu bringen. Mithilfe ihrer Fantasie lassen sie das Gehörte in ihrer Vorstellung zum Leben erwachen, gehen auf Reisen, durchleben Abenteuer und entdecken neue Welten. Sie entdecken dabei aber auch die Schrift, dies oft schon im Alter von 2, 3 Jahren. Sie sehen, dass auf jeder Seite Buchstaben, aber auch andere Zeichen wie Punkte, Kommas, Ausrufezeichen, Fragezeichen und Doppelpunkte zu finden sind. Außerdem bemerken sie, dass eine Geschichte vorgelesen anders klingt, als wenn jemand sie erzählt. Denn die Sprache, die Betonung und das Tempo sind beim Vorlesen anders. Das liegt am Satzbau, der sich in der Erzählsprache von der Schriftsprache unterscheidet. Auch ist das Sprachniveau oft ein anderes, denn die Worte werden beim Schreiben bewusster gewählt. Erzählen ist in der Regel deutlich spontaner. Außerdem gibt es beim Vorlesen Momente, da hältst du an, erklärst etwas oder stellst Fragen zum Vorgelesenen oder zu einem Bildmotiv.

Zudem entdeckt dein Kind um das 4. Lebensjahr im Buch, dass eine Geschichte einen Anfang, einen Hauptteil und einen Schluss hat, also über einen bestimmten Aufbau verfügt. Und immer wieder tauchen dieselben Buchstaben oder auch Wörter auf, die ein Kind im Alter von 4½ Jahren wiedererkennt, weil es sie vielleicht schon mal auf einer Getränkeverpackung, in einem Logo oder einem Spiel gesehen hat. Ganz typisch ist dann der Ausruf eines Kindes, das mit dem Finger auf den Buchstaben

P zeigt und sagt: „Da, P, wie ich. P wie Paula." Es kann sogar vorkommen, dass dein Kind auf ein ihm vertrautes Wort zeigt und sagt: „Da steht ‚Haus'."

Erste Schreibversuche

Schrift und Schreiben sind etwas Faszinierendes für Kinder, denn sie beobachten, dass beides für uns Erwachsene von großer Bedeutung ist. So hat dein Kind mitbekommen, dass du deiner Partnerin oder deinem Partner kleine Zettel mit einer Notiz auf den Küchentisch legst, bevor du das Haus verlässt; es hat gesehen, wie du seinen Namen auf die Gummistiefel geschrieben hast, bevor ihr sie mit in die Kita genommen habt, und in der Kita hat es dann den gleichen Namen, also seinen, am Garderobenhaken wiedererkannt.

Ab ungefähr dem vierten Lebensjahr hat es versucht, seinen Namen zu schreiben oder dir Zettel mit Gekritzel gegeben mit der Bitte: „Lies mal vor." Typisch für diese „Kritzelbriefchen" sind viele Wellen- und Zickzacklinien sowie einzelne Zeichen oder gar Buchstaben. Etwas später bittet dich dein Kind wahrscheinlich, seinen Namen auf das gemalte Bild für die Oma zu schreiben, und mit ungefähr 4½ Jahren schreibt es selbst seinen Namen auf das Bild oder „FÜR MAMA" beziehungsweise „FÜR PAPA", bevor es dir dieses schenkt. Diese ersten Versuche sind klare Vorboten und eindeutige Anzeichen dafür, dass dein Kind dem Schreiben immer näher kommt und den Wunsch hat, anderen etwas schriftlich mitzuteilen.

Zu diesem Zeitpunkt hat dein Kind begriffen, dass die Schrift ein Träger von Informationen ist, die man beim Schreiben sozusagen „auf das Blatt legt" und beim Lesen „vom Blatt nimmt". Es versteht, dass Schreiben anders ist als Malen oder die ersten Kritzeleien. Und es weiß jetzt auch, dass sich Schreiben vom Erzählen aus der Erinnerung unterscheidet, denn die Schrift hält die eigene Aussage wortwörtlich fest. Das erlebt dein Kind auch in der Kita, wenn in seiner Portfolio-Mappe Aussagen von ihm festgehalten werden oder die Erzieherinnen oder Erzieher ihm vorlesen, welche Kommentare sie zu dem Bild oder Foto dazugeschrieben haben. Kinder lieben es, wenn man wörtlich aufschreibt, was sie sagen. Es kann wieder vorgelesen werden, und sie hören auf diese, ihre eigenen Sätze. Auf Seite 160 hatte ich dir die Spielidee der Tellerrand-Geschichten vorgestellt. Dieses Spiel ist auch für Kinder von 5 und fast 6 Jahren interessant, denn dein Kind entdeckt dadurch, dass Schreiben das Festhalten von gesprochener Sprache bedeutet. Sprache wird zur Schrift. Eine sehr wichtige und bedeutsame Entdeckung.

Mit 5½ Jahren schreibt dein Kind Buchstaben und erste Wörter, meist indem es abmalt, zum Beispiel von Verpackungen oder Ähnlichem. Es probiert auch, Namen, die ihm wichtig sind, zu schreiben, wie beispielsweise Mama, Papa, seinen eigenen Namen und vielleicht auch schon Oma, Opa und den Namen der besten Freundin oder des großen Bruders. Denn in diesem Alter hat es erkannt und verstanden: Schrift besteht nicht aus beliebigen Zeichen oder Formen, sondern aus einer begrenzten Anzahl an Buchstaben, die man sehen, hören und aufschreiben kann.

Wenn dein Kind dieses Stadium erreicht hat, verzichtet es auf Kritzeleien, denn nun möchte es Schrift nachahmen. Dies tut es durch das Kopieren einzelner Buchstaben oder Buchstabenfolgen. Diese sind nicht immer vollständig, manchmal spiegelverkehrt oder noch nicht in der richtigen Reihenfolge. Doch je öfter dein Kind sie abmalt, umso besser wird das Geschriebene. Allerdings geht es zu diesem Zeitpunkt noch gar nicht darum, schreiben zu lernen, sondern um die lustvoll-spielerische Auseinandersetzung mit Buchstaben und Schrift.

Um dein Kind beim Entdecken der Schrift zu unterstützen, kannst du ihm ein Kästchen mit besonderen Stiften zusammenstellen. Bleistifte mit unterschiedlichen Härtegraden laden dein Kind ein herauszufinden, wie viel Druck es ausüben muss, um einen Buchstaben auf das Papier zu schreiben. Auch Kugelschreiber, Filzstifte oder Ball-Pen sind interessante Schreibwerkzeuge, genauso wie ein kleines Heft oder ein schöner Block für die ersten Schreibversuche. Der Besuch in einem Schreibwarenladen kann jetzt zu einem spannenden Ausflug werden, da dort Papier, Stifte und schöne Schreibmaterialien im Mittelpunkt stehen. Ebenso ist ein kleines Wörter-Schatzkästchen ein schöner Anreiz: Dafür malt beziehungsweise schreibt dein Kind Wörter, die es in der Wohnung oder auf der Straße entdeckt hat, auf kleine Zettelchen, die dann im Schatzkästchen aufbewahrt werden. Abends vor dem Zubettgehen oder zu einem anderen Zeitpunkt lest ihr die Wörter dann gemeinsam noch einmal.

Auf Seite 252 findest du Ideen für Spiele rund um die Zettelbox, die dein Kind motivieren, sich spielerisch mit Schriftsprache auseinanderzusetzen. Du kannst gemeinsam mit ihm auch eine kleine „Büroecke“ in seinem Zimmer oder schon einen Schreibtisch einrichten. Dinge wie Locher, Lineal, Zettel- und Stiftebox, Büroklammern, Briefumschläge, gar ein Stempelkissen und Buchstabenstempel laden dein Kind ein, sich kreativ auszuprobieren, erste Schreibversuche vorzunehmen und mit den Buchstaben und Wörtern zu experimentieren.

Zeichen und Piktogramme

Neben der Schrift interessiert sich dein Kind nun auch zunehmend für die Zeichen in seiner Umgebung. Es erkennt, dass bestimmte wiederkehrende Zeichen, Formen, Farben oder auch Geräusche eine Bedeutung haben und eine Botschaft vermitteln. So signalisiert zum Beispiel die Türklingel, dass jemand zu Besuch kommt. Zu Hause, in der Kita oder beim Einkaufen entdeckt dein Kind nun Hinweise und Symbole, die ihm jetzt deutlicher als früher auffallen und deren Bedeutung es erkunden will.

Dies gilt auch für den Straßenverkehr. Beim Weg durch die Stadt erkennt es Verkehrszeichen wieder und will von dir wissen, was sie bedeuten. Dass es Verkehrsschilder versteht, ist für seine Sicherheit natürlich äußerst wichtig, nimm dir darum Zeit, die verschiedenen Zeichen und Schilder zu erklären.

Piktogramme nehmen im Alltag deines Kindes eine Sonderrolle ein, da sie dank der grafischen Darstellung in ihrer Aussage schnell erfasst und gut verstanden werden können. Um dein Kind beim Lesen von Piktogrammen zu fördern, könntest du gemeinsam mit ihm überlegen, welche bei euch zu Hause sinnvoll sein könnten. Auf diese Weise lassen sich zum Beispiel auch (Verhaltens-)Regeln einfach und wirkungsvoll sichtbar machen. Und vielleicht gibt es ja auch schon Piktogramme bei euch, geht doch einmal auf Entdeckungsreise durch die einzelnen Zimmer.

Die Faszination deines Kindes für Zeichen und Symbole kannst du nutzen und auch fördern, indem ihr gemeinsam erkundet, welche alltäglichen und auch ungewöhnlichen Möglichkeiten der Kommunikation es gibt. Da gibt es tolle Dinge wie Geheimsprachen, Körpersprache und Gebärdensprache, oder probiert doch mal aus, wie man Rauchzeichen produziert oder wie der Morsecode funktioniert (mit Fingern auf dem Tisch). Übt euch in Pantomime und Scharade oder erkundigt euch bei Polizei oder Feuerwehr nach Alarmsignalen. Hört euch auch mal gemeinsam ein Hörspiel im Radio an oder lauscht einem Hörbuch. Sehr interessant ist für dein Kind auch der Besuch in einer Galerie oder einem Museum: Dort kann es erleben, wie über Kunst Botschaften, Gefühle und Stimmungen vermittelt werden. Zudem kannst du gerade über Kunstobjekte sehr gut mit deinem Kind ins Gespräch kommen.

All diese Erfahrungen mit Zeichen und Symbolen haben für dein Kind in diesem Alter eine besondere Bedeutung, da sie ihm den Weg zum Lesen- und Schreibenlernen ebnen.

Vom Spielkind zum Schulkind

Dass dein Kind nun langsam aus der Rolle des Kindergartenkindes herauswächst, merkst du unter anderem daran, dass ihm kleine Rechenoperationen Spaß machen. Sein mathematisches Bewusstsein ist nun weiter ausgereift, es weiß, dass eine Zahl immer auch für eine Menge steht, also ein Symbol ist. Und es hat verstanden, dass Zahlen eine ganz bestimmte Reihenfolge haben. Darum weiß dein Kind jetzt, dass Zahlen größer sind, je weiter sie von der Null entfernt sind. Dies ist eine wichtige Grundlage für das spätere Rechnen. Außerdem hat dein Kind Erfahrungen mit Größen- oder Mengenrelationen gemacht und zum Beispiel begriffen, dass fünf Bälle genauso viele sind wie fünf Wäscheklammern, auch wenn die Bälle größer sind und daher nach „mehr“ aussehen.

Und da dein Kind viel ge- und abgezählt hat, weiß es, dass man jede Zahl in eine bestimmte Anzahl zerlegen kann. Sechs Bonbons können aus zwei und vier Bonbons zusammengesetzt sein, und man kann sechs Bonbons auch gerecht auf drei Kinder aufteilen, sieben Bonbons aber nicht. Auf diese Weise haben seine spielerischen Vorerfahrungen mit Zahlen und Mengen dazu geführt, dass es jetzt ein ordinales Zahlenbewusstsein (die Zahlenreihenfolge ist immer gleich) und ein kardinales Zahlenbewusstsein (jede Zahl steht für eine Menge) entwickelt hat. Die Sprache war bei all diesen Prozessen sein Wegbegleiter: Es hat abgezählt, etwas dazugetan und etwas weggenommen und durch dich oder die Erzieherinnen und Erzieher in der Kita die passenden Begriffe für diese mathematischen Vorgänge erfahren, sodass es jetzt weiß, dass „wegnehmen“ „minus“ und „kommt dazu“ „plus“ bedeutet. So hat dein Kind nicht nur ein erstes mathematisches Verständnis entwickelt, sondern auch ganz allgemein einen großen Kompetenzenzuwachs erfahren.

Es kann darum Aufträge und Aufgaben, die ihm zur Erledigung übertragen werden, in der Regel gewissenhaft und vollständig ausführen und auch komplexere Sinnzusammenhänge erfassen, zum Beispiel bei einem Experiment. Begegnet dein Kind fremden Personen, zeigt es eine

„natürliche" und somit angemessene Distanz, redet diese meist mit „Sie" an und bezieht sich im Familien- oder Kitakontext bei der Aussage „wir" mit ein. Neben seiner kognitiven Entwicklung haben sich auch seine Feinmotorik (die Geschicklichkeit der Hände) und seine Grobmotorik (die Bewegungsgeschicklichkeit und Körperbeherrschung) gut entwickelt, sodass es jetzt seinen Körper weitgehend beherrscht und um seine Körperteile weiß. Dadurch kann es bestimmte Bewegungsabläufe bewusst und sicher ausführen, beispielsweise balancieren, auf einem Bein stehen oder beim Klettern und Rennen Überkreuzbewegungen machen.

Zudem hat sich die sogenannte Formkonstanz weiterentwickelt. Das bedeutet, dass dein Kind bestimmte Formen auch dann wiedererkennt, wenn sie ihm in vollkommen anderer Umgebung begegnen. Das bedeutet, es entdeckt Kreise, Dreiecke oder Vierecke in Bildern wieder oder kann diese in Mustern oder Gegenständen erkennen, zum Beispiel bei einem Haus: Der Korpus besteht aus einem Viereck, das Dach aus einem Dreieck. Dein Kind malt jetzt auch viel detaillierter. So werden die Arme und Beine bei Personen nicht mehr als Striche, sondern als schmale Rechtecke gemalt, und manchmal zeichnet es Figuren sogar in der Profilansicht, also von der Seite. Diese Darstellungsform ist ein gewaltiger Entwicklungsschritt. Mit rund 3 Jahren malte dein Kind lediglich Kopffüßler, also ein kreisartiges Gebilde, von dem Arme und Beine als Striche in alle Richtungen ausgingen. Experten gehen davon aus, dass ein Kind in diesem Alter zwar weiß, dass es einen Bauch gibt, ihn beim Zeichnen jedoch vergisst, weil er ihm nicht bedeutsam erscheint. Darum konzentriert es sich auf das Wesentliche. Mit ungefähr 4 Jahren beginnen Kinder, Häuser und Blumenwiesen zu malen und die Figuren und Gegenstände auf dem Bild zu organisieren. Deshalb heißt die Phase auch die „Geburt eines Bildes". Kinder können zudem zu ihren Bildern nun auch etwas erzählen.

Parallel zu dieser Entwicklung lernen Kinder, den Stift richtig zu halten, dies erleichtert es ihnen, gegenständlich zu malen. Jetzt, mit 6 Jahren, können sie außerdem Bildebenen, die eigentlich nicht sichtbar sind, mitdenken und darstellen. Das bedeutet, dein Kind zeichnet zum Beispiel die Umrisse eines Hauses und lässt gleichzeitig Vorgänge oder Menschen innerhalb des Hauses sichtbar werden. Auf diese Weise gewährt dir dein Kind Einblicke in das Innenleben von Krankenwagen, Autos, Geschäften, Taschen, Häusern, Körpern und Ähnlichem. Dieses besondere Stilmittel wird auch „Röntgenbild" genannt und ist wie gesagt für dieses Alter ganz typisch.

Auch malt dein Kind jetzt gern Erlebnisbilder, die beispielsweise vom Straßenverkehr handeln; darin lassen sich neben Menschen und Fahrzeugen auch Verkehrszeichen, geometrische Formen oder Schriftanteile entdecken. All das sind vorbereitende Fähigkeiten, die wichtig sind für den späteren Lese- und Schreiblernprozess in der Schule.

Spielideen

ab 5 ½ Jahre

Sprechen und Zeichnen = Sprechzeichnen

Sprechzeichnen bedeutet eigentlich nichts anderes, als gleichzeitig zu sprechen und die passende Form dazu zu zeichnen. Du kennst doch bestimmt das Zeichenspiel „Das ist das Haus vom Nikolaus" mit seinen Malbewegungen. Oder „Punkt, Punkt, Komma, Strich, fertig ist das Mondgesicht". Die Idee hinter dem Sprechzeichnen ist einfach und simpel, und dennoch steckt eine große Wirkung darin: Wie selbstverständlich fängst du nämlich beim Zeichnen an, rhythmisch und deutlich zu sprechen. Sprache, Betonung, Bewegung und Atmung werden gleichzeitig aufeinander abgestimmt. Ganz besonders hilfreich ist das Sprechzeichnen bei Kindern, die noch Silben oder Wörter verschlucken, verwaschen oder undeutlich sprechen, sich verhaspeln oder einige Laute noch nicht richtig aussprechen. Aber auch für alle anderen Kinder hat Sprechzeichnen positive Effekte auf die Sprache und Handgeschicklichkeit; beides ist für das spätere Schreiben wichtig.[44]

Mehr wissen

Bücher:

- Gabriele Roß, Robert Erker: *Lustiges Sprechzeichnen: Eine spielerische Sprachförderung. 24 Hexengeschichten und dazu passende Übungszeichen*, Hamburg: Nikol Verlag 2013.
- Isolde Albers, Anja Reincke: *Zwei kleine Kreise gehen auf die Reise ... Mal-Reime: Wie Hand und Mund sich helfen. Mit kognitiven Strategien und Kreativität zum Erfolg*, Dortmund: verlag modernes lernen 2014.
- Elke Gulden, Bettina Scheer: *Mit Punkt und Strich, so male ich. 30 lustige Ideen zu Malreimen und Sprechzeichnen*, München: Don Bosco Medien 2020.

ab 5½ Jahre

Zeichen und Symbole entdecken

Zeichen, Buchstaben, Zahlen, Logos und Symbole umgeben uns überall, sodass auch dein Kind diese spätestens mit 5 Jahren entdeckt und darauf aufmerksam wird. Dieses Entdecken zu thematisieren und zu befeuern ist sehr bedeutsam, da es eine Vorstufe auf dem Weg zum Lesen und Schreiben ist. Ein gutes, grundlegendes Symbolverständnis und möglichst vielfältige Erfahrungen mit Zeichen, Buchstaben, Symbolen, Zahlen und Piktogrammen sind für den späteren Lese- und Schreibprozess deines

Kindes sehr förderlich. Darum solltest du die Lust deines Kindes am Entdecken von Zeichen und Symbolen unterstützen. Das kannst du sehr vielfältig und ohne großen Aufwand tun, zum Beispiel bei einem Spaziergang im Park, bei einer Fahrt mit der Straßen- oder der U-Bahn, beim Gang durch den Bahnhof und so weiter. Überall lassen sich Zeichen entdecken. Nimm einen **Block** und **Stifte** mit, wenn ihr unterwegs seid, und lass dein Kind die Zeichen abmalen, die es entdeckt. Ihr könnt sie auch abfotografieren. Zu Hause schaut ihr euch die Fotos dann auf dem PC-Monitor oder Laptop an und überlegt gemeinsam, was welches Zeichen oder welcher Hinweis wohl zu bedeuten hat.

Auch in Kleidungsstücken gibt es Zeichen zu entdecken. Was bedeuten sie? Ebenso auf der Tastatur deines Computers: Neben Buchstaben gibt es auch andere Symbole. Was passiert, wenn ich auf „&" oder „/" drücke, und wozu braucht man diese Zeichen überhaupt? Und auch auf Flaggen, Wappen, Straßen- oder Geschäftsnamen, Land- oder Wetterkarten, Hinweisschildern oder Nummernschildern von Autos lassen sich Zeichen aufstöbern. Jeden Tag könnt ihr Zeichenfinder und Symbolentdecker sein. So wird selbst der Weg zum Kindergarten noch einmal neu und spannend.

ab 5 ½ Jahre

Eine Kochrezeptkarte erstellen und gemeinsam kochen

Essen macht Spaß, und die Zubereitung der Speisen auch. Beteilige darum dein Kind daran. Gestalte mit deinem Kind Kochrezepte, die es mithilfe der Symbole und Zeichnungen selbstständig „lesen" und nachvollziehen kann. Malt oder klebt die verschiedenen Zutaten auf **Pappkarton**, überlegt euch Symbole für die unterschiedlichen Handgriffe, die nötig sind, und notiert auch die Mengen und alles Weitere, was wichtig ist. Kochen ist außerdem eine wichtige lebenspraktische Tätigkeit und eine wertvolle Erfahrung. Gleichzeitig wird beim Zubereiten die Feinmotorik geschult, zum Beispiel beim Schneiden des Gemüses. Darüber hinaus lernt dein Kind, Symbole zu deuten und Mengen abzuwiegen, und es begreift, in welcher Reihenfolge die Zubereitung vonstattengeht. Zudem kannst du bei diesem Prozess mit deinem Kind ins Gespräch kommen, beispielsweise auch über die verwendeten Lebensmittel.

Ist eine Schreibförderung nötig?

Dein Kind experimentiert von sich aus mit Buchstaben und Zeichen, denn die Welt der Schrift fasziniert es sehr. Schließlich sieht es jeden Tag, wie wichtig Schreiben und Lesen für die Erwachsenen ist und möchte es selbst auch können. Darum experimentiert es mit Lust, allein angetrieben von seiner Freude am Lernen. Du musst es darin nicht weiter fördern. Es reicht völlig, wenn du ihm weiter vorliest und mit ihm spielst. Beteilige es auch an alltäglichen Dingen wie Obst schneiden für den Obstsalat, Teig kneten, Wäsche aufhängen, dem Ausräumen der Geschirrspülmaschine oder dem Abwaschen von Hand, denn all diese Tätigkeiten fördern seine Feinmotorik und auch seine Hand-Augen-Koordination, die es für die Grafomotorik, also die Schreibfertigkeit benötigt, die erforderlich ist, um das Schreiben in der Schule zu lernen.

Grafomotorik

Als Grafomotorik wird die differenzierte, rhythmische Schreibbewegung bezeichnet, auch Handgeschicklichkeit genannt. Sie stellt die Höchstleistung der Feinmotorik dar, da sie eine Koordinationsaufgabe für Augen und Finger in Kombination mit Kraftdosierung und Bewegungsmustern ist. Zusammen mit dem Tastsinn, dem Gleichgewichtssinn und einer angemessenen Körperspannung bildet die Bewegungsfähigkeit der Hände und Finger die motorische Grundlage allen Handelns. Wir brauchen die Grafomotorik, um grafische Zeichen und Formen auf einem Blatt Papier oder einer anderen Unterlage zu hinterlassen. Daher ist das Erlernen des Schreibens auch ein sensomotorischer Prozess: Alle Sinne müssen gut miteinander arbeiten, damit ein Kind schreiben lernen kann.

Es ist sinnvoll, die Handgeschicklichkeit deines Kindes zu unterstützen, denn konkretes, zielgerichtetes Handeln ist eine wesentliche Voraussetzung der Intelligenz. Doch dafür bedarf es keiner konkreten Schreibförderprogramme. Vielmehr reicht es aus, wenn dein Kind malt, Papier in Schnipsel reißt und aufklebt, etwas mit einer Schere ausschneidet, Gemüse in kleine Stücke schneidet, mit kleinen Dingen hantiert, zum Beispiel Perlen auffädelt, etwas mit Stecksteinen baut oder mit dem Pinzettengriff Dinge von A nach B bewegt, beispielsweise bei einem Steckspiel. Künstliche Schwungübungen, beispielsweise mithilfe von Arbeitsblättern, auf denen dein Kind Linien nachfahren muss, können eine sinnvolle Ergänzung sein, wenn du das Gefühl hast, dass sich dein Kind beim Malen oder mit feinmotorischen Bewegungen etwas schwertut. Bedenke jedoch, es nützt deinem Kind nicht, wenn du es zu etwas zwingst, zu dem es keine Lust hat. Nutze stattdessen den Alltag oder das Interesse deines Kindes an bestimmten Themen, um ihm interessante Angebote zu machen, die seine Handgeschicklichkeit weiter vervollkommnen.

Der Scherengriff

Der Scheren- oder Daumen-Finger-Griff bezeichnet in der motorischen Entwicklung von Kleinkindern jene Greifbewegung, mit dem etwa ab dem achten bis neunten Lebensmonat auch kleinere Gegenstände an der Basis von Daumen und Zeigefinger gehalten werden können. Der Greifvorgang verlagert sich von allen Fingern auf Daumen und Zeigefinger, was bedeutet, dass ab nun Objekte sicher mit den Händen gehalten werden können. Im Alltag lernt das Kind, so eine Tasse zu greifen, doch es dauert bei manchen Kindern noch bis zum fünfzehnten Lebensmonat, bis das Trinken aus der Tasse ohne Verschütten erfolgen kann.[45]

Pinzettengriff

Der Pinzettengriff ist bei Kleinkindern ein Höhepunkt in der Entwicklung der Handmotorik, denn mit 9 bis 10 Monaten lernt das Kind, Dinge mit den Fingerkuppen (Fingerbeeren) des Daumens und des Zeigefingers aufzuheben. Vor dem Pinzettengriff bedient sich das Kind in der Regel noch des Scherengriffes. Mit dem Pinzettengriff gelingt es dem Kind, Daumen und Zeigefinger vollständig zu schließen und mit den Fingerkuppen Gegenstände aufzunehmen und zu halten, womit eine wesentliche Grundlage für den späteren Gebrauch von Stiften und Werkzeugen geschaffen ist.[46]

Mal- oder erste Schreibspiele sind ebenfalls anregende Möglichkeiten, die Schreibfreude zu unterstützen und wachzuhalten. Lass dein Kind zudem aktiv werden, unterstütze es in seiner Selbstständigkeit, indem es zum Beispiel sein Brot selbst schmiert, Jacke und Schuhe eigenständig auf- und zumacht und kleine Aufgaben im Haushalt übernimmt. Denk immer daran: Selber tun macht schlau! Außerdem bieten diese vielen Aktivitäten immer auch die Möglichkeit, mit deinem Kind zu sprechen und ihm Fragen zu stellen.

Spielideen

ab 5 ½ Jahre

Zeichen erkunden - Schriftentdecker werden

Geht gemeinsam auf Entdeckungsreise: Sucht mit Spaß und Fantasie Zeichen, Symbole und Schriften. Dein Kind wird Freude an Buchstaben haben und eventuelle Hemmungen gegenüber Schrift verlieren. Zudem wird die Grafomotorik trainiert und die Feinmotorik geübt.

Stadtrallye

Sucht in eurem Viertel, Stadtteil, Dorf, eurer Straße gemeinsam nach „geheimen" Botschaften an Wänden, Türen oder Hausfassaden, haltet Ausschau nach Schildern, Flaggen, Piktogrammen. **Macht Fotos davon oder malt** die Zeichen ab. Im Anschluss entschlüsselt ihr zu Hause die Botschaften.

Welt der Schriften

Sucht in der Stadtbücherei **Bücher über verschiedene Kulturen und deren Schriften** - zum Beispiel ägyptische Hieroglyphen, hebräische oder chinesische Schriftzeichen - und erkundet sie. Befasst euch auch mit Zeichensprachen wie dem Morsealphabet, Braille oder der Gebärdensprache.

Verschiedene Sprachen

Betrachtet gemeinsam ein **mehrsprachiges Buch**, um zu erfahren, wie unterschiedlich manche Dinge in anderen Sprachen heißen. Sammelt diese Begriffe, indem dein Kind den Gegenstand zeichnet und die jeweiligen Begriffe abmalt (oder du schreibst sie auf). So könnt ihr zum Beispiel ein Begriffslexikon erstellen.

Ihr könnt dazu auch das Buch *Meine bunte Welt* von Doris Kutschbach, im Prestel-Verlag 2014 erschienen, nehmen. Es enthält Abbildungen von Kunstwerken, die Dinge aus der Welt deines Kindes zeigen: Schaukeln, Vater, Mutter, Kuh, Gesichter, Strand und Ähnliches. Zu jedem Kunstwerk ist der dargestellte Gegenstand in zwölf verschiedenen Sprachen benannt. Versucht zum Beispiel, die unterschiedlichen Wörter auszusprechen. Darüber kommt ihr gut ins Gespräch oder Philosophieren.

ab 5½ Jahre

Der, die, das - Artikel kennenlernen

In der deutschen Sprache gibt es drei bestimmte Artikel: *der* für männliche Wörter, *die* für weibliche Wörter und *das* für sächliche Wörter. Wer Deutsch als Muttersprache gelernt hat, weiß meist intuitiv, welcher Artikel der richtige ist. Aber ein bisschen Übung kann nicht schaden, denn manchmal ist das doch recht knifflig. Und wer Deutsch als Zweitsprache erlernt hat, ist sich in dieser Frage mitunter nicht sicher, da viele Sprachen keine oder andere Artikel haben oder Dingen ein anderes Geschlecht zuordnen. Mit den folgenden Ideen könnt ihr euch den Artikeln spielerisch nähern, um souveräner mit ihnen umzugehen. Einem Wort den richtigen Artikel zuordnen zu können erleichtert Kindern, eindeutiger zu sprechen und später in der Schule korrekter zu schreiben.

Artikeln Gegenstände, Figuren oder Stoffteile zuordnen

Lege auf dem Boden **drei farbige Seile** (in Blau, Rot, Gelb) zu einem Kreis oder breite **drei Tücher** aus. Jeder Kreis steht für einen Artikel: der (in Blau), die (in Rot) oder das (in Gelb). Dein Kind ordnet nun **Spielsachen, kleine Gegenstände** oder **Stoffteilchen** dem richtigen Artikel zu, indem es die Dinge in den entsprechenden Kreis oder auf das richtige Tuch legt. Benennt danach alle Gegenstände mit Artikel. Alternative: Du legst Gegenstände in die falschen Kreise, und dein Kind muss dies korrigieren.

Artikel zuordnen mit Holzklötzchen

Für dieses Spiel braucht ihr **Holzklötzchen in den drei Farben Rot (für die), Blau (für der) und Gelb (für das)**, mehrere **kleine Gegenstände** und eine **Schachtel**, in die alles hineinpasst. Nun nehmt ihr abwechselnd ein Holzklötzchen und einen Gegenstand mit passendem Artikel aus der Schachtel. Benennt die Dinge mitsamt Artikel. Kommt dein Kind schon bald in die Schule, könnt ihr auf diese Weise sehr gut die Bezeichnungen der Schulutensilien üben: der Bleistift, der Füller, der Radiergummi, das Lineal, die Federmappe und so weiter.

Artikelklammern

Ihr braucht **Wäscheklammern in den drei Farben Rot (für die), Blau (für der) und Gelb (für das)**, ein **dünnes Seil** oder einen **dickeren Wollfaden**. Befestigt das Seil zwischen zwei Stühlen, sodass es wie eine Wäscheleine dort hängt. Legt nun in eine **Schachtel Bildkarten, Fotos** oder **kleine, leichte Gegenstände**. Ihr zieht abwechselnd eine Bildkarte, benennt, was darauf abgebildet ist, und klammert sie mit der passenden Wäscheklammer an das Seil. Dies schult die richtige Artikelzuorndung und zusätzlich die Hand-Augen-Koordination und die Feinmotorik.

Was ist in der Schachtel?

Dieses Spiel trainiert zusätzlich die Merkfähigkeit. Ihr braucht dafür **drei farbige Schachteln** (zum Beispiel bemalte Schuhkartons in Rot (für die), Blau (für der) und Gelb (für das). Jede Schachtel steht für einen Artikel.

Stellt die Schachteln auf den Tisch oder den Boden. Nun befüllt einer von euch die Schachteln mit je drei **Alltagsdingen** und benennt die Artikel dazu. Danach werden die Schachteln verschlossen. Wer kann sich jetzt noch erinnern, was in welcher Schachtel liegt? Je mehr Dinge ihr in die Schachtel füllt, umso schwieriger wird es.

Das „Der-die-das-Plakat"

Dafür braucht ihr ein paar **Zeitschriften, Spielzeugkataloge** oder **Werbeprospekte** sowie **drei Filzstifte in den Farben Rot (für die), Blau (für der) und Gelb (für das).** Nehmt einen **großen Bogen Papier** und teilt ihn in drei Spalten. Jede Spalte umrandet ihr mit der entsprechenden Farbe. Danach kann es losgehen. Dein Kind kann nun nach Herzenslust Dinge ausschneiden. Im Anschluss daran wird geschaut, in welche Spalte man die Dinge kleben kann, indem der passende Artikel dazu bestimmt wird. So entsteht ein sprachanreicherndes Plakat, das du in der Küche oder im Kinderzimmer aufhängen kannst. Beim Betrachten fallen euch jedes Mal neue Dinge auf, über die ihr sprechen könnt, zudem wiederholt dein Kind so die Begriffe und Artikel im Kopf. Ihr könnt auch weiterhin mit dem Plakat spielen, zum Beispiel „Ich sehe was, was du nicht siehst" oder „Was ist das?". - Beim zweiten Spiel umschreibst du einen Begriff so lange, bis dein Kind darauf kommt, was du meinst, und auf dem Plakat darauf zeigt.

ab 5 ½ Jahre

Einzahl und Mehrzahl entdecken

Die Pluralbildung mancher Wörter ist im Deutschen nicht ganz einfach, und dann kommen auch noch die Artikel dazu - das kann schon ganz schön kompliziert sein. Mit den folgenden beiden Spielen trainiert dein Kind die Bildung von Einzahl und Mehrzahl, zudem wird das Erfassen von Mengen geschult.

Malen und zählen:
Hierfür braucht ihr ein Blatt **Papier** und **Stifte**. Abwechselnd malt ihr nun etwas: einen Gegenstand, ein Tier, eine Pflanze, was auch immer euch einfällt. Der jeweils andere bildet die Mehrzahl dazu: ein Hund - vier Hunde, eine Maus - zwei Mäuse und so weiter. Um die Anzahl im Plural zu bestimmen, könnt ihr auch einen **Zahlenwürfel** hinzunehmen oder gar zwei. Nehmt, was auch immer euch einfällt: ein Pups - neun Pupse, aber wie malt man Pupse?

Achte als Sprachvorbild auf die unterschiedlichen Pluralendungen und korrigiere sie, wenn nötig.

Ein „Maldiktat" zur Pluralbildung
Hierbei geht es um die exakte Umsetzung des Gehörten. Ihr braucht dazu einen **Zettel** und einen **Stift**. Nun sagst du deinem Kind, was es malen soll. Zum Beispiel: „Male eine Dose, in der Dose liegen vier Bonbons." Ist das gemalt, geht es weiter: „Daneben stehen zwei Körbe. In beiden Körben liegen jeweils drei Äpfel." Und dann: „Über einem Korb fliegt eine Biene, und über dem anderen Korb fliegen zwei Fliegen." Damit ist das Bild fertig. Nun könntet ihr die Rollen tauschen. Spaß bringt es auch, wenn ihr abwechselnd an ein und demselben Bild malt.

Mit diesem Spiel übt dein Kind nicht nur, gut zuzuhören, es beschäftigt sich auch mit der Position der Dinge im Raum und trainiert damit auch den Umgang mit Präpositionen.

ab 5 ½ Jahre

Gemeinsam eine Geschichte schreiben

In der örtlichen Bücherei gibt es bestimmt Mitlesebücher, die sind für Kinder ab 5 Jahren sehr motivierend, immer mehr Wörter zu lernen. Geht doch einmal gemeinsam hin. Lasst euch von diesen Büchern anregen, eigene Geschichten zu schreiben. Du schreibst den Text und lässt Leerstellen für die Bezeichnungen von Gegenständen, Tieren und Ähnlichem, und dein Kind malt diese Dinge dann. So könnt ihr selbst eigene kleine Bücher verfassen.

ab 5 ½ Jahre

Gemeinsam Briefe schreiben

Genauso, wie ihr gemeinsam Geschichten schreibt, könnt ihr auch Briefe verfassen: Du schreibst das Drumherum, und dein Kind malt die Gegenstände, zum Beispiel Menschen, Tiere oder Pflanzen, um die es geht. Lass dein Kind den Brief falten und in den Umschlag schieben, das ist ein tolles Erlebnis, das auch die Feinmotorik schult. Bringt dann gemeinsam den Brief zur Post. Oder schreibt gemeinsam einen Brief, den ihr per Flaschenpost verschickt - wer weiß, wer ihn findet und euch antwortet!

ab 5 ½ Jahre

Greifspiele

Suche verschieden große **Pinzetten** sowie unterschiedlich große **Pompons** zusammen. Auch **Perlen, Bauklötzchen, Erbsen** oder **Bohnen** sind prima. Gib alles in kleine **Schalen**. Nun brauchst du nur noch ein paar leere **Dosen** oder kleine **Gefäße**, und schon kann der Spaß beginnen! Gemeinsam, im Wettstreit oder auch allein (mit Stoppuhr oder ohne) kann dein Kind nun nach Herzenslust um- und befüllen. Du kannst ihm als zusätzlichen Anreiz Zeitvorgaben oder kleine Aufträge mitgeben, wie beispielsweise: „Lege bitte zehn Bausteine, drei Pompons und fünf Bohnen in das Glas."

ab 5 ½ Jahre

Auffädel- oder Befüllspiele mit Mengen und Zahlen

Mit Auffädel- oder Befüllspielen förderst du neben Handgeschicklichkeit und Hand-Augen-Koordination auch das Zählen und die Konzentrationsfähigkeit.

Für Variation A brauchst du **Schaschlikspieße** aus Holz, **Knete**, kleine **Perlen** und **Zahlenkarten**. Stecke in einen kleinen Klumpen Knete je einen Schaschlickspieß, damit dein Kind Perlen daraufstecken kann. Die Karten legst du vor die Spieße. Dein Kind steckt nun jeweils so viele Perlen auf die Spieße, wie die Zahlenkarte besagt. Du kannst stattdessen auch einen **Würfel** nehmen. Dann entscheidet der Würfel, wie viele Perlen aufgesteckt werden sollen.

Für Variation B brauchst du ebenfalls **Zahlenkarten** sowie **Pompons**, eine **Pinzette** und **mehrere Becher**. Auch hierbei kann dein Kind einen **Würfel** verwenden, um zu erspielen, welche Zahl dran ist. Diesmal geht es darum, eine bestimmte Menge Pompons mit der Pinzette in die Becher zu füllen. Ihr könnt dem Spiel einen zusätzlichen Anreiz verleihen, indem ihr die Becher um die Wette befüllt. Jeder muss dann alle Becher mit der entsprechenden Anzahl an Pompons befüllen. Wer schafft es in der kürzesten Zeit? Wenn dein Kind Lust hat und auch schon so weit ist, könnt ihr auch erste kleine Rechenoperationen durchführen: „Wie viele Pompons musst du zusätzlich in den Zweierbecher dazugeben, damit fünf Pompons darin sind?“ „Schau mal, hier in dem Becher sind sechs Pompons. Wie viele musst du herausnehmen, damit noch zwei im Becher bleiben?“

ab 5 ½ Jahre

Befüllspiel mit Farben

Für dieses Spiel braucht ihr **acht Pappröhren**, zum Beispiel von Haushaltsrollen, dazu **acht Streichholzschachteln** und **Tempera**- oder **Wasserfarbe** sowie eine **Plastikwanne** oder einen großen **Stiefelkarton**. Malt die Rollen und die kleinen Einschübe der Streichholzschachteln in Regenbogenfarben oder in den Grundfarben an. Die Hülle der Streichholzschachteln braucht ihr nicht. Alternativ könnt ihr statt Streichholzschachteln auch kleine Plastikbecher verwenden. Wenn alles getrocknet ist, werden die Röhren mit doppelseitigem Klebeband an der Innenseite der Plastikwanne (oder des Stiefelkartons) befestigt. Lasst so viel Abstand nach unten, dass die bemalten Streichholzschachteln oder die Plastikbecher darunterpassen.

Nun braucht ihr **farbige Pompons**, eine **Pinzette**, einen **Farb**- sowie einen **Zahlenwürfel**. Würfelt mit dem Farbwürfel aus, welche Farbe dran ist, und mit dem Zahlenwürfel bestimmt ihr, wie viele Pompons es sein sollen – und dann füllt ihr die entsprechende Anzahl in die farblich passende Röhre. Auch dieses Spiel könnt ihr als Wettspiel gestalten, indem mit einer Sand- oder Eieruhr eine bestimmte Zeitspanne zum Befüllen festgelegt wird. Dieses Spiel vertieft das Wissen über Farben und trainiert Hand-Augen-Koordination, Zielgenauigkeit, Handgeschicklichkeit und Sprache.

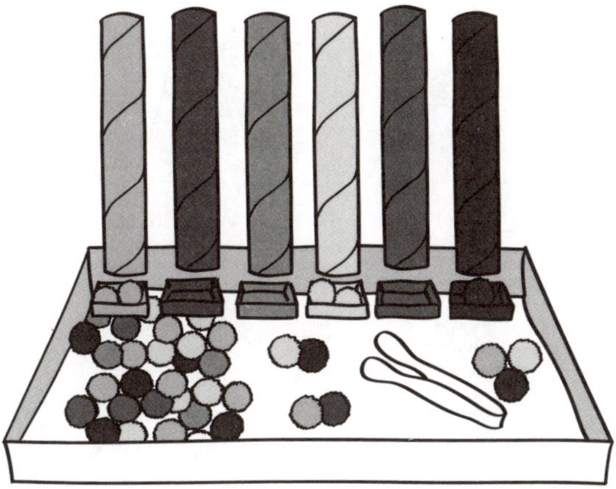

ab 5 ½ Jahre

Farben klammern

Kinder ab 5 Jahren lieben Wettspiele. Das folgende Spiel macht nicht nur Spaß, sondern trainiert auch die Handgeschicklichkeit. Stellt gemeinsam **Pappstreifen** mit farbigen Quadraten (oder Kreisen) her. Diese malt ihr entweder mit **Stiften** auf, oder du druckst sie am PC aus, sodass ihr sie nur noch aufkleben müsst. Passend zu den Quadraten braucht ihr

Wäscheklammern in den entsprechenden Farben. Dafür könnt ihr Holzklammern passend bemalen, oder ihr nehmt farbige Plastik-Wäscheklammern.

Jeder Spielteilnehmer bekommt nun einen Pappstreifen und die entsprechende Anzahl an Klammern in den jeweiligen Farben. Die Klammern kann zum Beispiel dein Kind abzählen. So ausgestattet kann der Wettbewerb beginnen. Ihr beginnt gleichzeitig, und jeder muss so schnell wie möglich die Klammern auf die entsprechenden Quadrate heften. Wer am schnellsten ist, gewinnt. Probiert das auch mal mit verbundenen Augen - wer am meisten richtig geklammert hat, gewinnt.

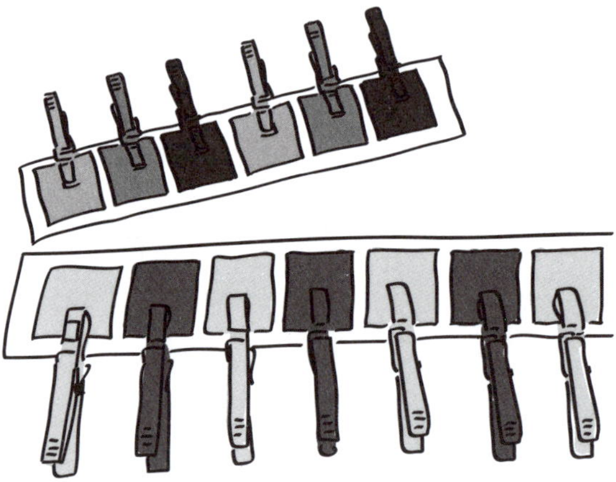

ab 5½ Jahre

Fliegen fangen

Für dieses Spiel benötigt ihr pro Mitspieler ein Blatt **Papier** in der Größe DIN A4. In eine Ecke malt ihr einen Frosch, der die Zunge herausstreckt, und auf den Rest des Bildes malt ihr verteilt 15 Fliegen. Alternativ könnt ihr auch das Bild eines Froschs ausdrucken und aufkleben. Die Fliegen können auch als Punkte dargestellt werden. Die fertigen Blätter solltet ihr laminieren oder mit **Klebefolie** bekleben, damit sie abwaschbar sind.

Zudem braucht jeder Spieler einen **Becher** mit **15 kleinen Knetkugeln**. Und dann geht es los. Ihr fangt gleichzeitig an. Jeder muss nun so schnell wie möglich die Knetkugeln auf die Fliegen drücken. Damit sind sie vom Frosch gefangen. Wichtig ist dabei: Ihr dürft immer nur eine Knetkugel aus dem Becher nehmen. Schnelligkeit und Handgeschicklichkeit sind gefragt, um das Spiel zu gewinnen.

Alternativ könnt ihr statt der Knetkugeln wasserlösliche **Filzstifte** nehmen. Jeder Mitspieler bekommt einen. Nun wird wie folgt gespielt: Jeder Spieler setzt seinen Filzstift auf dem Frosch ab. Wenn es dann losgeht, muss jeder so schnell wie möglich einen Strich vom Frosch zu einer Fliege zeichnen und mit dem Stift dann wieder zurück zum Frosch fahren, dann zur nächsten Fliege und wieder zurück und so weiter. Der Stift darf erst dann abgesetzt werden, wenn alle Fliegen eingefangen wurden.

ab 5 ½ Jahre

Saugnäpfchen füllen

Für dieses Spiel braucht ihr **Seifenunterlagen mit kleinen Saugnäpfen** (günstig in verschiedenen Formen zu bekommen), **gefärbtes Wasser** sowie eine **Pipette**. Dein Kind nimmt nun mit der Pipette farbiges Wasser auf und gibt je einen Tropfen in die kleinen Saugnäpfe. Dein Kind experimentiert hierbei, wie viel Kraft notwendig ist, um die Pipette zu füllen, und wie viel Druck es braucht, um nur einen Tropfen herauszudrücken. Jede Unterlage wird mit einer anderen Farbe befüllt. Dieses Spiel kannst du auch als Wettspiel zusammen mit deinem Kind durchführen.

ab 5½ Jahre

Schlösser knacken

Hierfür benötigst du **zehn kleine Hängeschlösser**. Auf diese schreibst du die Zahlen von eins bis zehn. An die dazugehörigen Schlüssel kommen **Anhänger** mit Punkten, die jeweils die entsprechende Zahl anzeigen. Nun braucht ihr noch **zehn kleine Dosen** oder **Tütchen**, in der sich je eine kleine Überraschung befindet, beispielsweise ein **Gummibärchen** oder Ähnliches. Auch auf den Dosen beziehungsweise Tütchen sind die Zahlen von eins bis zehn notiert.

Dein Kind versucht nun, zu jedem Schloss den richtigen Schlüssel zu finden. Immer wenn dies gelingt, darf es die passende Dose beziehungsweise das entsprechende Tütchen öffnen und die Überraschung herausnehmen. Auch dieses Spiel kann als Wettspiel ausgerichtet werden. Dafür braucht ihr eine Sand- oder Eieruhr. Nach dem Startsignal versucht nun dein Kind, so schnell wie möglich den jeweiligen Schlüssel für ein Schloss zu finden. Wer ist am schnellsten? Alternativ könnt ihr auch die Zeit mit einer Stoppuhr nehmen und nach jedem Durchgang vergleichen. Wenn ihr die Zeiten notiert, könnt ihr beim nächsten Mal sehen, ob ihr schneller geworden seid.

ab 5 ½ Jahre

Tiere raten

Dieses Spiel fördert sowohl die Handgeschicklichkeit als auch das logische Denken, die Schnelligkeit und das Sprechen. Mit deinem Kind zusammen steckst du **drei bis fünf große Stecksteine** aufeinander, sodass ihr mehrere zusammenhängende Rechtecke habt. Nun sucht ihr im Internet Tierbilder und druckt sie aus. Am besten lasst ihr die Bilder laminieren. Klebt nun die laminierten Bilder auf die Stecksteine (vorher abmessen, wie groß die Bilder sein dürfen). Danach fährst du mit einem **Messer** an den Kanten der Stecksteine entlang, sodass das Tierbild in einzelne Teile zerfällt. Fertig ist die Vorbereitung. Nun geht der Spielspaß los: Puzzelt jetzt die Tiere wieder zusammen. Wer kann die zueinanderpassenden Teile finden und wieder zusammensetzen? Wer weiß etwas über das Tier? Was frisst es? Wo lebt es? Das ist ein schöner Spaß für trübe Nachmittage.

ab 5 ½ Jahre

Die Hände sprechen

Für dieses Koordinationsspiel braucht ihr nichts weiter als eure Hände. Einer macht vor, der andere nach - wichtig ist: Dies soll schnell, möglichst zeitgleich passieren. Dafür muss sich jeder sehr konzentrieren. Macht am besten ein, zwei Proberunden, bevor ihr loslegt, damit der „Vormacher“ ausprobieren kann, was er mit den Händen alles machen möchte: mit rechts eine Faust, die linke Hand flach ausgestreckt, beide Hände auf dem Tisch, beide Zeigefinger ausstrecken, beide kleinen Finger ausstrecken, beide Hände umdrehen und so weiter. Wenn alles klar ist, legt ihr los.

Nach einer Runde werden die Rollen gewechselt. Je häufiger ihr das macht, umso geschmeidiger wird der Ablauf. Ihr könnt dieses Spiel auch zu dritt oder zu viert spielen, dabei solltet ihr nur darauf achten, dass alle dem „Vormacher“ gegenübersitzen, damit das Nachmachen gut klappen kann.

Filmt eure Hände auch mal dabei. Beim Anschauen habt ihr sicherlich viel Spaß. Wie oft hintereinander gelang das Nachmachen ohne Fehler?

Mehr wissen

Bücher:

- Sabine Pauli, Andrea Kisch: *Spiele zur Förderung der Handgeschicklichkeit und Grafomotorik*, Dortmund: verlag modernes lernen 2018.
- Sabine Pauli, Andrea Kisch: *„Geschickte Hände“. Handgeschicklichkeit bei Kindern. Spielerische Förderung von 4–10 Jahren*, Dortmund: verlag modernes lernen 2016.

ab 5½ Jahre

Den eigenen Namen schreiben und lesen

1. **Für die erste Idee** brauchst du einen großen Bogen **Papier**, zum Beispiel DIN A3. Male den Namen deines Kindes in großen Druckbuchstaben auf das Blatt. Gib deinem Kind nun verschiedenfarbige **Stifte**, damit es die Buchstaben seines Namens immer und immer wieder ausmalen kann.
2. **Für die zweite Idee** brauchst du einen großen Deckel eines Schuhkartons, am besten eines Stiefelkartons, oder ein Tablett. Gib nun Vogelsand, am besten jedoch **Maismehl** (staubt nicht), in den **Karton-**

deckel, sodass dein Kind mit dem Finger die Buchstaben seines Namens in den Sand beziehungsweise das Maismehl „malen“ oder schreiben kann.

3. **Die dritte Idee**, mit der dein Kind das Schreiben seines Namens üben kann, ist der Autoparkplatz. Dein Kind soll nun die **Autos** in der richtigen Reihenfolge einparken. Natürlich kannst du diese Idee auch für andere Wörter nutzen. Wenn dein Kind keine Autos mag, könntet ihr auch **Pferde** in einem Pferdestall unterbringen oder **Blumen** in ein Blumenbeet pflanzen.

ab 5 ½ Jahre

Mit Wortbildkarten schreiben spielen

Fertige passend zur Jahreszeit oder zu einem Ereignis kleine Wortbildkarten an, indem du entsprechende Wörter in Großbuchstaben ausdruckst und die dazu passenden Bilder dazuklebst oder -druckst. Dein Kind hat so Vorlagen, wenn es Lust hat, Wörter „zu schreiben". Durch das Bild auf dem Kärtchen kann es zudem sehen, was es da schreibt.

ab 5 ½ Jahre

Begriffe legen

Gestalte mit deinem Kind eigene Legespiele, beispielsweise ein Zuordnungsspiel. Dafür brauchst du **Pappe**, einen **Filzstift** und einen **Kugelschreiber**. Dein Kind sucht aus seinem Zimmer oder der Küche verschiedene Gegenstände zusammen. Malt nun gemeinsam die Umrisse auf die Pappe, indem ihr die Gegenstände auf die Pappe legt und mit dem Filzstift drum herumfahrt. Danach schreibst du die Bezeichnung des Gegenstands in den Umriss, am besten gleich mit Artikel. Und schon ist das Schreib- und Lesespiel fertig. Dein Kind kann nun die Gegenstände den Umrissen zuordnen, dabei benennt es das Wort und kann es auf einen Zettel oder Ähnliches schreiben. Wenn es Lust hat, kann es zu den Wörtern, die es geschrieben hat, auch noch den Gegenstand dazumalen.

ab 5½ Jahre

Wörterkarten mit Buchstabensteinen

Gestalte mit deinem Kind Wörterkarten. Dafür sucht ihr gemeinsam **Gegenstände** zusammen. Legt sie zum Beispiel auf einen Tisch. Mit **Buchstabensteinen** legt ihr nun die Bezeichnung der Gegenstände unter diese. Danach malt ihr den Anfangsbuchstaben des Wortes auf **farbige Pappe** und schneidet ihn aus. Dieser kommt zum Gegenstand dazu wie in der Abbildung. Jetzt machst du oder dein Kind ein **Foto** von allem. Gestaltet gemeinsam 10-15 solcher Wort-Gegenstand-Kombinationen und fotografiert sie alle. Danach druckt ihr die Fotos aus. Wenn du ein Laminiergerät

hast, kannst du zusammen mit deinem Kind die Bildkarten auch noch laminieren, dann halten sie besser. Dein Kind hat jetzt verschiedene Möglichkeiten, mit den Karten zu spielen:

- Dein Kind nimmt eine Karte und baut das Abgebildete nach. Dafür sucht es aus dem Beutel mit den Buchstabensteinen die heraus, die es für das Bildmotiv benötigt, und legt sie unter den Gegenstand. Dann sucht es den passenden Anfangsbuchstaben heraus und legt ihn dazu. Fertig ist die Kopie der Vorlage.
- Dein Kind nimmt eine fertige Karte und schreibt das Wort ab. Danach vergleicht es, ob es auch keinen Buchstaben vergessen hat. Wenn es mag, kann es auch den Gegenstand dazumalen und in seinem Wort den Anfangsbuchstaben umkreisen.

ab 5½ Jahre

Wörter in Büchern suchen

Nehmt das Lieblingsbilderbuch deines Kindes und wählt gemeinsam ein Wort pro Seite aus. Nun zählt ihr: Wie oft taucht es im ganzen Buch auf? Dein Kind kann das Wort auch aufschreiben und die gefundene Anzahl dazunotieren. So könnt ihr Wortlisten für ein Bilderbuch erstellen.

Wegbereiter fürs Lesen und Schreiben

Ähnlich wie beim Schreiben ist es auch beim Lesen: Dein Kind entwickelt aus sich heraus den Wunsch, es zu können - beobachtet es doch Tag für Tag, wie die Erwachsenen lesen und ihm etwas vorlesen. Das möchte es auch können! Schon mit 3 Jahren spielt es Vorlesen, indem es sich seinen Teddy schnappt und ihm das Bilderbuch „vorliest“. Jetzt, mit fast 6 Jahren, kennt es bereits einzelne Buchstaben und kann auch schon erste Wörter erraten, weil es sie wiedererkennt: in einem Buch, auf einem Poster oder einer Getränkepackung. Ein richtiges Lesen ist dies noch nicht, aber ein erster Schritt dorthin. Um richtig zu lesen, müsste dein Kind wissen, wie es aus Buchstabenreihen Lautreihen machen kann, die dann zu einem sinnzusammenhängenden Wort werden. Dies lernt es in der Schule. Aber schon jetzt kann man einen Einstieg in dieses Lernen vorbereiten.

Phonologische Bewusstheit fördern

Nicht nur du, sondern auch die Kita unterstützt dein Kind dabei, nach der Kitazeit einen guten Start in der Schule hinzubekommen. Dafür fördern die meisten Erzieherinnen und Erzieher bei den Kindern die phonologische Bewusstheit. Dies ist eine wichtige Fähigkeit, die dem Lesen, Schreiben und Rechtschreiben vorausgeht. Gemeint ist damit die Fähigkeit der Kinder, die hörbaren Elemente, die Laute, unserer gesprochenen Sprache zu erkennen und sie mit den sichtbaren Elementen, den Buchstaben, in Verbindung zu bringen. Darum werden in Kitas viele Buchstabenspiele und Übungen angeboten, die dieses fördern, beispielsweise Reimpaare finden, Silbenklatschen und mit Silben spielen, Laute zuordnen und Laute erkennen, Wörter zerlegen und wieder zusammensetzen, Rätsel raten, Zungenbrecher lernen. Aber auch Gedächtnisspiele wie „Koffer packen", Singspiele wie „Auf der Mauer, auf der Lauer" oder Lausch- und Hörspiele gehören zum bunten Methodenmix dazu.

Verschiedene wissenschaftliche Studien konnten nachweisen, dass Kinder mit einer gut angelegten phonologischen Bewusstheit einen leichteren und sichereren Zugang zum Erlernen des Schreibens und Lesens haben als Kinder, die in diesen Bereichen nicht geübt waren.[47] Die phonologische Bewusstheit nimmt darum in der vorschulischen Arbeit der Kita einen großen Raum ein. Erzieher und Erzieherinnen wollen hierfür erreichen, dass dein Kind schon vor der Einschulung die Fähigkeit entwickelt zu erkennen, dass Sprache auch formale Eigenschaften hat. Damit ist gemeint, dass dein Kind zum Beispiel bemerkt, dass Wörter Bestandteile von Sätzen sind, Silben Teile von Wörtern und Buchstaben Teile von Silben. Auch die Fähigkeit des Heraushörens einzelner Laute ist wichtig sowie das Beherrschen des Sprachrhythmus, was zum Beispiel durch die Fähigkeit, Silben zu klatschen, erkennbar wird. Wahrnehmung und Analyse der lautlichen Einheiten stehen bei der phonologischen Bewusstheit daher im Vordergrund.

Doch auch der Umgang mit den kleinsten Einheiten der gesprochenen Sprache, den Phonemen (Lauten), ist wichtig und sollte vor der Einschulung geübt werden. Hierzu gehört zum Beispiel, dass dein Kind die Anlaute in Wörtern, also die Laute, mit denen ein Wort beginnt, erkennt und heraushören kann. Auch du kannst schon jetzt mit deinem Kind Silbenspiele oder Anlautspiele machen, um so seine phonologischen Fähigkeiten zu fördern. Viele Spielideen, die ich oben schon vorgestellt habe, unterstützen dein Kind beim Auf- und Ausbau dieser Fähigkeiten. Aber es gibt noch mehr.

MEILENSTEINE 5½ BIS 6 JAHRE

Äußern

Der Wortschatz ist auf circa 5000 bis 6000 Wörter stark angewachsen und wird sehr kreativ und aktiv genutzt, darum kann das Kind jetzt auch zusammenhängende Geschichten erzählen. Es kann jetzt auch sicher Gespräche führen und verwendet in Gesprächen oder bei Erzählungen Oberbegriffe, wie zum Beispiel „Tiere“, „Möbel“, „Kleidungsstücke“. Es kann in Erzählungen abstrakte Begriffe – „traurig“, „Glück“, „wütend“, „nebelig“ und so weiter – verwenden. Das Kind hört Laute aus Wörtern heraus (ein /a/ in Ameise, ein /s/ in Maus), was sehr relevant für den Schriftspracherwerb ist. Es beherrscht alle Regeln der Kommunikation. Die Grammatik ist sicher, der Satzbau korrekt. Gedankengänge können unter Nutzung von mehreren Zeit- und Pluralformen beschrieben werden. Die Lautbildung ist komplett abgeschlossen.

Verstehen

Das Kind kann Wenn-dann-Fragen sicher und sinnerfassend beantworten und kann von Erlebnissen ausschmückend berichten und Geschichten chronologisch richtig nacherzählen. Es kann die Silben auch von mehrsilbigen Wörtern sicher klatschen, es kann Reime bilden und (mindestens einen) Zungenbrecher aufsagen. Es macht erste Schreibversuche, kann seinen Namen schreiben sowie mehrere Buchstaben und Zahlen malen. Es interessiert sich für Geschriebenes wie Buchstaben, Zahlen und Symbole. Es kann sich an Regeln halten und diese auch erklären. Es versteht abstrakte Begriffe.

Im Dialog

Satzäußerungen und das Sprachverständnis komplexer Sinnzusammenhänge werden mehr und mehr erfasst. Ihm fremde Personen redet es mit „Sie“ an, bezieht sich bei „wir“ mit ein und versucht Aufträge, Anweisungen, Aufgaben und Erledigungen möglichst gut zu lösen. Ihm gelingt in Gesprächen der Rollenwechsel.

Spielideen

ab 5 ½ Jahre

Buchstaben am Klang entdecken und ein Wort dazu finden

Dieses Spiel benötigt ein bisschen Vorbereitung, aber bringt allen viel Spaß. Besorgt euch im Baumarkt oder von einem Förster **Holzscheiben** und malt mit einem schwarzen **Filzstift** Großbuchstaben darauf. Auf dem gemalten Strich werden nun **Nägel** eingeschlagen. Wickelt im Anschluss einen **Wollfaden** von einem Nagel zum nächsten, sodass der Buchstabe mit dem Faden nachgebildet wird. Ihr könnt statt Holz aber auch **Pappteller** nehmen, auf die ihr die Buchstaben aufmalt, oder einfach **Buchstabensteine**.

Sind alle Buchstabenscheiben fertig, breitet sie vor euch aus. Einer von euch beginnt nun und spricht einen Buchstaben als Laut aus. Der andere muss auf den passenden Buchstaben zeigen. Lass im Anschluss dein Kind ein Wort suchen, das mit diesem (An-)Laut beginnt, zum Beispiel /B/ wie Bär oder /F/ wie Fisch.

Wichtig dabei ist: Du musst wirklich den Laut des Buchstabens sagen, damit dein Kind ihn hören kann, und nicht den Buchstaben, wie wir ihn im Alphabet benennen.

ab 5 ½ Jahre

Süßes Buchstabieren

Du kennst sicherlich **Buchstabenkekse**. Diese kann man nicht nur essen, sondern auch mit ihnen spielen - und sie dann essen. Legt gemeinsam Namen oder andere Wörter, und erst wenn ein vollständiges Wort daliegt, dürfen die Kekse gegessen werden.

Ihr könnt die Kekse auch vorher selbst backen, da bringt das Spielen dann umso mehr Spaß.

ab 5 ½ Jahre

Wörter kneten

Beim Formen von Buchstaben oder Wörtern aus **Knete** schlägt man gleich zwei Fliegen mit einer Klappe. Zum einen wird dabei die Handgeschicklichkeit sehr gut trainiert, zum anderen lädt jeder fertig geknetete Buchstabe dein Kind ein, sich ein dazu passendes Wort einfallen zu lassen. So wird gleichzeitig das Kurz- und das Langzeitgedächtnis trainiert und der Wortschatz erweitert.

ab 5 ½ Jahre

Buchstabenketten und Wörterschlangen

Aus Buchstabenperlen lassen sich nicht nur schöne Namenskettchen herstellen, man kann auch Wörterschlangen bilden. Dafür braucht ihr eine **dünne Schnur** und **Buchstabenperlen.** Lass dein Kind **Wortkarten** verwenden, die ihr gebastelt habt, oder Wörter aus Spielen oder aus **Büchern.** Es sucht sich ein paar Wörter heraus und fädelt diese der Reihe nach auf den Faden. Nach jedem Wort kommt eine einfarbige Perle, damit erkennbar ist, wann ein Wort zu Ende ist. Sind alle Wörter auf den Faden aufgefädelt, wird die Kette verknotet, und du oder jemand anders, der schon lesen kann, liest die Wörterschlange vor.

ab 5 ½ Jahre

Buchstaben finden und Wörter zuordnen

Für dieses Spiel braucht ihr eine **Eierschachtel** und **Moosgummibuchstaben**; diese kann man im Bastelgeschäft bekommen oder online bestellen. Schneide mehrere **Pappstücke** in der Größe des Deckels des Eierkartons zurecht. Danach klebst du zwei Reihen mit je fünf Buchstaben auf den Pappstreifen. So gestaltest du fünf bis sechs Pappstreifen. Und schon ist dein Buchstabenspiel fertig. Dein Kind bekommt nun eine Schachtel mit losen Moosgummibuchstaben und sortiert sie in das jeweilige Fach des Eierkartons entsprechend der Vorlage. Sind alle Fächer befüllt, könnt ihr euch gemeinsam Wörter mit den Anfangsbuchstaben überlegen.

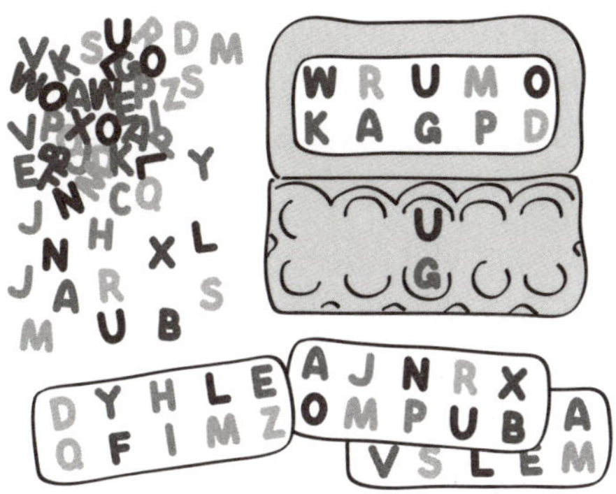

ab 5 ½ Jahre

Sandkuchen- und Wackelpudding-Buchstaben

Ob im Garten oder auf dem Spielplatz: eine Sandkiste findet sich fast überall. Und mit **Sand** und **Wasser** zu matschen, macht fast allen Kindern Spaß. Warum also nicht Buchstabenkuchen backen? Auf der Umrandung des Sandkastens finden der eigene Name oder auch andere Wörter Platz. Und wer findet ein passendes Wort zum Buchstaben B?

Wer bei schlechtem Wetter Sandkuchen backen will, sollte sich **kinetischen Sand** besorgen. Der ist zwar etwas teurer, hält jedoch sehr lange und ist ein tolles Baumaterial, da dieser Sand nicht staubt und die Formen prima hält.

In größere Buchstabenformen kann man auch flüssigen Wackelpudding füllen und im Kühlschrank kalt stellen. Dann kann beim Essen die Wörtersuche wieder von vorn losgehen.

ab 5 ½ Jahre

Silbenspiele selbst machen

Druck am PC **Bildmotive** aus, die dein Kind mag, beispielsweise Dinosaurier, Einhörner oder anderes, und klebt sie auf kleine **Pappkarten**. Male nun für jede Silbe des Wortes einen Punkt auf die Rückseite der Karte. Jetzt ist dein Kind dran: Es nimmt eine Karte, betrachtet das Bildmotiv und klatscht, klopft oder hüpft das Wort in Silben. Um zu prüfen, ob es richtigliegt, dreht es die Karte um und zählt die Anzahl der Silben. Dreimal geklatscht, drei Punkte: stimmt! Mithilfe der Punkte auf der Kartenrückseite kann es selbst prüfen, ob es recht hatte. Seid kreativ: Ihr könnt die Silben auch trommeln, stampfen, schnipsen …

ab 5 ½ Jahre

Silben statt Gedächtniskarten

Sortiert alle **Bildkarten** eines Gedächtnisspiels, sodass ihr zwei Stapel mit je gleichen Karten habt. Ein Stapel kommt beiseite, mit dem anderen spielt ihr. Legt den Stapel in eure Mitte, die Karten sind verdeckt. Nun zieht der erste Spieler eine Karte, schaut sich das Bildmotiv an, sagt, wie es heißt, und klatscht die Silben. Die anderen Spieler müssen aufpassen, ob es stimmt. Sie kontrollieren dies, indem sie auch die Silben des Wortes klatschen. Ist es korrekt, bekommt der erste Spieler einen Punkt. Dann ist der zweite Spieler an der Reihe.

ab 5 ½ Jahre

Reimpaare finden

Sucht im Internet nach **Bildmotiven**, die sich reimen: Fisch/Tisch, Haus/Maus, Vase/Hase, Schwein/Bein, Zahn/Hahn, Kamm/Lamm, Kuh/Schuh und so weiter. Alle Bildmotive druckt ihr aus und klebt sie auf **Pappe**, damit daraus Bildkärtchen werden. Anschließend werden alle Karten auf dem Tisch gemischt und verteilt. Wer ein Reimpaar entdeckt, ruft „Reim gefunden“ und nimmt die beiden Karten, die zusammen einen Reim ergeben. Stimmt der Reim, darf derjenige die Karten behalten. Passt er nicht, werden die Karten wieder zurückgelegt und der Nächste ist dran.

ab 5 ½ Jahre

Anlaut-Domino

Sucht im Internet viele unterschiedliche **Bildmotive** und druckt sie aus. Nun werden immer je zwei nebeneinander auf eine **Pappkarte** geklebt. Wichtig ist, dass es Motive gibt, die mit dem gleichen Buchstaben beginnen. Wenn ihr rund 20 Karten erstellt habt, geht es los. Verteilt die Karten untereinander. Der erste Spieler beginnt und legt eine Karte in die Mitte, man sieht zum Beispiel einen Roller und einen Mantel. Nun ist der nächste Spieler dran: Hat er ein Motiv, dass mit R wie Roller oder M wie Mantel beginnt? Er legt nun beispielsweise eine Karte mit einer Maus - auf der anderen Hälfte ist zum Beispiel ein Bild von einem Igel - an die Bildkarte mit dem Mantel an. Nun ist der Nächste dran. Gewonnen hat, wer als Erster alle Karten angelegt hat.

ab 5 ½ Jahre

Stellt eine „Anlaut-Schachtel“ zusammen

Hierfür braucht ihr eine leere **Schachtel**, beispielsweise einen Schuhkarton. Dein Kind schreibt nun auf einen **Zettel** den Anfangsbuchstaben seines Namens, und dieser Zettel kommt zur Erinnerung und Vertiefung in die Schachtel. Danach sucht es in seinem Zimmer - oder in der Küche, im Wohnzimmer und so weiter - kleine **Gegenstände** zusammen, die mit dem gleichen Anlaut beginnen wie sein Name. Wenn dein Kind fertig ist, schaut ihr beide, was es alles gefunden hat und ob alles richtig ist. Nach dem Zurückräumen kommt dann der Anfangsbuchstabe eines anderen Namens dran oder ein frei gewählter Buchstabe.

ab 5½ Jahre

Wörter zusammensetzen

Sucht gemeinsam im Internet unterschiedliche **Motive** und druckt sie aus. Klebt sie dann auf kleine **Pappkarten**. Nun geht es los: Wer findet zwei Bilder, die man so aneinanderlegen kann, dass daraus ein neues Motiv entsteht? Zum Beispiel: Hand und Schuh: Handschuh; Tee und Tasse: Teetasse; Kaffee und Kanne: Kaffeekanne. Spielt auch Quatschrunden, indem ihr Fantasiewörter bildet, wie beispielsweise Tee-Schuh oder Hand-Kanne.

ab 5½ Jahre

Ich knete was, das du nicht siehst

Knetet abwechselnd einen Gegenstand, der sich im Raum befindet. Der andere muss raten. Dies trainiert nicht nur die Sprache, sondern auch die Handgeschicklichkeit.

ab 5½ Jahre

Blind schreiben

Wer dran ist, legt sich ein **Buch** auf den Kopf, darauf kommt ein Blatt **Papier**. Nun muss er oder sie auf diesem Blatt mit einem **Stift** ein Motiv malen, das mit einem vorher festgelegten Buchstaben beginnt. Das ist ganz schön knifflig, und die Ergebnisse sind sehr witzig.

ab 5½ Jahre

Malen mal anders

Für dieses Spiel müsst ihr mindestens zu zweit sein. Einer hält einen **Stift** unbewegt auf einem Blatt **Papier**. Diejenige, die dran ist, dreht und schiebt das Papier nun so hin und her, dass der Buchstabe oder das Motiv, das vorher verabredet wurde, entsteht.

ab 5½ Jahre

Begriffe schreiben und zuordnen

Schreibe gemeinsam mit deinem Kind auf **Kreppband** oder kleine **Zettel** Begriffe von Alltagsgegenständen wie „STUHL", „TISCH", „FENSTER", „LAMPE" und so weiter. Wichtig ist, dass die Wörter in Großbuchstaben geschrieben sind. Geht im Anschluss durch die Wohnung und befestigt das Etikett an den richtigen Gegenständen. Am nächsten Tag kann dein Kind dann zum „Wortdetektiv" werden: Du schreibst auf weitere Zettelchen die gleichen Begriffe wie am Tag zuvor, und dein Kind sucht nach dem Gegenstand mit dem entsprechenden Etikett und gleicht dieses mit dem Zettelchen ab. Dies erweitert nicht nur den Wortschatz deines Kindes, sondern schult auch seine Beobachtungsfähigkeit und Detailgenauigkeit.

Spielerweiterung: Buchstabensuche: Schreib auf **Zettel** je einen Buchstaben des Alphabets. Du kannst auch **Buchstaben aus Moosgummi oder Holz** verwenden. Gib alle in eine **Schachtel**. Dein Kind zieht nun einen Buchstaben und begibt sich auf die Suche nach einem Gegenstand, der mit diesem Buchstaben beginnt. Hat es den Gegenstand gefunden, nimmt es das Etikett vom Vortag ab und klebt dieses zusammen mit dem

Buchstaben von heute auf ein Blatt **Papier** und malt den Gegenstand dazu. So kann sich dein Kind ein eigenes Wörterbuch basteln.

ab 5 ½ Jahre

Botschaften entdecken

Schreibe kleine Alltagsbotschaften für dein Kind. Zum Beispiel wie einen Hinweis an der Tür: „Bin im Garten“ oder „Bin gleich wieder da“, ein Zettelchen auf dem Kopfkissen: „Ich wünsche dir einen schönen Traum“ oder am Spiegel im Badezimmer: „Denk ans Zähneputzen“. Diese kleinen Nachrichten kann dein Kind zwar noch nicht lesen, wenn du jedoch seinen Namen auf das Zettelchen schreibst und mit einem Zeichen oder Symbol schmückst, weiß es, dass die Nachricht für es selbst ist. Du kannst sie ihm vorlesen, und vielleicht wird es dadurch angeregt, dir ebenfalls eine Zettelbotschaft zu malen oder zu schreiben.

ab 5 ½ Jahre

Eine Einkaufsliste erstellen

Stelle gemeinsam mit deinem Kind eine Einkaufsliste zusammen. Überlegt gemeinsam, was ihr braucht. Dein Kind kann nun das Benötigte aufmalen. Wenn ihr dann im Geschäft seid, lass es die Dinge suchen. Du kannst auch die Bezeichnungen für die Artikel aufschreiben, sodass es im Geschäft die Begriffe abgleichen kann.

ab 6 Jahre

Geschichten erfinden mit dem Kamishibai-Tischtheater

Das Kamishibai ist ein japanisches Bildertheater, das aus Bildtafeln aus Papier besteht, auf die eine Geschichte gemalt ist. Die Zeichnungen werden in einen Holzrahmen geschoben, der als Bühne dient. Einen solchen Rahmen kann man auch sehr gut aus **Pappe** basteln, **Holz** geht natürlich auch. Denkt euch nun gemeinsam eine Geschichte aus und malt mehrere Bilder dazu. Danach könnt ihr euch gegenseitig die Geschichte anhand der Zeichnungen erzählen. Ihr könnt auch unabhängig voneinander Geschichten zeichnen und sie euch dann gegenseitig vorführen.

Dein Kind übt hierbei, mithilfe der Bilder eine Geschichte sinnhaft aufzubauen. Anleitungen für den Bau des Rahmens aus Holz findest du zum Beispiel auf dieser Website: https://www.mein-kamishibai.de/wir-bauen-ein-kamishibai. Eine tolle Anleitung aus Pappe findest du unter: http://www.papierwerke.info/kamishibai.html.

Auf YouTube gibt es viele Ideen zur Spielmethode.

ab 6 Jahre

Der rote Faden

Eine schöne Methode, das Geschichtenerzählen zu üben, ist der „rote Erzählfaden". Dazu brauchst du **Wolle, Wäscheklammern** und **Pappe**, um Symbolkarten zu basteln. Auf die Symbolkarten malst du zum Beispiel eine Figur, sie steht dafür, wer in der Geschichte mitspielt. Ein Haus symbolisiert, wo die Geschichte spielt. Eine Uhr kennzeichnet das Wann: Spielt die Geschichte morgens, abends oder nachts? Und eine Karte steht für das, was passiert und so weiter. Lege nun den Wollfaden aus und befestige mit den Wäscheklammern die Symbolkarten daran. An diesen Symbolen kann sich dein Kind (und auch du) nun beim Erzählen der Geschichte orientieren. Du kannst die Geschichte auch aufnehmen, während dein Kind sie erzählt. Dann könnt ihr sie euch später noch einmal anhören und vielleicht anhand der Symbolkärtchen den Weg der Geschichte verfolgen.

Fertige Kärtchen mit etlichen Ideen für Geschichten bietet das Spiel „Sagt das Monster zu der Maus" von Anja Wrede, 2020 im Dudenverlag erschienen. Es ist zwar erst ab 7 Jahre gedacht, doch eignet es sich auch schon für Kinder ab 6.

ab 6 Jahre

Geschichten erzählen mit der Schatzkiste

„Es war einmal …" So fangen viele Märchen an. Erzählt doch mal gemeinsam ein Märchen. Eine kleine Schatzkiste kann dabei helfen. Gestaltet gemeinsam aus einer **Schachtel** eine hübsche Schatzkiste. In diese legst du unbemerkt von deinem Kind einen **beliebigen Gegenstand**, vielleicht einen Schlüssel, einen Kompass oder eine Taschenlampe. Dieser Gegenstand wird nun zum Auftakt der Erzählung. Für dein Kind ist er eine Überraschung, die es in seine Geschichte einbauen muss - zum Beispiel: „Es war einmal ein Mädchen, das fand eine Taschenlampe. Am Abend, als alle schliefen ...“ Du kannst auch drei, vier oder mehr Gegenstände in die Schatzkiste legen, die dann allesamt in der Geschichte vorkommen müssen. Lasst eurer Fantasie freien Lauf.

Mehr wissen

Bücher:

- Ulrike Holzwarth-Raether: *Wieso? Weshalb? Warum?: Technik bei uns zu Hause*, Ravensburg: Ravensburger 2016.
- Dagmar Geisler: *Wohin mit meiner Wut? Emotionale Entwicklung für Kinder ab 5*, Bindlach: Loewe 2012.

Auf dem Weg zum Abenteuer Schule

Dein Kind ist jetzt 6 Jahre alt. Der Spracherwerb und die Entwicklung seines Sprachgerüsts sind jetzt abgeschlossen, gleichwohl wird seine Sprachentwicklung weitergehen und sein Wortschatz stetig anwachsen. Nahezu täglich kommen neue Wörter hinzu, sodass sich seine Aussprache und seine Fähigkeit, sich auszudrücken, weiter verfeinern werden. Sein aktiver Wortschatz ist inzwischen auf rund 6000 Wörter angewachsen, sein passiver Wortschatz umfasst mehr als 30 000 Wörter. Es kann in komplexen Sätzen sprechen, verwendet verschiedene Zeitformen, und du kannst mit ihm auch über abstrakte Dinge oder komplexe Sachverhalte sprechen und sogar über „den Sinn des Lebens" philosophieren. Dein Kind ist jetzt in der Lage, eine Zahlen- oder Silbenkombination nachzusprechen, und kann sich Dinge, Aufträge und Aufgaben merken, zum Beispiel drei Teile beim Bäcker einzukaufen. Diese Fähigkeit, sein Kurzzeitgedächtnis bewusst einzusetzen, braucht dein Kind, um sich später in der Schule zum Beispiel ein Wort, das an die Tafel angeschrieben wurde, zu merken, um es dann in sein Heft zu übertragen. Auch sein Langzeitgedächtnis wurde durch das Vorlesen, das Geschichtenerzählen und eure Gespräche trainiert. Das merkst du daran, dass dein Kind sich zum Beispiel kleine Gedichte, Verse, Lieder oder Reime merken und diese auch noch nach einigen Tagen wiedergeben kann. Die Merk- und Gedächtnisfähigkeit deines Kindes ist eine wichtige Voraussetzung für das gesamte schulische Lernen. Gleichwohl ist der wichtigste Aspekt für erfolgreiches Lernen die Beherrschung der Sprache. Dein Kind sollte andere Kinder und Erwachsene verstehen und sich so ausdrücken können, dass es auch von ihnen verstanden wird. Es muss dazu die verschiedenen Dimensionen von Sprache beherrschen, wie etwa die Lautbildung, den Wortschatz, die Grammatik, den Sprachfluss und das Sprachverständnis. Und all das hat dein Kind in den letzten sechs Jahren erworben. Es ist somit gut gerüstet.

Neben der Sprache sind natürlich auch noch viele weitere Kompetenzen hinzugekommen und verfeinert worden, die sich dein Kind angeeignet und spielerisch erarbeitet hat. Dazu zählen seine Fähigkeiten im sozialen und emotionalen Bereich, seine Kreativität, sein Verständnis von mathematisch-technischen und naturwissenschaftlichen Vorgängen. Auch seine Persönlichkeit hat sich weiterentwickelt, ebenso wie seine musisch-ästhetische Ausdruckskraft, seine Finger- und Handgeschicklichkeit sowie Grobmotorik und Körperbeherrschung und vieles mehr.

All diese Kompetenzen hat es erworben, weil es ganzheitlich spielt und aktiv ist. Nie wird nur eine Fähigkeit allein verbessert. Ebenso geht es in der Schule niemals nur um die intellektuelle Entwicklung, sondern immer um das ganze Kind mit all seinen Fertig- und Fähigkeiten, die alle ganz unterschiedlich ausgeprägt sind (denn niemand ist in allem gleich gut), mit all seinen Talenten und Potenzialen. Mit Blick auf die individuellen Möglichkeiten deines Kindes solltest du auch künftig dafür Sorge tragen, dass du ein guter Begleiter seiner Entwicklung bist und dass der „Motor“ für jegliches Lernen – die Neugierde und Lernmotivation deines Kindes – nicht zum Stehen kommt. Geduld, Ermutigung, Unterstützung, Wohlwollen, Zuneigung und Wertschätzung sind dafür gute Voraussetzungen.

Der Schuleintritt sorgt in der Regel bei den meisten Kindern für einen enormen Entwicklungsschub. Sollte dein Kind also in der einen oder anderen Hinsicht noch auf einer früheren Stufe der Entwicklungstreppe herumtrödeln, mach dir keine Sorgen. Das wird schon. Zudem knüpft die Schule in den ersten Wochen auch an die pädagogische Arbeit der abgebenden Kita an, denn in den letzten Jahren haben beide Bildungseinrichtungen sich immer weiter aufeinander zubewegt. Im Rahmen von

Kooperationsverträgen tragen sie für einen guten Übergang Sorge, damit kein Kind „verloren" geht. Auch wird inzwischen in jeder der beiden Bildungseinrichtungen berücksichtigt, dass alle Kinder für den Erwerb ihrer sprachlichen Kompetenzen je ihre eigene Zeit brauchen.

Dennoch werden alle Kinder in der Regel mit 6 Jahren eingeschult. Vielleicht wäre es sinnvoller, die Einschulung nach anderen Kriterien als hauptsächlich nach dem Alter vorzunehmen. Vielleicht wäre es aber auch besser, die Einschulung insgesamt erst etwas später anzusetzen. Aber vielleicht ist es auch genauso, wie es jetzt ist, vollkommen richtig - wer kann das schon sagen?

Jedes Kind ist einzigartig. Wir tun darum gut daran, dies zu akzeptieren, und sollten aufhören, die Kinder miteinander zu vergleichen. Wenn wir jedes Kind so annehmen, wie es ist, gibt es keine Verlierer. Und wenn alle bekommen, was sie brauchen, werden alle auf ihre Weise erfolgreich. Das wäre eine wunderbare Aussicht für die Zukunft.

Teil 4
Anhang

Das Sprachtagebuch

Das folgende Sprachtagebuch gibt dir einen Überblick über die Entwicklung deines Kindes. Indem du mit einem Textmarker die Aussagen farbig markierst, die auf dein Kind zutreffen, kannst du seine sprachliche Entwicklung dokumentieren.

Das Sprachtagebuch orientiert sich an den für den Aufbau von Sprache wichtigen Bereichen Wortschatz, Aussprache und Satzbau. Alle drei Bereiche stehen im Laufe der kindlichen Sprachentwicklung zueinander in Beziehung und entfalten sich in einem bestimmten Zeitrahmen. Die komplizierte und höchst anspruchsvolle Leistung, die dein Kind in seinen ersten sechs Jahren erbringt, um sich Sprache anzueignen, setzt eine Reihe unterschiedlicher Fähigkeiten sowie viel Übung und eigene Erfahrung voraus, sodass sich die drei Entwicklungsbereiche im Laufe der Zeit immer mehr entfalten. Das Sprachverständnis umschließt die drei Bereiche, denn bei den allermeisten Kindern ist es viel weiter entwickelt als das aktive Sprechen.[48]

Alter des Kindes	Aussprache
0 bis 3 Monate	Schreien in unterschiedlichen Variationen; soziales Lächeln (Spiegeln des Erwachsenenlächelns); mimische Handlungen
Beobachtungen/ Besonderheiten:	
ca. 4 Monate	Schmatz- und Zischlaute, Vokallaute, erste Silben („ma"); bewusstes Lächeln; Juchzen, Gurren, Brabbeln, Quietschen; beobachtet aufmerksam die Lippen, wenn jemand spricht
Beobachtungen/ Besonderheiten:	
ca. 6 bis 8 Monate	Beginn der zweiten Lallphase, lustvolles Produzieren von Sprachlauten; Produzieren von Silbenketten: „bababa", „mamama", „dadada"; gibt vier unterschiedliche Laute von sich (z. B. /ma/, /da/, /mu/, /di/, /de/); Zeigegesten, Klatschen, Winken
Beobachtungen/ Besonderheiten:	
ca. 10 bis 12 Monate	Lallen, große Vielfalt an Lauten, Lautspiele; ruft nach Bezugsperson mit Lauten oder ersten Wörtern; Konsonanten: p, b, m, n; plappert ausdrucksvoll
Beobachtungen/ Besonderheiten:	
ca. 15 bis 18 Monate	Einwortsätze; der Klang bestimmt oft die Bedeutung des Wortes; Konsonanten: w, f, t, d; reagiert auf die Frage: Wo ist ...?; Zeigeinteraktion
Beobachtungen/ Besonderheiten:	
ca. 18 bis 24 Monate	unterscheidet „Mein und Dein"; Aussprache oft noch undeutlich, jedoch sprachlich aktiv; Selbstgespräche; ahmt Tiere nach
Beobachtungen/ Besonderheiten:	
ca. 2 ½ Jahre	Konsonanten (Rachenlaute) g, k, ch, r; benutzt „ich" oder eigenen Vornamen; deutlichere Aussprache der Wörter; Nein-Sagen
Beobachtungen/ Besonderheiten:	

Wortschatz	Satzbau
noch nicht	noch nicht
noch nicht	noch nicht
Silbenverdopplungen, erste Wörter wie z. B. Mama, Papa, Ball, Wau-wau, Ane (für Christiane); Babysprache; zeigt auf Gegenstände, wenn danach gefragt wird	Einwortsätze; brabbelt lange Silbenketten (Satzmelodie)
verschiedene Wörter: z. B. konkrete wie „Ball“ oder Eigenschöpfungen wie „Mimmi“ oder Babysprache wie „aua“, „winke, winke“, „heia“; Wortschatz rund 10 bis 50 Wörter (Tipp: Schreib die Wörter eine Woche lang auf, um sie zu zählen)	Einwortsätze bestehend aus Substantiven (mit unterschiedlicher Betonung)
Wortschatz nimmt rasant zu, 50 bis 200 Wörter, primär Nomen sowie erste Verben und Adjektive; passiver Wortschatz ist größer	erstes Fragealter (Kennzeichnung durch Satzmelodie); Zwei- und Dreiwortsätze, die aber grammatisch noch nicht richtig sind
Wortschatz wird stark ausgebaut, bis zu 500 Wörter; erste Warum-Fragen; Gegenstand (das ist...) und Handlung (der springt) werden unterschieden und verstanden	Mehrwortsätze nehmen zu (3 bis 4 Wörter); Endungen von Nomen und Verben noch fehlerhaft; benutzt Fürwörter: mein, mich, du, ich; gebraucht Artikel

Alter des Kindes	Aussprache
ca. 3 Jahre	fast alle Laute werden richtig ausgesprochen; Konsonanten: bl, kn, kr, gr...; benutzt Präpositionen: auf, unter, vor, hinter (aber noch nicht immer sicher)
Beobachtungen/ Besonderheiten:	
ca. 3 ½ Jahre	kann Bildkarten beschreiben; zeigt Interesse an Bilderbüchern und möchte diese vorgelesen bekommen; Wortschatz erweitert sich
Beobachtungen/ Besonderheiten:	
ca. 4 Jahre	kann eine Geschichte oder Erlebtes nacherzählen (manchmal sogar mit unterschiedlicher Stimmlage); schwierigere Konsonantenverbindungen können gebildet werden, wie z. B. bl, kn, kr, ng, nk, gr
Beobachtungen/ Besonderheiten:	
ca. 5 Jahre	erzählt eine Begebenheit/Geschichte in chronologischer Reihenfolge nach; kann ausschmückend erzählen; alle Laute werden richtig gebildet; auch die schwierigen Laute werden korrekt ausgesprochen: s, z, x, sch
Beobachtungen/ Besonderheiten:	
ca. 6 Jahre	alle Laute (Buchstaben) werden korrekt ausgesprochen; Wörter der Umgangssprache werden alle richtig artikuliert; hat ein angemessenes Sprachtempo und eine angemessene Sprechlautstärke
Beobachtungen/ Besonderheiten:	

	Datum	Wörter
Erste Wörter		

Wortschatz	Satzbau
starke Zunahme des Wortschatzes auf rund 1000 Wörter; zweites Fragealter: wer, wie, was, warum	Drei- bis Vierwortsätze werden richtig gebildet; benutzt Haupt- und Nebensätze; fordert Erklärungen ein; Grammatik entwickelt sich weiter, es werden z. B. der Plural und Zeitformen wie Vergangenheitsformen benutzt
Vergangenheit, Gegenwart und Zukunft werden ausgedrückt; ahmt Erwachsene nach, u. a. durch erste Kritzelbriefchen und zeichenartige Kritzeleien; kann Farben benennen;zeigt Interesse an Farben, Formen und Zeichnungen; kennt Fingerspiele und Verse, z. B. Abzählverse	komplexer Satzbau vorhanden, wie z. B.: „Das Spiel da will ich haben, das da von den Kindern“
setzt Plural richtig ein; Lautbildung ist vollständig und sicher (bis auf das S); kann auf Nachfrage Farben, Formen, Größen und Verhältnisse (kleiner, größer) sowie Mengen (mehr, weniger, gleich, viel) benennen; Wortschatz enthält sämtliche Wortklassen	klatscht Wörter in Silben (meist sicher); korrekte Satzbildung
findet Reimwörter; zeigt gesteigertes Interesse an Buchstaben und Zahlen; kann Oberbegriffe erklären und Beispiele dafür finden	bildet Sätze grammatisch korrekt
Wortschatz umfasst ca. 5000 bis 6000 Wörter; versteht Aufforderungen, Anweisungen und Begriffe, beantwortet Fragen angemessen; verschriftlicht erste Buchstaben, schreibt seinen Namen	kann ausschmückend erzählen; sichere Beherrschung der Kommunikationsregeln; kennt Verse, Reime, Spiellieder; wendet Grammatikregeln korrekt an

	Datum	Wörter
Erste Zweiwortsätze und Wort schöpfungen		

Was bedeutet was? Sprachentwicklungsrelevante logopädische Begriffe

Für Eltern ist es nicht immer leicht festzustellen, ob sich ihr Kind gerade bloß in einer schwierigen Phase der Sprachentwicklung befindet oder ob es tatsächlich größere Probleme hat. Laut einer Studie der Barmer Krankenkasse von 2015 wurden bei jedem achten Kind im Alter von 5 bis 14 Jahren Störungen bei der Sprachentwicklung diagnostiziert.[49] Wenn du dir unsicher bist, ob das auch bei deinem Kind der Fall ist, solltest du deine Fragen mit den Fachkräften in der Kita und/oder mit deiner Kinderärztin und/oder einem Logopäden besprechen.

Da das Sprechenlernen eng verbunden mit gutem Hören ist, sollte zunächst geklärt werden, wie es um das Hörvermögen deines (Klein-)Kindes steht. Darum wird bei der Kindervorsorgeuntersuchung U3, also in der vierten bis sechsten Lebenswoche, das Gehör deines Babys zum ersten Mal getestet. Bei der U4 im dritten bis vierten Lebensmonat wird die Hörfähigkeit deines Kindes ein zweites Mal geprüft. Und auch bei der U5 wird wieder überprüft, ob dein Kind gut hört und auf Geräusche und Ansprache reagiert. Bei der U6 und der U7 spielt es wiederum eine Rolle. Bei den U-Untersuchungen wird natürlich auch darüber hinaus vieles andere geprüft. So testet die Kinderärztin beispielsweise bei der U6, ob dein Kind Doppellaute plappert oder schon ein „echtes" Wort sprechen kann.

Hat dein Kind nach dem zweiten Geburtstag noch nicht begonnen zu sprechen oder weist die Sprachentwicklung bis zum vierten Lebensjahr Entwicklungsverzögerungen oder Störungen auf, solltest du dich auf jeden Fall um fachliche Hilfe bemühen. Auch wenn die Sprache deutlich verzögert ist, wenn sie also von den Meilensteinen, die oben für das Ende eines jeden Lebensjahres benannt wurden, stark abweicht, solltest du aktiv werden. Frage lieber einmal mehr nach als zu wenig. Um deinem

Kind einen guten Start in der Schule zu ermöglichen und ihm somit gute Bildungschancen zu eröffnen, sollte es bis zum Schuleintritt normal sprechen und sich mitteilen können.

Im Folgenden findest du Definitionen zu verschiedenen Begriffen und Problemfeldern der Sprachentwicklung.

Dysgrammatismus

Unter Dysgrammatismus leidet ein Kind, das Probleme mit den Regeln der Grammatik hat. Es benutzt einen falschen Satzbau (Syntax) und sagt zum Beispiel: „Ich Hamburger heute esst habt". Oder bildet Verben falsch: „Du machen dürfen das nicht." Zudem ist es für diese Kinder typisch, dass sie sich selbst beim Vornamen nennen, also in der dritten Person von sich sprechen, wie beispielsweise „Jana trinkt" statt „Ich trinke", „Jana geläuft hat" statt „Ich bin gelaufen". Meist treten die Probleme in beiden Bereichen zusammen auf. Diese Phase kann zur normalen Sprachentwicklung dazugehören. Dauert sie jedoch länger als bis zum vierten Lebensjahr an, liegt aller Wahrscheinlichkeit nach eine Sprachentwicklungsstörung vor, die logopädisch behandelt werden sollte.

Dyslalie/Stammeln

Die Dyslalie oder das Stammeln ist eine Störung auf der Lautebene. Diese kann zum einen die Artikulation, zum anderen die bedeutungsunterscheidende Funktion der Laute betreffen. Damit ist gemeint, dass das Kind (noch) Schwierigkeiten damit hat, bestimmte Laute oder Lautkombinationen zu bilden beziehungsweise richtig auszusprechen. Das Kind lässt diese dann einfach weg, wie beispielsweise „Anne" statt „Kanne", oder ersetzt sie durch andere Laute, wie zum Beispiel „Totolade" statt „Schokolade". Hierbei kann es sich um eine normale Begleiterscheinung der Sprachentwicklung handeln. Dauert diese Phase jedoch länger als bis zum vierten Lebensjahr, können unterschiedlichste Gründe das Problem sein: ein schlechtes Hörvermögen, ein beeinträchtigtes Sprechwerkzeug, manchmal sind es auch psychische Ursachen. Du solltest daher dein Kind auf jeden Fall bei eurem Kinderarzt oder einer Logopädin vorstellen.

Late Talker und Late Bloomer

Etwa 13 bis 20 Prozent aller Kinder haben einen verspäteten Sprechbeginn, das bedeutet, im Alter von 24 Monaten ist ihr Wortschatz kleiner als 50 Wörter und sie zeigen keine Zweiwortkombinationen. Sie werden als „Late Talker" („spät Sprechende") bezeichnet. Etwa die Hälfte dieser Kinder holt den Rückstand im Laufe des dritten Lebensjahrs auf, sodass sie im Alter von 3 Jahren keine sprachlichen Probleme mehr zeigen. Sie werden als „Late Bloomer" („spät Erblühende") bezeichnet. Late Bloomer unterscheiden sich im Alter von 2 Jahren dadurch von gefährdeten Kindern, dass sie ein gutes Sprachverständnis sowie ein gutes Spiel- und Individuationsverhalten haben.[50]

Lispeln

Beim Lispeln sind die Zischlaute (/s/, /sch/, /x/ und /z/) betroffen, darum stellt das Lispeln eine Sonderform des Stammelns dar. Da die Zischlaute zu den schwierigsten Lauten unserer Sprache zählen, können sie in der Regel erst zum Ende der Sprachentwicklung mit circa 5, 6 Jahren richtig gebildet werden. Lispeln sollte unbedingt vor der Einschulung behandelt werden, da es mit zunehmendem Alter immer schwieriger wird, eingeübte falsche Sprechmuster wieder zu korrigieren. Je früher ein Logopäde das Problem behandelt, desto schneller ist es aus der Welt beziehungsweise aus dem Sprechen.

Mutismus

Kinder, die an Mutismus leiden, können sprechen, tun dies aber nicht oder nur in ganz bestimmten Situationen beziehungsweise nur mit ganz bestimmten Personen. Dies wird darum auch „psychisch bedingtes Schweigen" genannt. Mutismus kann durch ein Vorkommnis ausgelöst werden, daher sollte man sofort aktiv werden, wenn ein Kind, das sprechen konnte, plötzlich wieder damit aufhört oder in bestimmten Situationen immer wieder verstummt. Die Gründe können sehr unterschiedlich und vielfältig sein, wie beispielsweise ein traumatisches Erlebnis, ein Unfall, eine schwere Erkrankung, der plötzliche Verlust einer Bezugsperson, Angst, Beschämung oder Ähnliches.

Näseln

Im Sprachentwicklungsverlauf haben einige Kinder bei den Lauten /m/, /n/ und /g/, den sogenannten Nasallauten, Schwierigkeiten, sie korrekt zu bilden beziehungsweise auszusprechen. Dies wird Näseln genannt. Klingt die Aussprache der Laute eher verschnupft, wird dies als geschlossenes Näseln bezeichnet; ist sie hingegen sehr „vornehm" oder klingt ungewollt betont, spricht man von offenem Näseln. Anders als bei anderen Sprachentwicklungsstörungen ist die Ursache hier ganz eindeutig: Mal strömt zu viel, mal zu wenig Luft durch die Nase, wenn die Kinder die Laute bilden. Das mag an Polypen liegen, die den Weg verengen, oder am Zäpfchen im Rachen, das zu viel Luft in die Nase lässt. Logopäden behandeln das Näseln mit gezieltem Sprechtraining, manchmal hilft auch eine Operation, wenn Polypen der Grund sind.

Poltern

„Das Kind denkt zu schnell, da kommt die Sprache nicht nach", sagt der Volksmund, wenn es um das Poltern geht. Als Poltern wird eine schnelle, überhastete Sprechweise bezeichnet, bei der einzelne Laute, Silben oder ganze Wörter verschluckt, verstümmelt oder entstellt werden, meist in Kombination mit undeutlicher und verwaschener Artikulation sowie Problemen im Sprachverständnis. Es handelt sich hierbei um eine erworbene oder angeborene Schwäche der Reizverarbeitung im Gehirn. Darum tritt Poltern oft in Kombination mit Stottern auf und muss logopädisch behandelt werden.

Stottern

Zahlreiche Kinder zeigen im Alter zwischen 3 und 6 Jahren kürzere oder längere Phasen nicht flüssigen Sprechens. Dies können Wiederholungen von Lauten („D-d-d-d-das ist doof."), Silben („Dadadadadas ist doof.") oder Wörtern („Das das das das ist doof.") sein. Diese sogenannte Sprechunflüssigkeit kann sich zum Stottern ausweiten, wenn das Kind dagegen anzukämpfen versucht und wenn es sehr verunsichert ist. Meist verschwindet dieses frühe Stottern wieder; bei etwa 1 Prozent der Kinder entwickelt sich daraus aber ein manifestes Stottern. Es zeichnet sich durch häufige und ungewollte Unterbrechungen des Redeflusses mit Wiederholungen, Dehnungen und/oder Blockaden aus.[51] Die Ursachen fürs Stottern lassen sich bis heute nicht eindeutig klären, viele Logopäden sind sich jedoch darüber einig, dass beim Stottern meist mehrere Faktoren beteiligt sind, wie beispielsweise Vererbung, psychische oder organische Faktoren oder auch frühkindliche Schädigungen. Eine Behandlung durch Sprachtherapeuten und Logopäden kann erfolgreich sein.

Wortschatzprobleme

Eine reduzierte Anzahl an Wörtern, die dem Kind zur Verfügung stehen (ein begrenzter Wortschatz), oder Störungen auf der Wortebene können ein Problem darstellen. Dies kann auch die Bedeutung der Wörter betreffen. Unbekannte Wörter werden häufig ersetzt oder umschrieben, wie beispielsweise: „Gib mir mal das Trinken“ (Mineralwasserflasche). Oder das Kind hat Wortfindungsschwierigkeiten, muss lange nachdenken, kommt nicht auf das Wort, das es sucht, und sagt stattdessen häufig „ähm …“. Wenn Kinder um ihre Schwierigkeiten wissen, entwickeln sie mitunter Vermeidungsstrategien, indem sie bestimmte Spiele oder Aufgaben vermeiden, schweigen oder auf frühkindliche Verständigungsmöglichkeiten zurückgreifen, wie zum Beispiel auf einen Gegenstand zu zeigen.

Entwicklungsschritte des Kindes

Sprachverständnis und Sprachfähigkeiten

Wortschatz, Aussprache und Satzbau

Jahre

...

6 – Dritte Sprachwelt

Das Kind
- hat Verständnis für abstrakte Begriffe
- hat eine fehlerfreie Grammatik
- beherrscht Kommunikationsregeln sicher
- kann Regeln erklären
- schreibt seinen Namen
- schreibt erste Wörter

5 – 4 – Zweite Sprachwelt

- hat einen Wortschatz von ca. 2500 bis 3000 Wörtern
- erzählt zusammenhängende Geschichten
- spricht komplexe vollständige Sätze
- hat Spaß am Liedersingen
- spricht längere Sätze
- spricht (mit Ausnahme der Zischlaute) alle Laute richtig aus

3 – 2 – 1 – 0 – Erste Sprachwelt

- verwendet Grammatik
- ist im zweiten Fragealter (was, wer, warum?)
- erlebt Wortschatzexplosion (auf ca. 500 Wörter)
- spricht Dreiwortsatze
- ist im ersten Fragealter („Is das?“)
- führt Selbstgespräche
- spricht Zweiwortsätze
- verwendet Ich-Form
- beugt Verben
- verwendet Substantive
- verwendet Konsonanten (w, f, t, d)
- triangulärer Blick
- hat einen Wortschatz von 10-50 Wörter
- spricht erstes beabsichtigtes Wort
- folgt der Schlüsselwortstrategie
- lallt, brabbelt, spricht Doppelsilben
- verwendet Zeigegesten
- spricht Laute (a, a)
- jucht, gurrt, schmatzt, schreit
- schreit und gibt erste stimmliche Äußerungen von sich

im Mutterleib (im Erdinneren)

Überblick über Anlaufstellen und Internetadressen

Das Familienportal
(www.familie-und-tipps.de)

Auf der Seite vom Familienportal findest du interessante und lesenswerte Artikel sowie Tipps und Ideen rund um das Thema Sprachförderung und darüber hinaus natürlich auch zu anderen Themen. Stöbern lohnt sich.
www.familie-und-tipps.de/Kinder/Erziehung/Sprachentwicklung/Sprachfoerderung-zuhause.html

Die Initiative „Lesen in Deutschland“
(www.lesen-in-deutschland.de)

Auf dieser Internetseite von Bund und Ländern findest du spezielle Informationen für Eltern und Großeltern zum Thema Leseförderung. Zudem gibt es viele Berichte über spannende Aktionen rund um das Thema Lesen, dazu Lesetipps und in einigen Bundesländern auch Lesewettbewerbe oder Schreibwerkstätten. Ein Kalender auf der Seite informiert über die Termine besonderer Veranstaltungen, wie beispielsweise Lesefeste, Buchmessen oder Lesungen.

Stiftung Lesen
(www.stiftunglesen.de)

Auf der Seite der Stiftung Lesen findest du aktuelle Online-Angebote, Tipps, Ideen sowie kostenfreie Materialien der Stiftung. Das Ziel der Stiftung ist, alle mit Informationen und Materialien zu unterstützen, die gern lesen oder das Lesen fördern möchten.

Warum Vorlesen einen positiven Effekt auf die Entwicklung von Kindern hat, erfährst du zum Beispiel auf dieser Seite: www.stiftunglesen.de/leseempfehlungen/einfachvorlesen/

Individuelle Rechtschreib-Förderung auf dem „Lernserver"
(www.lernserver.de/der-lernserver/basisleistungen/rechtschreib-foerderung.html)

Der Lernserver bietet neben Fördereinrichtungen und Schulen auch Eltern eine passgenaue Förderung bei Rechtschreibproblemen der Kinder an. Die individuellen Arbeitsmaterialien sind auf das Leistungsprofil des jeweiligen Schülers zugeschnitten.

Lese-Rechtschreib-Förderung
(www.leserechtschreibfoerderung.de/)

Der Schulpsychologe und Coach Gero Tacke hat auf seiner Internetseite vielfältige Informationen und Fördermaterialien rund um das Thema Lese-Rechtschreib-Förderung zusammengestellt. Dort kannst du dich sehr gut informieren, falls dein Kind in der Schule Probleme beim Lesen und/oder bei der Rechtschreibung hat.

abc netzwerk gegen lehrversagen
(www.abc-netzwerk.de)

Das abc netzwerk ist ein Zusammenschluss von Fachleuten für Lernschwierigkeiten bei Kindern und Jugendlichen, vor allem zu Lese-Rechtschreib-Schwierigkeiten (Legasthenie), Rechenschwierigkeiten (Dyskalkulie, Rechenstörungen), Lernmethodik und Spielen. Über das Internet wollen sie Eltern, Fachleute für Erziehung und Unterricht und alle

Interessierten informieren und die Möglichkeit des direkten Austauschs bieten, um Schülerinnen und Schülern zu helfen, damit sie erfolgreicher lernen können. Auf der Website findest du Buchtipps, Diskussionsbeiträge, Buchempfehlungen für Eltern und Lesetipps für Kinder, Checklisten zur ersten Überprüfung von Lese-Rechtschreib-Schwierigkeiten und Möglichkeiten für Eltern, sich untereinander auszutauschen.

Zitierte Literatur und Quellen

1 Zitiert nach Christine Holliger: „Mit dem Kind zu sprechen, ist die beste Sprachförderung“, in: *Neue Zürcher Zeitung*, 17. März 2008, online unter: https://www.nzz.ch/mit_dem_kind_zu_sprechen_ist_die_beste_sprachfoerderung-1.690535?reduced=true, letzter Zugriff 21. August 2020.

2 Daniela Albat: „Schon Babys haben ein Gespür für Grammatik“, in: *scinexx. das wissensmagazin*, 13. März 2020, https://www.scinexx.de/news/biowissen/schon-babys-haben-ein-gespuer-fuer-grammatik/, letzter Zugriff 1. Juli 2020.

3 „Schon Ungeborene reagieren auf Musik“, Pressemitteilung des Institut Marquès, in: *scinexx. das wissensmagazin*, 7. Oktober 2015, https://www.scinexx.de/news/medizin/schon-ungeborene-reagieren-auf-musik/, letzter Zugriff 13. August 2020.

4 H.-P. Hesse: *Musik und Emotion – Wissenschaftliche Grundlagen des Musikerlebens*, Wien: Springer 2003, S. 69–70.

5 Vgl. R. Zimmer: *Handbuch Sprachförderung durch Bewegung*, Freiburg i. Br.: Herder, 4. Auflage 2010, S. 32.

6 „Zwei Stunden Schreien pro Tag nach Geburt normal“, in: *Westdeutsche Zeitung*, 27. Juni 2012, https://www.wz.de/ratgeber/gesundheit-und-ernaehrung/zwei-stunden-schreien-pro-tag-nach-geburt-normal_aid-30306009, letzter Zugriff 13. August 2010.

7 Wolfgang und Jürgen Butzkamm: *Wie Kinder sprechen lernen. Kindliche Entwicklung und die Sprachlichkeit des Menschen*, Tübingen/Basel: Francke, 2. Auflage 2004, S. 70.

8 Barbara Zollinger: *Spracherwerbsstörungen. Grundlagen zur Früherfassung und Frühtherapie*, Bern u. a.: Haupt, 3. Auflage 1991.

9 Dunja Voos: „Shared Attention – geteilte Aufmerksamkeit“, in: *Medizin im Text*, o. J., online unter: https://www.medizin-im-text.de/2013/20842/shared-attention-geteilte-aufmerksamkeit/, letzter Zugriff 14. August 2020.

10 Vgl. Gertraud Finger: *Sprichst du mit mir? Basiswissen zum kindlichen Spracherwerb*, Göttingen: Vandenhoeck & Ruprecht 2012, S. 21.

11 Vgl. Ulf Liszkowski: „Vorsprachliche Kommunikation und sozial-kognitive Voraussetzungen des Spracherwerbs“, in: S. Sachse (Hrsg.): *Handbuch Spracherwerb und Sprachentwicklungsstörungen. Kleinkindphase*, München: Elsevier 2015, S. 28.

12 Vgl. Barbara Zollinger: *Die Entdeckung der Sprache*, Bern u. a: Haupt 1995, S. 25.

13 Zitiert nach: Daniel Szewczyk: „Warum Deutsch hart klingt – und Arabisch forsch“, Die Welt, 18. August 2013, online unter: https://www.welt.de/wissenschaft/article119098264/Warum-Deutsch-hart-klingt-und-Arabisch-forsch.html, letzter Zugriff 21. August 2020.

14 Vgl. Bettina Berg, Petra Völkner-Stetefeld: „Module zur Mundgesundheit für die Hebammenausbildung“, in: Skript der Deutschen Arbeitsgemeinschaft für Jugendzahnpflege e. V., Frankfurt 2018.

15 Vgl. Werner Radigk: *Wie lernen Kinder sprechen, lesen und schreiben? Ein Studienbuch zum Spracherwerb*, Berlin: Cornelsen Scriptor 2006, S. 119.

16 Gertraud Finger 2012, S. 174.

17 Vgl. ebenda, S. 62.

18 Jan-Uwe Rogge, Angelika Batram: *Wie Sie reden, damit Ihr Kind zuhört und wie Sie zuhören, damit Ihr Kind redet*, München: Gräfe und Unzer 2011, S. 86.

19 Vgl. https://www.birgit-lange.de/therapie/sprach_schrift_erwerbsstoerungen/sprachentwicklungsstoerung.html, letzter Zugriff 21. August 2020.

20 Vgl. Renate Zimmer: *Handbuch Sprachförderung durch Bewegung*, Freiburg i. Br.: Herder, 4. Auflage 2010, S. 86.

21 Vgl. ebenda, S. 86.

22 Vgl. Ursula Günster-Schöning: *Von Schuhen, Socken und Füßen. Ein dialogisches Fotobuch*, Freiburg i. Br.: Herder 2017, S. 14 f.

23 Stiftung Haus der kleinen Forscher (Hrsg.): *Zahlen, Zählen, Rechnen – Mathematik entdecken*, Berlin 2016, S. 8; online unter: https://www.haus-der-kleinen-forscher.de/fileadmin/Redaktion/1_Forschen/Themen-Broschueren/Broschuere_Mathematik_Zahlen-Zaehlen-Rechnen_01.pdf.

24 Finger 2012, S. 72.

25 Vgl. Szewczyk 2013.

26 Vgl. Martina Weinreich, Heidrun Zehner: *Phonetische und phonologische Störungen bei Kindern*, Berlin: Springer, 5. Auflage 2017, S. 37.

27 Zitiert nach Szewczyk 2013.

28 Jörg Maywald: *Gewalt durch pädagogische Fachkräfte verhindern*, Freiburg i. Br.: Herder 2019, S. 44.

29 Jesper Juul: *Grenzen, Nähe, Respekt. Auf dem Weg zur kompetenten Eltern-Kind-Beziehung*, Hamburg: Rowohlt 2018, S. 14.

30 Ebenda, S. 17.

31 Ebenda, S. 30.

32 Zollinger 1995, S. 3.

33 Vgl. ebenda, S. 3

34 Vgl. Frank Dammasch, Dieter Katzenbach, Jessica Ruth (Hrsg.): *Triangulierung. Lernen, Denken und Handeln aus psychoanalytischer und pädagogischer Sicht*, Frankfurt/Main: Brandes & Apsel 2008.

35 Birgit Schmid: „Dann reisst man halt die Pissoirs raus, und fertig!“, Interview mit Dagmar Pauli, in: *Neue Zürcher Zeitung*, 13. Dezember 2019, online unter: https://www.nzz.ch/wochenende/gesellschaft/transgender-immer-mehr-diagnosen-bei-kindern-und-jugendlichen-ld.1527318, letzter Zugriff: 19. August 2020.

36 Vgl. Laura M. Walk, Wiebke F. Evers: „Fex – Förderung exekutiver Funktionen“, hrsg. vom TransferZentrum für Neurowissenschaften und Lernen sowie von Wehrfritz, Bad Rodach: Wehrfritz 2013, S. 11, online unter: https://cdn.wehrfritz.com/documents/pdf/leseprobe-buch-fex-foerderung-exekutiver-funktionen.pdf, letzter Zugriff 19. August 2020.

37 Vgl. Hartmut Kasten: 4–6 Jahre. *Entwicklungspsychologische Grundlagen*, Weinheim: Beltz 2005, S. 140.

38 Vgl. ebenda, S. 141.

39 Vgl. Günster-Schöning 2017, S. 14 f.

40 Vgl. A. De Houwer: „Early billingual acquisition: focus on morphosyntax and the Separate Development Hypothesia“, in: J. Kroll, A. de Groot (Hrsg.): *The Handbook of Bilingualism*, Oxford, U. K: Oxford University Press 2005, S. 30–48.

41 Vgl. das Video von Ingrid Gogolin: „Mehrsprachigkeit in Deutschland“, online unter: https://www.hoou.de/materials/mehrsprachigkeit-in-deutschland, letzter Zugriff 19. August 2020.

42 Vgl. Gila Hoppenstedt, Ernst Apeltauer: *Meine Sprache als Chance. Handbuch zur Förderung von Mehrsprachigkeit*, Troisdorf: Bildungsverlag EINS 2010, S. 18.

43 Vassilia Triarchi-Herrmann: *Mehrsprachige Erziehung: Wie Sie Ihr Kind fördern*, München/Basel: Reinhardt Verlag 2006, S. 20.

44 Vgl. Gabriele Roß, Robert Erker: *Lustiges Sprechzeichnen: Eine spielerische Sprachforderung. 24 Hexengeschichten und dazu passende Übungszeichen*, Hamburg: Nikol Verlag 2013.

45 Vgl. W. Stangl: Online Lexikon für Psychologie und Pädagogik. Stichwort: „Scherengriff“, online unter: https://lexikon.stangl.eu/11024/scherengriff/, letzter Zugriff 24. August 2020.

46 Vgl. W. Stangl: Online Lexikon für Psychologie und Pädagogik. Stichwort: „Pinzettengriff“, online unter: https://lexikon.stangl.eu/10982/pinzettengriff/, letzter Zugriff 24. August 2020.

47 Vgl. Isabelle Zöller, Michael Link, Jeanette Roos u. a.: „Entwicklung des Schriftspracherwerbs in der Grundschule: Ziele, Design und Methoden der EVES-Studie“, in: Jeanette Roos, Hermann Schöler (Hrsg.): *Entwicklung des Schriftspracherwerbs in der Grundschule*, Wiesbaden: VS, Verlag für Sozialwissenschaften 2009, S. 25 ff.

48 Zu den Tabellen vgl. Ursula Günster-Schöning, Melanie Tonn: Buds 4–36: *Das Beobachtungs- und Dokumentationssystem für die Krippe*, Göttingen: Vandenhoeck & Ruprecht 2015, sowie Ursula Günster-Schöning, Melanie Tonn: *BUDS Kita: Das Beobachtungs- und Dokumentationssystem für die Kita*, Göttingen: Vandenhoeck & Ruprecht 2016, sowie Uta Hellrung: Sprachentwicklung und Sprachförderung in der Kita. Freiburg i. Br.: Herder 2019, S. 51-54.

49 Vgl. „Große Sprachprobleme bei Kindern“, *Barmer eMagazin*, 24. Januar 2017, online unter: https://magazin.barmer.de/tipps/sprache/, letzter Zugriff 21. August 2020.

50 Vgl. Zollinger 1995, S. 290.

51 Vgl. ebenda.

Weiterführende Literatur

Hans Brügelmann, Sigrun Richter (Hrsg.): *Wie wir recht schreiben lernen*, Lengwil am Bodensee: Libelle 1994.

Anthony D. Fredericks, Elaine LeBlanc: *So können Eltern lesen fördern. 30 Elternbriefe in Türkisch und Deutsch mit Ideen, Spielen und Tipps*, Mülheim an der Ruhr: Verlag an der Ruhr 2007.

Herbert Günther: *Schriftspracherwerb und LRS. Methoden, Förderdiagnostik und praktische Hilfen*, Weinheim: Beltz 2007.

Uta Hellrung: *Sprachentwicklung und Sprachförderung in der Kita.* Freiburg i. Br.: Herder 2019.

Sabine Hirler: *Sprachförderung durch Rhythmik und Musik*, Freiburg i. Br.: Herder, 2. Auflage 2011.

Christiane Hofbauer: *Sprachen und Kulturen im Kita-Alltag*, Freiburg i. Br.: Herder 2018.

Gila Hoppenstedt, Ernst Apeltauer: *Meine Sprache als Chance. Handbuch zur Förderung von Mehrsprachigkeit*, Troisdorf: Bildungsverlag EINS 2010.

Karin Jampert, Petra Best, Angela Guadatiello, Doris Holler, Anne Zehnbauer: *Sprachliche Förderung in der Kita. Wie viel Sprache steckt in Musik, Bewegung, Naturwissenschaften und Medien?*, Weimar/Berlin: Verlag das Netz 2006.

Karin Jampert, Petra Best, Angela Guadatiello, Doris Holler, Anne Zehnbauer: *Schlüsselkompetenz Sprache. Sprachliche Bildung und Förderung im Kindergarten*, Weimar/Berlin: Verlag das Netz 2007.

Tanja Jungmann, Timm Albers: *Frühe sprachliche Bildung und Förderung*, München u. a.: Ernst Reinhardt 2013.

Jesper Juul: *Dein kompetentes Kind. Auf dem Wege zu einer neuen Wertgrundlage für die ganze Familie*, Reinbek bei Hamburg: Rowohlt, 4. Auflage 2010.

Hartmut Kasten: 0–3 Jahre. *Entwicklungspsychologische Grundlagen*, Berlin: Cornelsen, 2. Auflage 2007.

Armin Krenz: *Ist mein Kind schulfähig?*, München: Kösel, 6. Auflage 2009.

Ina Kunz: *Fantasie macht Kinder frei und stark. Wie sich Kinder die Welt erschließen und Selbstvertrauen gewinnen*, Freiburg i. Br.: Herder 2005.

Norbert Kühne: *Wie Kinder Sprache lernen. Grundlagen, Strategien, Bildungschancen*, Darmstadt: Primus 2003.

Sylvia Näger: *Literacy. Kinder entdecken Buch-, Erzähl- und Schriftkultur*, Freiburg i. Br.: Herder 2005.

Manfred Spitzer: *Lernen. Gehirnforschung und die Schule des Lebens*, Heidelberg/Berlin: Spektrum 2020.

Nicola Steinmeier: *Sprache, Zeichen, Schrift. Ideen für die Kita-Praxis*, Berlin: Cornelsen 2013.

Gisela Szagun: *Sprachentwicklung beim Kind*, Weinheim: Belz, 2. Auflage 2013.

Register

A

B

C

D

E

F

G

H

I

K

L

M

T

U

V

W

Z